前　言

　　学校教育是个人一生中所受教育最重要的组成部分,个人在学校里接受计划性的指导,系统地学习文化知识、社会规范、道德准则和价值观念。学校教育从某种意义上讲,决定着个人社会化的水平和性质,是个体社会化的重要基地。知识经济时代要求社会尊师重教,学校教育越来越受重视,在社会中起到举足轻重的作用。

　　"四特教育系列丛书"以"特定对象、特别对待、特殊方法、特例分析"为宗旨,立足学校教育与管理,理论结合实践,集多位教育界专家、学者以及一线校长、老师们的教育成果与经验于一体,围绕困扰学校、领导、教师、学生的教育难题,集思广益,多方借鉴,力求全面彻底解决。

　　本辑为"四特教育系列丛书"之《班主任治班之道》。班主任是教师队伍的重要组成部分,是班级工作的组织者、班集体建设的指导者、学生健康成长的引领者,是思想道德教育的骨干,是沟通家长和社区的桥梁,是实施素质教育的重要力量。班主任工作是学校教育中极其重要的育人工作,既是一门科学,也是一门艺术。班主任工作既包括日常的教学管理,也包括班级文化建设。

　　本辑共20分册,具体内容如下:

　　1.《管好班干部》

　　班干部是班集体的核心,也是班级的"火车头",这个"头"带的好不好,马力足不足,直接影响到整个班级的运转。有了优秀的班干部队伍,班级各项工作就会顺利开展,班级面貌就会生机勃勃;反之,班级就是一盘散沙,集体就会涣散无力。因此,如何培养一支素质高、能力强的班干部队伍,显得尤为重要。本书对班主任如何管理好班干部进行了系统而深入的分析和探讨,并提出了解决这一问题的新思路、可供实际操作的新方案,内容翔实,教案丰富,对中小学班主任颇有启发意义。

　　2.《带班的技巧》

　　本书讲述的常见问题与解决策略,绝大多数来自新时期一线班主任的教育实践,因此,其实用性和可操作性是不言而喻的。同时.本书又不拘泥于就"问题"论"问题",而是透过现象看本质,善于引导新班主任们看到问题背后更深层次的东西,从而看得更远、想得更深、悟得更多。

　　3.《全能班主任》

　　优秀的班主任是如何炼成的? 他们的成长要经过多少道磨练? ……本书对优秀班主任成长必经的多项全能进行了深刻剖析与精彩演绎。

　　来自一线最真实的问题,来自一线最优秀班主任的"头脑风暴",来自全国著名班主任的点拨,使得本书在浩如烟海的班主任培训用书中脱颖而出。

4.《拿什么约束班主任》

班级是学校进行教育、教学工作的基本单位。班主任是班集体的组织者、教育者和指导者,是学校领导实施教育、教学计划的直接执行者,是指导团队开展工作的重要力量,是沟通学校、家庭、社会三结合教育渠道的桥梁。为了能更好地体现新课程改革对班主任工作的要求,进一步规范班主任工作的管理,明确班主任工作职责,促进班级工作的开展,建立良好的班风、校风,班主任教师除了在工作中讲究技巧性和艺术性外,还应该有严格的工作要求与便于实践操作的基本规范。

5.《班主任的基本功》

班主任工作十分繁杂,头绪很多,要想成为一名优秀的班主任,应当从事务堆中解脱出来,始终保持清醒的头脑,以明确自己的使命。本书全方位地阐述了新时期做好班主任应具备的各方面要素;它从班主任实际工作出发,从工作中出现的问题入手,再到详细地分析问题的成因,最后提出解决问题的方法、策略或建议。本书反映了我国新时期有关班主任工作的方针、政策的新动向,反映了班主任教育理念发展的新趋势,同时也反映了班主任工作实践活动的新发展。

6.《从细节入手》

班主任是班级的组织者、协调者、领导者和教育者,他是距离学生最近、与学生接触最多、对学生影响最大的老师。他的管理、他的教育影响的发挥在很大程度上取决于对教育细节的把握。细节虽小,却能透射出教育的大理念、大智慧。一个成功的班主任,一定是一个关注细节、善于利用细节去感染、教育和管理学生的人。

7.《班主任谈心术》

当前,青少年心理健康问题已成为全社会越来越关注的焦点。因青少年心理问题引发的违法犯罪等社会问题,也呈日趋上升的态势。现代教育的发展要求教师"不仅仅是人类文化的传递者,也应当是学生心灵的塑造者,是学生心理健康的维护者"。作为一班之"主"的班主任,能否以科学而有效的方法把握学生的心理,因势利导地促进各种类型学生的健康成长,将对教育工作的成败有决定性的作用。但是,面对性格迥异,出身、家庭等各有不同的学生,如何走进他们的心灵、倾听他们的心声、解决他们的思想问题?本书将一一为您解答。

8.《班主任治班之道》

班级是学校的基础"细胞"。班级管理搞好了,学校的教育、教学工作才会得以顺利。正如赫尔巴特所说:"如果不坚强而温和地抓住管理的缰绳,任何功课的教育都是不可能的。"可见班级管理工作是多么的重要。而班主任作为班级的组织者、管理者,做好班级的管理就成为班主任工作的重中之重。

9.《怎样开好班会》

主题班会可以锻炼学生的活动能力,开拓他们的眼界。如何设计好一场别开生面的主题班会,寓教于乐,从思想上和情感上润物无声,对学生起到特殊的教育作用,这本手册是您的最好选择。分类细,立意精,内容新,一册在手,开班会不愁!

10.《突发事件应对》

书中列举的大量真实生动的案例,无不充满智慧,充满心与心的交流。书中的一幕幕校园闹剧,让人有种似曾相识的感觉;书中老师的"斗智斗勇",让人感到耳目一新,由衷叹服,不禁感慨教育真是一门充满智慧的学问!

11.《学生人格教育》

本书从人格类型入手,对教师和学生的人格类型进行了划分;再结合大量实证研究和教学实践个案,提出了教师应如何巧妙地根据学生的心理类型,在全班教学的同时又针对类型差异,进行适应个别差异的教学和管理,以满足学生的需要来激发学生的学习兴趣,进而提高教学效率,使每个学生得到适合自己的发展。阅读本书,教师不仅能够掌握更有效的教学方式、让学生喜欢上学习、提高教学质量,而且能够对自己有更进一步的了解,有利于教师的自我成长。

12.《学生心理教育》

当前我国教育改革和发展面临的重大任务和时代主旋律,是全面实施和推进素质教育。素质教育的重要内容和目标之一,就是培养学生良好的心理素质,提高学生的心理健康水平。而要想培养和发展学生的心理素质,最重要的方法就是面对全体学生系统地开展心理健康教育。本书就是一本供中小学生心理健康教育用的书,有助于引导中小学生领悟到相关的理念、知识和方法。

13.《学生遵纪守法教育》

对广大青少年的遵纪守法教育应根据其认识水平,从纪律教育入手,让他们从小建立起规则意识。而且要明确所在学校的校规,所在班级的班规;要了解学校的各种制度。由学校的一些纪律制度,推而广之,让青少年对必要的社会公共秩序的规定也要有所了解。同时,要青少年明白人小也要守法。本书以青少年为主要读者对象,目的是让青少年读者感受到遵纪守法的必要性。

14.《学生热爱学习教育》

本书通过大量实例,深入浅出地剖析了动机的重要性和来源,教您如何激发学生投入学习的动机,怎样鼓励学生完成学习任务,还告诉您怎样及时遏制学生在课堂上的不当动机。掌握了激发学生学习动机的策略之后,您会发现,让学生都爱学习,已不再只是梦想,它正在慢慢变为现实。

15.《学生热爱劳动教育》

教育与生产劳动相结合是我党教育方针的重要组成部分,是我们坚持社会主义教育方向的一项基本措施。要搞好教育与生产劳动的有机结合,必须首先教育学生热爱劳动,使每个学生对劳动产生渴望,感到劳动是一种欢乐,是一种享受。当学生能从劳动中取得乐趣时,劳动教育才算获得成功。

16.《学生热爱祖国教育》

热爱祖国是中华民族的传统美德,是每个公民的神圣义务。"以热爱祖国为荣,以危害祖国为耻"不仅是一个普通的道德准则,也是公民的生活规范。爱国主义是维护中华民族大团结,促进社会大发展的主要精神动力,是中华民族最基本、最重要的传统美德。爱国主义,也是对自己祖国和人民的深厚感情。

17.《学生热爱社会教育》

构建社会主义和谐社会,必将为青少年健康成长创造一个优良的社会环境。同时,加强青少年社会教育,促进青少年健康成长,对于促进社会主义和谐社会建设,也具有十分重要的意义。社会的持续发展,持续和谐,在很大程度上取决于今天的青少年能否成为未来社会的合格成员,而培养合格的社会成员,仅靠学校教育、家庭教育是不够的,必须坚持学校教育、家庭教育和社会教育相结合。

18.《学生热爱科学教育》

当你们看着可爱的动画片,玩着迷人的电脑游戏,坐上快速的列车,接听着越洋电话的时候,……你可曾意识到科学的力量,科学不仅改变了这个世界,也改变了我们的生活,科学就在我们身边。科学技术的日新月异,使得科学不只为尖端技术服务,也越来越多地渗透到我们的日常生活之中,这就需要正处于青少年时代的我们热爱科学,学习科学。

19.《学生热爱环境教育》

我们不是从祖先那里继承了地球,而是从子孙那里借用了地球。宇宙无垠,地球是一叶扁舟,人类应该同舟共济。地球能满足人类的需要,但满足不了人类的贪婪。森林是地球的肺,我们要保护森林。水是生命的源泉,珍惜水源也就是珍惜人类的未来。拯救地球,从生活中的细节做起。对待环境的态度,表现着一个人的素质和教养。人类若不能与其它物种共存,便不能与这个星球共存。幸福生活不只在于衣食享乐,也在于碧水蓝天。

20.《学生热爱父母教育》

专家认为教育首先是让孩子"成人",然后再是"成才"。要弄清成绩、成人与成才三者的关系,谨防"热爱教育"缺失造成的心灵成长"缺钙"现象。对一个孩子健全人格的培养,最关键的要让他做到几点:热爱父母,能承受挫折、吃得起苦,有劳动的观念。热爱父母,才能延及热爱社会、热爱人生。

由于时间、经验的关系,本书在编写等方面,必定存在不足和错误之处,衷心希望各界读者、一线教师及教育界人士批评指正。

编者

目　录

第一章

班主任工作原则中的艺术

班主任以培养人才为目的的目标原则

指导班主任工作的方向是班主任工作的首要问题,所谓目标原则是指班主任工作必须按照培养人的要求,确立一定的目标,以目标作为工作方向,也以目标作为工作的不断深化的要求。我国的教育目的,从根本上讲是培养德、智、体、美都能得到健康和谐发展的人才,任何教育活动都要以这个目的为基本要求,不能有所偏离。班主任把握教育目标,就是遵循培养学生德、智、体、美都能得到健康和谐发展的总要求来安排教育活动、确定教育内容、采取教育措施,以达到预期的目的。

遵循目标原则,班主任应该有明确的目标意识。这种意识应该体现在班主任自身有明确的工作目标,以及围绕目标所采取的各种教育活动。这种意识还应该体现在要教育学生有明确的进取目标。又应该体现在使与教育学生相关的人,有为学生达到成长目标而积极工作的意识,即班主任要把学生成长的目标,变作每一个相关人的意识和行动。实践证明,班主任的目标意识愈强,他们的学生以及与学生相关的教育者这种意识也会随之加强,这是一切教育的基础,绝不可忽视。

把握目标原则,还要分清目标的层次,切忌把目标变成口号、变成千篇一律的无形的东西。分清目标的层次,从年级来讲,虽然中学生、小学生的德、智、体、美等方面都要得到健康和谐的发展,但不同年级具体层次不同,因此班主任要赋予各自不同的内容,使其逐步深化。从学生的表现状况来讲,也要求对不同学生提出不同层次的目标,避免一律的要求。

把握目标原则,班主任在制定本班级的总体目标时,还要以总目标为核心,分步制定阶段目标和具体目标,使总目标不至于落空。分步的目标既是一步一步实现总目标的过程,又是每一个时间段的奋斗要求。它是具体的又是体现一定社会总要求的,因此它是一切活动的起点,也是一切活动的终点,又是一切活动的核心,更是必须达到的要求。

具体目标是指每一项教育内容、每项活动的目标。班主任在进行每一项教育活动时,都必须考虑这项活动的目标是什么以及为什么要开展这项活动、这项活动与实现总目标的关系以及如何具体实施等。班主任在工作中制定具体目标看似容易其实是难度较大的工作。它要考虑方方面面,并且切实可行。也要指出,一般教育活动不是立竿见影的,不能指望和要求开展一次活动,学生就有什么显著的改变,就有什么明显的收益。班主任在确立工作目标时要做到有的放矢,实事求是,心中总要从教育目的、教育方针出发,从学生的实际出发,并且有实现目标的具体措施

和条件保证。

把握目标原则,在具体实现目标的过程中,有时候会出现预想不到的问题,这种情况一般是正常的,这需要班主任及时调整,使目标的实现不致落空。就是说,班主任在工作中要把实现目标的终极要求和具体的实现过程协调起来,假如目标是一回事,工作过程又是一回事,最后就会形成两件独立的事件,当然目标也就难以实现了。

总之,在班主任工作中,无论是抓好一个班级集体还是从总体上对学生的培养,或者做好某种教育活动以及对个别学生的教育,都要把握目标,班主任既要把目标作为心中的方向,又作为工作的一个标尺,沿着目标的要求不懈努力,这样班主任工作定会做出成绩。

班主任工作活动和实践原则

活动和实践是班主任工作的最基本要求。所谓实践原则是指班主任工作中把活动及实践作为了解学生和教育学生的一种手段,也作为引导学生自我教育的重要方式以及增强学生社会适应力的一种手段。品德是在活动和交往中逐步形成的,没有活动和实践就没有品德形成的扎实基础。即使是通过说理和自我修养来提高品德认识,最终还是要在品德行为中表现出品德形成的结果。提出班主任工作的实践原则,是从以下几点认识出发的:

(1)把认识变为实践。变为学生的品德表现,必须在活动和实践中去完成;离开活动和实践所有的认识都无所依附、无所表现、无所存在也无法评价。

(2)活动和实践对学生品德形成强化作用,良好的品德表现、道德行为规范,都是在活动中实践中逐步形成和巩固下来的,长期的活动和实践,品德行为才能成为习惯,习惯才能成"自然"。

(3)班主任面对的是班级集体,学生之间有相互影响和制约作用,这种影响制约作用既有对良好品德形成的促进作用,也有对不良品德的匡正作用。这种学生间的相互影响在活动和实践中才能存在;活动和实践的内容越丰富其相互影响和匡正作用就越大。一个缺少活动和实践的集体必定是死气沉沉的,这时候其影响力就减弱。外界的影响力(有益的和有害的)就会增强,如果消极的影响多了,学生当然就会出问题。

(4)活动和实践不仅增加了青少年表现自己的机会(比如表现他们的才能、表现他们的见解和主张、表现他们的人际交往的愿望等),同时这种表现本身就是一种锻炼、一种受教育的活动、一种增强适应社会能力的积累。反之，不去开展活动，不给学生这样的机会，他们又会自己去"活动"，这种活动随意性很大，往往会增加教育的难度。

（5）活动和实践是个大概念，不仅指学校内的活动和实践，学生在社会中也有多方面的活动和实践。这种活动和实践能使学生更靠近社会，更了解社会，更重要的是能使他们更适应社会。

（6）培养适应社会需要的人，培养对社会有责任感的人，离开社会不行，而要深入社会就必须参加社会活动和实践活动，这不仅是学生学习的大课堂，而且也是培养社会人的必由之路。

（7）社会在迅速地变化着，学校如果不向社会开放，学生不去参加社会活动，不去了解社会信息，不去亲自体验社会变动和社会震动的脉搏，那就会使学生成为"当代的古人"。所以，活动和实践还有面向未来的意义，班主任应该有计划地开展多种活动，让学生不论思想观点还是生活能力都有"未来人"的气质。

（8）学生参加活动和实践，只要组织得好他们是很投入的，这时候大多数学生很"本色"，因此也是了解他们的最好时机；在活动和实践中，学生又会表现出各种各样的才能和不足，他们在活动和实践中优点表现得充分，缺点也会暴露无遗，才能也会发挥得尽致。班主任只有在这种时候才能真正了解学生，才能与学生心心相印，情感相通。同时在这时候了解学生才是最真实和具体的。

（9）活动和实践能使学生之间增加了解和增强情感。一个优秀的班级集体，学生之间相互团结，向心力很强。班级集体离开了活动和实践，学生就会形同散沙，大家虽然坐在一起，心却不一定在一起。

（10）活动和实践能使学生增强对老师的了解和情感。各种活动和实践，班主任老师不一定都能参加，但班主任要组织大部分活动，要参加到学生们一定的活动中去。在与学生的共同活动中，班主任的思想情感、爱好特长、良好的师德风范……都会表现出来，使学生更多地了解老师，并且在共同活动中，在彼此不断了解中，相互之间也增强了情感。所以说活动和实践又有益于学生与班主任建立良好的关系。

遵循实践原则，班主任老师要相信学生，放手让学生参加活动。学生经过不断的训练，能够在活动中逐步把握自己，班主任越放手，他们的胆量越大，聪明才智发挥得越好。有的班主任又想开展活动，又不放心学生，特别是在一些校内、校外大的活动中更是如此。有的班主任老师对待一些平时有些毛病的学生更是不放心，要对他们百般限制。这种想法的实质是认为搞活动要万无一失，不允许有任何纰漏，对活动的认识简单化

了。任何活动都存在着不可测的因素,都存在着成败两种可能的效果。活动和实践的一个目的就是发现学生的闪光点,发现学生的缺点,发现他们成长中要加强教育的空隙点,有时候出了问题也是"效果"。

遵循实践的原则,班主任在设计、策划、组织活动时,要灵活多变,要增强对学生的吸引力,要顺应学生的心理要求,要使各种类型的学生都产生"我也行"的信心。所谓要灵活多变是指活动和实践的多样性。即便是同样的活动也要富于新意,保持新鲜感;活动的内容要交替进行,一个时期总开展那么一样活动,就会使学生厌倦、疲沓,取得不了好的教育效果。所谓有吸引力是指活动的开展具有新鲜感,学生参加活动后觉得有所得,能满足学生的某种需要;假如学生认为活动与己"无关",那么这种活动必定会没有生命力。所谓顺应学生心理要求,是指活动的开展除满足某种需要外,还要不影响另外的需要,在权衡中使学生心理平衡。所谓要使各种类型的学生都在活动中产生"我也行"的信心,是指在活动中尽量发挥学生的主体作用,班主任在设计中要顾及到各种类型的学生,使他们的兴趣、特长及能力都得到发挥。切忌让少数学生骨干尽情地"活动",大多数学生只是处于陪伴、充当陪衬的角色。

遵循实践原则,要理论与实践相结合。不论在文化课学习中或是在德育和其他教育中,学生都要长知识,提高认识水平,增强实践的能力。这就有一个理论与实践结合的问题,单纯学习书本知识,单纯灌输政治理论和道德认识,学生不能成为完全的人,他们还要有实践的能力,有适应社会需要的能力,学生在学校中学习科学文化知识,学习其他方面的知识,使他们能够在认识上向社会靠近一步,他们掌握的知识愈多,就愈使他们具有为社会服务的基础。但这些知识要转化为为社会服务的本领,还要求他们具备相应的能力。活动和实践就是这种"转化"中不可缺少的环节,在学习科学文化知识中是这样,在学习社会知识、学习如何处理人际关系的知识中也是这样,都要靠一定的活动和实践来实现这种"转化",或是来加深对所学知识的理解。所以,在把握实践原则中,不能所学的是一套,所做的是另一套,那就是为了活动而活动,就失去了活动的意义了。有的班主任老师在开展活动时,没有注意考虑学生的知识基础,没有使学生把学到的知识用来指导活动和实践,这样就会影响活动及实践的质量和收益。

活动和实践对班主任工作来说,是一个经常性的课题,是必须遵循的工作原则。一旦班主任在把握这项原则中进入"自由王国",那么班主任工作就会不断出现生机和活力,能使班级集体出现新的局面。

班主任在培养学生过程中的积累原则

所谓积累原则,是指班主任在教育培养学生过程中注重点滴收获,一步一个脚印,使学生逐步成长、逐步完善的教育原则。作为教师希望学生尽快成长,尽快完美,尽快成才的心情是共同的,也都是迫切的。为达到这个目的,有的教师揠苗助长,甚至恨铁不成钢,急于求成,结果要么达不到目的,要么适得其反。其原因就是忽视了人的成长规律,把主观愿望当作客观事实,这样的例子是屡见不鲜的。我们提出班主任工作的积累原则,其针对性就在这里。

(1)人的成长是个长期的过程,要想一蹴而就,立竿见影是不可能的。因为不论是知识的获得、经验的积累和道德修养的提高,都要一步一步地做到,都要有个过程。而这个过程是长时期的,这既和人的生理心理基础有关,也和人生活的社会条件有关。有时候不是给什么学生就"收"什么,即便是学生"接受"了,还有个消化的过程。

(2)人的成长是渐进的,学生正是在渐渐丰满、渐渐提高的过程中渐渐地成长。他们的认识总是由低到高,由感性到理性,由个别到普遍。他们对问题的理解总是由不太明确,到逐步明确,到弄通弄懂。他们的经验总是由少到多,到逐渐丰富。他们对问题的分析能力总是由具体事物开始,由片面到比较全面,到能够辩证地分析问题。他们对接受教育和外界的影响总是由被动到比较主动,到完全自觉。这都说明学生的成长是渐进的,急于求成是达不到目的的。

(3)培养学生是多种条件综合作用的全方位工程。从学生自身来说,他们所接受的外界影响,接受的各种知识营养,都是相互作用和相互渗透的,其间你中有我,我中有你,互为补充,互相促进,某一方面"成熟",不能决定人的各方面都成熟。从教育者来说,要把"各种条件"都给予学生,绝不是一下子能办得到的,要通过多种渠道、多个人的劳动,也要经过一点一滴的积累。所以这又是一个逐步完善和逐步积累的过程。

(4)学生的成长面临着较为复杂的社会条件,学校环境条件,人际关系条件,家庭环境和教育的条件。当这些条件都形成一致的方向,成为正向合力的时候,教育才能取得较为满意的效果。可事实上这种正向的合力并不是经常出现的,特别是在社会条件较为复杂的时候,这种合力不仅难以取得,甚至会出现互相矛盾的局面。这一方面说明教育学生的艰难,另一方面还说明要取得一定的教育效果,也要逐步做到并逐步积累。

(5)认识积累的原则也要看到积累起来的东西并不都是一劳永逸

的。常常在我们取得一定效果后,或是学生形成了一定的"积累"之后又出现反复,把已经积累的东西丧失掉。教育成果的反复是正常的现象,这正说明学生成长过程的复杂性。

遵循积累原则,作为班主任老师,心中对教育目标,对要达到的教育目的,必须有明确的认识,这样每采取一项教育措施,每开展一次教育活动,都能扣紧教育目标,因而每一项教育成果就都是一项积累。教育目标是班主任工作的一个大主题,班主任要做好教育学生的文章就必须扣紧中心,这就是积累原则的很好体现。

班主任工作中无"小事"可言,每件事都是对学生教育的积累,每件事的成果都是学生成长的积累。有的被老师视为"小问题"的事,常常能解决大问题,或是成为解决大问题的基础。把握积累原则的要害问题是不能忽视学生成长中的任何教育机会,更不能主观上认为事"小"而不去教育。有时候学生表现出的问题的确很小,比如随意说一句不尊重人的话,违犯纪律,作业没有完成以及其他的一些小事等。对这些"小事",班主任应该引起思考和分析,除了纯属偶然或是不以主观意志转移的事(如误车迟到、不小心损坏了公物)以外,班主任老师都要从中悟出这个学生成长中的缺陷,都要悟出教育的缺陷。而学生成长中的缺陷或教育中的缺陷就不是小事了。所以把握积累原则,班主任要更多地接近学生,了解学生,分析学生并同时分析自己,因为任何疏忽都可能使这一原则得不到真正的贯彻。

遵循积累原则,班主任老师要求实,求细,求恒。要把学生的成长看作一个过程,这个过程的伴随者是班主任老师,他们对学生成长的积累起着至关重要的作用。

班主任首先要"求实",实实在在地开展教育活动,一丝不苟地指导学生,一件事情、一个矛盾或一个表现,班主任都要实实在在地考虑并策划如何去教育学生,如何去帮助学生做"积累"。"求实"的更深一层意义是力避形式主义,不做表面热闹、实质上无效益的活动,而是要求每一个教育活动都有实际效果,班主任应该成为绘画大师,每画一笔都要对整个画面的完善增添新意。老师在进行教育活动时,很少会去考虑自己开展的活动会是无效的、低效的,因为他们总认为自己是为学生"好",为教育学生在出力。恰恰是这种主观上良好的愿望,会使班主任忽视教育对象的复杂情况,而使自己有时会做出无效的、低效的工作而不自知。班主任在工作中做到求实,要考虑教育目标,也要考虑学生的心理状态,还要考虑教育的内容与形式以及其他的因素,否则就会常常出现教育的低效果,

有时甚至是零效果或负效果。

班主任工作还要"求细",所谓求细是指做过细的工作,针对每个学生做工作,细致地处理学生个人和学生之间的矛盾。学生对老师提出要求,常常要看老师的态度来执行,所以要使学生做到点滴积累,班主任老师必须要持之以恒、抓紧不放。首先,要使学生从实际中体会到,班主任的任何要求都是实的、有形的、有始有终的。其次,班主任必须说到做到,令行禁止,丝毫不马虎,不能打折扣。再次,在多种要做的工作中,班主任老师要善于协调,不漏掉对某一个要求的落实检查。班主任对工作持之以恒其本身就有教育意义,对于学生养成做事认真,一丝不苟能产生很大的影响。事实证明,在任何班级集体中,凡是班主任坚持不懈、锲而不舍、有始有终地抓某项工作,落实某个要求,那个班级集体在这方面肯定会做出成绩,那个班的学生在这方面肯定有所长进。

遵循积累原则,班主任老师要做好各方面的调节工作。学生是在多种作用因素影响下不断成长的,因此各种作用因素都会对学生的逐步成长及逐步完善发挥作用。所以班主任老师要努力去协调各种因素,努力去启动各种因素,努力去激活各种因素,这就意味着使学生增加了"积累"。

确实,各种对学生的作用因素都在各自运转着,但他们的作用常常是零散的,有时是自发的,有时是短暂的。班主任老师一旦把这些因素协调起来,使他们纳入自己的工作目标之内,这就增加了教育的力量,这种力量愈大,学生受益愈多,成长的积累就愈丰富。首先,班主任要弄清什么是影响作用因素,我们常说的社会、家庭、校内的因素,都是一个笼统的概念,这个概念的含义,在每一个班级集体面前,在每一个学生面前都是不一样的;同时不同的学生对这些作用因素的主观意向也不同。其次,有些影响作用因素,并不是直接的、公开的,是班主任老师难以用简单的方式察觉的。其三,有些对学生的作用因素又是变化的,影响作用方式和影响力的强弱,甚至是正向影响或反向影响都是随着一定的外界条件在变化的。因此,班主任老师要做好协调各种作用因素的工作,要启动和激活它们,就必须在大背景下研究社会,研究学生,以最大的努力调动和协调各种作用因素的积极作用,使学生在加速成长中得到积累。

积累原则体现在班主任老师的各项日常工作中,它直接关系到学生成长的快慢,也关系到学生成长的质量。积累原则的体现虽然没有具体标准,却是十分具体的,这就要求班主任老师尽自己最大的努力去做好工作,也要求班主任老师去努力提高自己的工作质量,还要求班主任老师努力学习,使自己能够为学生的逐步成长和逐步完善做出贡献。

班主任教学活动中的疏导原则

所谓疏导原则,是指在教育活动中采取启发、引导、疏通的方法,排解学生的矛盾,服之以理、导之以法、疏而不堵。疏导是针对强制、简单化的做法而言的,是禁、堵的反面,是教育学生时必须遵守的准则。

学生在成长中,所遇到的矛盾是十分复杂的,他们头脑中对各种"矛盾"都会形成自己的"看法",这些"看法"有些由于偏执和片面,会酿成错误的态度和行动;有些会使他们对正面道理不愿接受,甚至会产生逆反心理;有些会使他们的心理产生不平衡,积淤成更大的矛盾。这种情况对青少年学生是随时可见的,因此班主任老师采取什么教育原则就是值得重视的问题。对于学生思想上这些矛盾,简单化的做法是,用"帽子"吓人,用空洞的口号去"震人",或是不许学生暴露思想,不许学生按他们的想法去行动,或是禁、堵,还立下许多禁条和戒律。这样做的结果是显而易见的,要么是暂时平息了矛盾,或是压抑住学生活跃的思想,形成了矛盾的淤积和隐患;要么是以"势"吓人,并不真正解决矛盾,从而使矛盾激化和潜隐下来;要么是造成师生的对立,学生认为班主任无能、说假话,因而形成逆反心理。

总之,禁堵的结果是使成长中的青少年受到压抑,主体作用不能很好地发挥,最终的结果是唯唯诺诺,毫无生机和活力。这样的学生适应不了独立于社会之后的更复杂的矛盾。禁、堵也使班主任老师的教育力量削弱,教育的简单化不仅不利于学生的成长,而且老师自身的素质也难以提高,进而又会影响整体上的教育质量。所以教育中的禁与堵不仅危害"当今",还会遗患于"后世",是应当力求防止的。采用疏导的手段是以理服人的,使学生思想认识上的矛盾得以疏通,得以解决,事理通达则心气平和,这就有利于他们自我教育,有利于发挥他们的主体作用,而这又是他们成长中至关重要的。

班主任老师在对学生的教育工作中,特别需要疏导学生的有以下几种情况:

(1)学生在社会生活和学校生活中产生了片面的认识,这时的学生往往是理直气壮的,可以举出他们认识的"依据",而这些"依据"又确实是存在的,大至对待社会问题,小至对人对事。其结果常常是表面上轰轰烈烈,实际上无所收获。在疏导过程中,要创造条件,使学生集思广益,充分发挥主体性和积极性,形成人人都是被教育者,又都是教育的参加者。在此基础上分清是非,说服教育,充分肯定学生中正确的东西,并使正确的东西深入人心形成主流；又要集中大家的智慧，通过民主讨论的方式、批评及自我批评的方式，对错误的东西旗帜鲜明地加以反对，这种反对是通过摆事实、讲道理的方式表现的。班主任老师要坚持循循善诱，要有极大的耐心帮助学生逐步提高认识。教师教育学生出于好心或者是良好的愿望，或者认为自己明白的道理学生也会同样明白，这是一种主观主义，因而也容易急于求成，甚至揠苗助长。

疏通和引导是有着密切关系的。疏通可以化解矛盾，暴露问题，从而形成引导的基础，只有进一步引导才能促使矛盾转化，把学生思想引到正确的方向上来。疏通和引导又不是一劳永逸的，因此班主任老师必须经常对学生中存在的问题进行疏导，这就使疏导成为班主任工作的一个原则。

学生接触社会，接触各种各样的人，这些势必对他们产生不同的影响，青少年有时候热衷于一种什么东西，热衷于一种什么人，其执著程度，其追求的热情，是相当热烈的，这其中又常常是需要加以疏导的。把学生的热情和追求，把他们当中的热点(这是经常出现的)，把他们过于热衷的事物，引导到正常发展的轨道上来，使学生总是朝气蓬勃，总是健康和谐地发展，这是班主任老师要经常做的事。学生在成长中需要发展，而青少年不论是个人的兴趣、爱好，还是对社会上某些热点的追求，往往会出现偏执且过于执著，这时候就要因势利导，培养学生广泛的兴趣爱好及全面的追求。

学生中一个时期会出现某种热潮，如果去禁止或堵塞，就会适得其反，要么会转入隐蔽，要么会形成逆反，这些对教育都不利。有效的疏导方法是班主任老师要开展丰富多彩的、学生喜闻乐见的活动，以更大的吸附力始终把学生的活动方向纳入到班主任老师既定的教育目标上来。因势利导，有时是顺应学生的活动趋向引导，有时又是迂回地引导，有时是使学生不知不觉地淡化某些不良追求。

在学生行为规范中明确规定禁止的东西，班主任老师也不能一"禁"了事。原则上讲没有教育不好的学生，许多被某些班主任老师认为"不可救药"、"刀枪不入"的学生，到另外的班主任手中，或是换一个环境就可能有很大的变化，正说明这个问题。但在实际生活中确有许多学生不好教育，又不能推出去不管，所以班主任老师必须认真对待问题学生的疗教与转化。出现这种情况班主任应该去细心寻找形成问题的原因，也要推敲自己是不是具备了教育学生的条件(比如与学生的情感基础是否薄弱、对学生的教育过程是否失当、对学生的自尊心是否有伤害、对学生情况是否了解等)。假如一味强调学生愚顽，朽木难雕，就会妨碍对学生的疏导和转化，当然达不到教育的目的。

遵循疏导的原则,班主任老师必须做到循循善诱,集思广益。疏导原则是针对教育过程的简单化和放任自流而提出的。思想教育过程中的"假、大、空",不切实际的简单粗暴,其反映形式就是简单化方法的无效性。师生关系的实际状况说明,只有建立起融洽、信任和真挚的关系,疏导才可能成为真正起作用的教育手段。

遵循疏导原则,班主任老师要做到实事求是,以理服人,这是疏导的核心。要使学生受到真正的教育,要使学生真正地提高思想觉悟,班主任老师要真正成为有威信的教育者,就必须坚持教育过程中的实事求是。教师实事求是地讲道理、摆事实是容易说服学生的,假如把讲的东西变了样,说服力自然就小了。遵循疏导原则,又必须以理服人,不论对自然现象还是社会现象,都要告诉学生是什么道理,都要进行科学的有根有据的解释。坚持讲道理,坚持用道理服人,就是疏导的方法;学生明白了道理,就提高了认识水平和知识水平。我们在对学生进行教育的时候常常不讲道理,不充分讲道理,讲不清道理或是讲自己都不相信的道理。这种现象在学校中出现有主观原因,也有客观原因,有时候主观武断不以理服人,凡事定于一尊,自然不讲道理,不能充分说服学生。有时候事情复杂、变化突然,特别是在历史转换时期,社会变动比较大,对某些问题的解释,老师自己还没有在思想上形成正确的认识,这时候老师又要照某种意思去讲,讲起来自然言不由衷,缺乏说服力。这些的确是在疏导中常遇到的问题,根本的解决办法还是老师加强自我修养,尽量把要给学生讲的道理自己先弄清楚,并且要耐心地给学生讲道理,使学生的思想问题和其他问题都能得到疏通和解决。

遵循疏导的原则,班主任老师首先必须做到因势利导,促进转化,这是疏看法。班主任老师对此采取简单化的方法最容易造成更深的矛盾和隐患,所以应该积极疏导,用更为有力的论据证明学生是以偏概全的;这种论据一定要有说服力,有时甚至可以采取与之相关的教育活动以达到疏导的目的。

(2)对学生中已经淤积起来的"问题"加以疏导,这时他们的认识比较牢固,错误的看法比较集中,有时在行动上也有所表露和表现。班主任对此应该及早发现,并同时深入学生中去了解和把握真实的情况,找出问题的症结,解开后再一步一步做工作。

(3)对学生中正在形成的某种问题进行疏导,比如一个时期学生受社会影响,形成了某种"热"的状态,或在学生中流行起来某种不良风尚,要在"热"中使学生发现不利的因素,或是荒唐的东西,从而自行化解,这时候越和学生对立,越加禁止越会形成逆反的效果;假如由公开转为隐蔽就很难教育。如早恋、吸烟、沉迷上网以及其他一些问题行为,都不能简单地禁、堵,而要因势利导,顺应形势,发挥积极的教育作用。

(4)由于受到社会的各种影响,学生会随时出现各种"问题",面对这种情况,班主任老师也会经常遇到要去疏导的问题。希望社会"真空"是不可能的,希望学校里讲的真善美,社会每时每刻、每件事都能给予印证也是不可能的。班主任老师要善于把社会上阴暗、有害、虚伪和丑恶的东西,撕破给学生看,让学生从中认识到什么是假、恶、丑,而撕破和揭露丑恶的过程就是对学生已形成的错误认识的疏导过程。

遵循疏导的原则,班主任老师要满腔热情,平等对待学生,这是采用疏导手段的前提。在对学生进行教育的过程中,最忌讳的是缺乏热情,冷冷冰冰,这样在情感上就疏远了学生,情感上的隔阂或是疏远,就不能调动学生的热情,进而减弱他们相应的接受教育的积极性,这当然不利于疏导工作。

班主任老师在用疏导手段时,还要平等地对待学生,如果采用教训的态度或居高临下,那就会失去疏导的意义;平等地对待学生,和学生一起"进入"受教育的活动中,采取讨论、探讨和转移的方式,本身就会起到疏导的作用,并能增强疏导的效果。满腔热情,平等待人,能使学生产生一种亲切感,能淡化和消除他们的戒备心理,从而会增强教育的力度,这种"尊重"就是引导、启发、教育学生进行自我教育,调动学生主体内在的积极性,使他们主动、真诚地遵守行为规范,并且形成稳定的状态。

班主任以行为规范为主旨的养成原则

学生行为规范是国家明文规定的日常行为要求。学生按"规范"要求去做,有着重要意义,因为行为规范体现了国家和社会对学生道德修养和文明行为的基本要求。如何使行为规范成为学生的自觉行为,这是班主任老师日常工作中的重要课题。

所谓养成原则是指对学生的行为要求,也就是对学生的"日常行为规范"要长期反复训练,并持之以恒地进行强化,使其成为习惯,以形成稳定的品质和自觉的行为方式。学生正处在社会化的准备阶段,他们成人感不断增强,在心理上和行为上都开始了追求"自我"的理想形式。他们的自我意识是形成道德表现的心理基础,所以贯彻行为规范必须使他们有正确的自我意识,能区分正确与错误的行为、文明和下流的行为、高尚和卑鄙的行为,即能区分行为上的"美"与"丑","对"与"错"。没有这种自我认识,他们就无法做出正确的选择,因而在行为表现上就会背离"规

范"的要求。学生自我意识有正确与错误或是"善"与"恶"的区别,因此在引导学生从善拒恶过程中,必须尊重学生的主体意识。

人的道德意识发展是从他律到自律的过程,是分层次或是分梯级的,第一层次是属于"被动行为",为避免惩罚或者为取得某种鼓励和赞扬而不做什么或者去做什么;第二层次是属于"服从行为",对有关的规章制度,对家长、老师及其他权威人物能够服从;第三层次才是内心的主体选择,才是自律以至于到达"慎独"的境界。一般来说,中小学生是处于第二层次阶段,他们不能完全达到自律水平,因此贯彻行为规范对他们至关重要。道德层次的发展虽然与人的智力水平有关,但更重要的是要靠实践的锻炼与磨炼。行为实践能促使认识的提高,同时实践又能使学生增强情感的体验,增强意志的磨炼,而且由于反复实践,能成为习惯,形成较为固定的行为方式和稳定的品质。提出养成的原则,其意义就在这里。中小学生的道德意识大多处在"服从阶段",这种"服从"并非完全是自觉的,"服从"的程度取决于教育和训练,取决于在行为的养成下的品质中。

遵循养成原则,班主任老师要把行为规范的养成,引导到学生的自我教育、自我追求、自我完善的自觉内心需要中。从少年向成人过渡的青少年学生,渴望成才,渴望自己成为成年人,这是一种成长的追求,意味着他们向更高的境界"完善"的愿望。这种心理需要是班主任老师引导教育他们的良好契机,但真正使他们懂得如何去规范自己的行为和为什么要那样规范自己的行为,并不是件容易的事。班主任老师要教育他们懂得遵守行为规范是社会的要求,也符合自己的利益;执行规范要求并不是"吃亏"的事,也不是个人行动的"不自由"。

遵守行为规范,不仅有利于集体,更有利于在社会生活中与大家协调相处;也是个人在集体、在社会生活中的需要。还要教育学生懂得,自我追求、自我完善离不开群体和社会。只有行为的"规范",才符合群体与社会生活的利益和要求,否则就难以"自我完善",甚至难以在社会生活中很好地生活与健康地成长。学生明白了这些道理,就会在道德养成上变被动为主动,变有约束感为自觉的行动;并且这种自觉性会进而形成一种责任感,自尊感,形成他们履行道德行为规范的驱动力。

遵守行为规范,重在养成,养成的基础就是自觉性、自律性和责任感。这种情况下的"养成",会使学生终生受益,形成稳定的品质。背离这一点,教师如急于求成或以"力""压"人,简单的命令,动辄指斥,横加限制,甚至随意地施罚,就会使学生失去自觉性。这种情况下,即使教育内容是好的,也许只能收到暂时的效果,从根本上是不利于学生行为规范养成

的。这样做还会使他们产生一种心理上的压力,使他们自尊心受到伤害,使他们心情不愉快,使他们与班主任老师情感上产生距离。这些消极的因素会掩盖履行行为规范的主动性、自觉性,他们为"对付"老师才那么做,或者是在老师面前才那么做,进而就可能阳奉阴违,弄虚作假。

所以,班主任老师在学生行为规范的养成中,一定要尊重学生,一定要使学生明白为什么那么做的道理,一定要使学生出自内心的需要,也要使学生感受到班主任老师这种教育要求是对他们的爱护和关心。

遵循行为规范的养成原则,班主任老师要注重在实践中培养和训练学生,在活动中强化学生行为规范的意识,在反复要求中增强学生的意志,在褒贬的评价中促进学生自觉履行行为规范。在实践中培养和训练学生履行行为规范是基本要求,不开展实践活动,行为规范无从培养和训练,只靠说明道理而不去实践等于纸上谈兵,要形成行为规范,实践比"道理"更重要。

在实践中培养和训练,首先要给学生实践的机会,有时要"创造"一些条件,特别是创造一些"兴趣"条件,使学生一开始就觉得行为规范不是一种束缚,从而乐意去那么做。其次要使实践活动有连续性,"养成"要着重"不断"或持续,否则蜻蜓点水,今天要学生这么做,明天又要求做别的,或者虎头蛇尾,这都不利于养成。班主任老师把握养成原则,一定要有头有尾,要有要求、有检查、有评价。这对学生形成意志品质是十分重要的。再次要将养成原则渗透在各种活动中,使之与各种活动成为有机的统一,而绝不是只抓行为训练。就是说要在各种活动中体现行为规范的要求,不使行为规范成为孤立的行为要求。

遵循行为规范的养成原则,班主任老师要在班级集体中建立必要的制度,使其成为形成行为规范养成的保证。在班级集体中建立必要的规章制度是班级管理中必要的手段,也是遵循养成原则的重要措施。班级集体中的规章制度不能太多,主要围绕"学生守则"和"行为规范"要求来建立,内容要简单明了切实具体;更关键的问题是要执行规章制度,不能一纸空文,形同虚设。

遵循行为规范的养成原则,班主任老师要充分利用评价的手段,及时地充分肯定和鼓励学生遵守行为规范的表现。这种鼓励与肯定能使学生激发出更大的热情,特别能使学生通过具体事例知道如何去做。班主任老师鼓励和赞扬某种行为表现,这会成为一种教育导向,是有利于学生行为规范的养成的。当然,必要的批评手段也可以采用,但用得要得体适当,一味的批评,动辄得就的批评,随意的批评和不恰当的批评都会引起

不良的后果。所以,班主任老师在批评某个学生的行为不合乎规范时要慎重和恰当,这样在学生的行为规范养成中"批评"才会起到作用。

遵循行为规范的养成原则,班主任老师要注意分清层次,使对学生的行为规范的养成教育有针对性并切合实际。所谓分清层次有两层含义:一是分清学生的层次;一是分清"规范"内容的层次。分清"规范"内容的层次是指学生的年龄、年级不同,行为规范的要求要不一样,低年级的学生要求做到一般的行为规范,如守纪律、有礼貌、尊敬老师、友爱同学……高年级学生则要求更高的行为规范,比如举止文明、人格自尊、遵守制度、关心长辈、遵守公德等。这样由低到高,由简单的要求到全面履行规范,既有层次又逐渐提高,进而会使"规范"的要求得到全面的养成。分清学生的层次是指针对不同表现的学生要予以不同的要求,对行为表现好和较好的学生,要提出更高的要求,着意使他们养成良好行为习惯的自觉性;对行为表现差和较差的学生,要针对性地提出要求,要使他们决心克服不符合"规范"的行为,以养成良好的行为习惯。

遵循养成的原则,班主任老师既要注意这种教育的持续性,又要注意养成教育与其他内容教育的相互渗透性。养成教育虽然是行为举止的具体要求,但人的举止行为及行为的规范,都是在人的整体活动中表现出来的,进行行为规范的养成教育,要注意与其他教育活动结合起来。在进行教育活动时,特别是在日常学习生活、体育锻炼、校内大的活动及社会活动中,都要求学生有"规范"的行为,因此,行为规范就成了开展各种教育活动的保证,能使各项活动收到更好的效果。同时在开展其他活动时,也必须结合进行行为规范的教育,使行为规范的养成有所依附,有体现的机会和场合,这样才能达到"养成"的目的。学生行为规范的表现与"养成"是要由思想认识和道德认识来支配的。觉悟不高,认识跟不上,即使做出某些"规范"的表现,也不能持久和稳定。说到底,行为规范的表现和"养成",是"知、情、意、行"综合表现的结果,养成行为的规范,必须进行"知、情、意、行"的全面教育。

班主任有效发挥主体能动性的主体原则

教师教育学生的活动,不论是传授知识还是进行其他方面的教导,都是双边的过程。学生在学校接受教育,他们的认识活动是以变革主观世界为目的的,这就向所有的教师提出了一个重要问题,那就是变革主观世界的教育与学生发挥主体性的关系。任何教育活动都要有受教育者的主观能动性,有受教育者的主体选择,这样才能产生积极的教育效果。

学生受教育并不是消极地受教师的支配,他们在受教育的过程中是随着教师所组织和进行的教育活动而作出选择、调节和控制的。这种选择、调节、控制越积极主动,教育效果就越好。提出主体原则就是基于教育活动中学生的主体能动性发挥对教育效果的积极作用而言,也是要求教师在实施教育活动中必须以适应学生为前提,没有他们的主体选择,没有学生内在的对教育内容和方式的积极性,就谈不上教育活动,更谈不上教育效果。教师的教育活动永远是外力条件,外因是变化的条件,内因才是变化的根据,教师要永远铭记这一条真理,否则就会不断地做出无用功。教师还要认识到,既然外力条件要通过学生的内因起作用,那么教师的作用是否就相对减弱呢?答案是否定的。教师在实施教育的活动中,所施加给学生的外部条件如果能够引发出受体的自身矛盾变化的可能性,诸如引起他们的兴趣、思考和关注,引发他们心理内部的矛盾和斗争,引导他们对外力条件的积极意识,那么,这时候外力条件就会使受教育者相应地产生自我调整和变化,从而使受教育成为可能。

遵循主体原则,班主任老师在实施教育活动中要调动学生的积极性,激活学生的内驱力,使教师的"教育"成为学生的"需要"。学生的积极性和自觉性是他们接受教育的基础,也是他们内化教育内容的起点。班主任老师在开展教育活动时,应考虑教育的效果,首先应想着如何调动学生的自觉性、积极性,假如这方面没有相应的对策和办法,那么宁可不去开展这项活动,也不要勉强行事。

(1)要有学生乐意接受的教育内容。这样的内容一般是适合学生的特点和被他们所关心和需要的,不能空洞无物,不能成人化,不能死板枯燥。教育内容还要富于变化,要选择学生所关心和注意的问题,与学生生活无关、思想无关、学习无关,他们就不会关心和注意;同样的内容在不断的教育活动中要经常变换角度,在变化中求新,一味老生常谈,就不会有教育效果。教育内容也要适应学生接受基础,不同年级、不同班级、不同表现的学生,"接受"教育的基础不同,启动他们主体能动性的可能与条件也不同,因此,必须适应他们的基础,教育内容要强调针对性。中小学生认识问题更注重实际,因此教育内容要看得见、摸得着,对调动他们的内在积极性就有很强的说服力。假如为强调某个问题,把教育内容夸大或缩小,使教育内容失真,那就会很快地失去信度,当然就不能调动他们的积极性。

(2)要有学生乐于接受的方式。教育方式方法对中小学生尤其重要,他们常常是被活动的方式所吸引,然后才受到教益。在班主任的工作

中教育方式方法苍白和单调,直接关系到教育的得失,因为这样会影响学生主体积极性的发挥。班主任工作必须考虑学生的喜闻乐见,采取形式多样、丰富多彩、适合青少年特点的方式方法。所以班主任工作在形式上、在方法上吸引了学生,在活动中又使他们积极地投入,才能使学生成为活动的主人,发挥出积极的意识。要把每次活动都搞得生动活泼,使学生觉得欲罢不能,兴犹未尽。

(3)要掌握学生乐于接受的时机。中小学生的兴趣比较广泛,情绪波动也比较大,有时候他们很沉寂,有时候又很热烈,有时候对某种活动特别专注和喜爱,有时候对某些活动又比较冷淡和排斥,这在班主任工作中是常见的情况。如果班主任老师对这些情况没有很好把握,没有掌握好学生的兴奋点、兴趣点和关注点,就不应急于开展教育活动。这样能减少教育的无用功,更能使班主任对学生保持威信。班主任要不失时机,利用时机,要力求做到"一点就燃",使学生总是保持积极的状态。

(4)要使学生有乐于接受教育的情感。调动积极性很大的原因是调动了学生乐于接受教育的情感。这种情感反应有的是在活动中,同学之间通过活动彼此增进了了解、加深了感情,甚至建立了友谊,使大家愿意在一起,愿意积极参加集体的活动,从而增强了驱动力,受到了教育。这种情感反应也包括班主任与学生之间的情感,班主任老师平时与同学相处和谐,具有很高的威信,又使学生感到诚挚和亲切;在活动中又能与学生平等相处,甚至以自己的学识、幽默、风趣、特长、慈爱或友善博得学生的依赖和情感上的依恋。这是班主任开展教育活动的无形号召力和凝聚力。这也是班主任调动学生积极性、自觉性的无声动员,从而使学生从情感上乐于接受教育。

遵循主体原则,班主任老师要掌握教育学生的"度",不使教育活动成为学生的拖累和负担。教育活动要适可而止,要开始于非开始不可的那种气氛中,要结束于学生的情绪高潮中,这样才能使学生有追求的积极性和自觉性,才能使他们兴致勃勃、情绪高涨,这样才会取得好的教育效果。班主任老师切忌把活动搞得拖拖拉拉,甚至没事找事,学生一旦失去兴致,失去情绪,就会产生消极的心态,再继续下去不但收不到进一步的教育效果,就是现有的教育收效也会失去,甚至使学生产生厌烦心理及反感情绪。班级开展活动也要有度,一是要使学生"不知不觉"地受到教育,这时学生积极性最高,一旦学生觉得自己是在"受教育",就会影响教育效果。二是班级活动有松有紧,潮起潮落,不能一个接着一个;教育学生一天也不能放松,但大的活动不能接连不断。学生的活动,哪怕是文娱

活动也要有度,班主任老师的教育艺术就是把教育渗透在与学生各种形式的交往中,使学生总是处在自觉和积极的状态中。教育的内容、说理的程度也要有度,有时班主任老师为了强调某个问题,或是为了使学生受到"震动",把要说的道理、要指出的危害夸大了,这样学生就不大去考虑教师语重心长的一面,而是去计较老师说过了头,因而产生反感。

遵循主体原则,很重要的一点是班主任老师要了解学生,把握学生原有的情况。班主任老师开展教育活动,无论是对学生个体,还是对学生群体,都必须有充分的了解。有时候教育活动开展不下去,学生情绪消极,甚至死气沉沉,对班级活动漠不关心;还有的学生不听教育,与班主任老师对立等等。出现这些情况多半就是班主任老师不了解学生,以自己的主观意向去开展活动。而且不了解学生就很难找到教育的契机和着眼点,就会对有"特点"的学生进行一般化的教育,那就会出现缺乏针对性的问题,当然就难以调动学生的主体积极性了。班级群体也有时会出现"万马齐喑"的情况,对班主任老师的要求和组织的活动多数人表现冷淡,行为勉强,有些人不愿按要求做,或是不愿参加活动,这时候班主任要认识到自己与学生的心理趋向发生了矛盾,要及时了解情况、改变做法;否则强行做下去,会伤害学生的积极性,甚至波及到其他活动。

遵循主体原则,班主任老师要努力培养学生的自我教育能力,这是学生主体性发挥的最高表现。当学生把教师的教育以及他们受到的积极影响内化为主观形式的认识、情感、动机、态度之后,学生的主观能动性就开始逐步发挥,形成独立的学习能力和自我修养的能力。这应该是班主任老师所追求的教育结果,"教是为了不教"的意义就在这里。学生的这种自我教育能力的形成,不仅使他们具有接受教育的自觉性、积极性,而且这种能力也使他们的成长更为顺利,更能适应社会的需要。学生在学校学习的时间是有限的,他们最后总要离开学校和老师,因此凡事看老师眼色,不能独立于社会和人生,是他们不成熟和没有成熟的表现。并且就班主任工作来说,学生具有自我教育能力,不仅使他们成为有自觉性、积极性的受教育者,也使他们成为一种教育力量,成为搞好班级集体的同学之间相互教育的重要因素,这时班主任工作才能事半功倍,才能发挥出更大的效应。

班主任以潜移默化为氛围的陶冶原则

陶冶原则是指在班主任工作中创设一种环境、制造一处气氛、树立一种"样版",并以此为教育手段使学生受到潜移默化的影响,从而使他们形成教师所期望的表现和品质的教育原则。陶冶是班主任工作中对学生

进行教育的重要手段,这种手段常常会产生无形的效果,它是一点一滴地影响学生的,因此有易接受的特点。凡是容易接受的东西,其教育效果就强,影响就深。因为潜移默化并不是直接向人们显示教育要求,而是给人一种熏陶、一种感觉,使人产生一种不知不觉的心理反应,产生"润物细无声"的效果。

建立陶冶的氛围,又有一种持久性的特点,学生生活在某种氛围中,就会受到那种气氛的影响,日久天长,耳濡目染,又会形成某种气质,这也是一种"强化",所以某种特殊环境下形成的气质,是比较难以改变的。潜移默化的教育氛围可以渗透在各种教育活动当中,在各种教育活动中也可以利用这种氛围,因此陶冶的手段又有弥散性的特点,充分使用这种手段可以在多方面起到教育的作用。要特别提出的是情感的陶冶,情感在人的成长中发挥着巨大的动力功能,而一种较稳定的情感,不是一朝一夕能够形成的,这就需要培养,潜移默化就是一种重要的培养情感的手段。由于陶冶是个逐步的过程,因而由陶冶的作用来促进人的品德的形成是比较缓慢的,但效果却是比较稳定的。陶冶的条件在班主任工作中随时都可能出现,随处都可以出现,因此班主任老师要充分把握和利用这种手段,并作为自己工作中必须遵循的准则。

遵循陶冶的原则,班主任老师首先要用爱来陶冶学生,与学生建立较深的情感关系。我们考察优秀班主任老师的工作,发现其方法各异、风格也不同,但真诚地爱学生却是十分相同的一点。爱的情感没有建立起来,班主任不论怎么劳苦,不论怎么想方设法,都不能取得长远而满意的效果。爱的情感要在很深的交往中才能建立,要在很长的了解中才能形成。特别是在班主任老师与学生的相处中,这种情感的建立既容易又复杂,说其容易是说老师给学生多少爱,就会得到多少报偿,久而久之学生会把无私的爱奉献给老师;说其复杂是说老师面对的几十名学生,他们有各自的特点和要求,因此师生之情的建立,确实有个相互了解和融洽的过程。所以用爱来陶冶学生是个以情动情的较长期的过程,班主任必须真心实意地做到这一点。班主任老师用爱的情感陶冶学生,同时渗透在与学生交往的各个方面,这种情感一旦引起学生的共鸣,就能成为打开他们情感闸门的钥匙,引发出他们对老师教育要求的自觉性和积极性。

遵循陶冶原则,班主任老师还要注意创设有陶冶作用的环境,使学生接受"环境"的熏陶,受到潜移默化的教育。学生接触和生活的环境是多方面的,自然环境、社会环境、生活环境、文化环境和人际环境等。这些环境中都可以创设有价值的陶冶氛围,使学生能够生活在优雅、和谐、富于美的和进取向上的气氛之中。班主任老师必须把优化环境或创设有教育意义的环境气氛作为自己的重要工作内容。也要指出不良的环境因素，各种消极的东西在学生的生活中都必然会存在并对学生发生影响，也会对他们产生潜移默化的作用，这种作用有时候是相当大的，所以班主任老师又要把正面陶冶与相关的教育结合起来，并善于调节、控制和利用各种因素。使陶冶始终发挥着正向积极的作用。

遵循陶冶原则，班主任老师要注意环境氛围的稳定性，使班级集体形成自己的"风格"，形成一种各方面都有特点的环境。比如班级人际关系、学习气氛、文化环境以及有突出特点的某项活动等。形成特点和风格，一是能够带动一批人，影响一批人；二是能形成有持久力的影响；三是能使学生形成自豪感和引以为荣的骄傲感。这时候学生就会"保护"这样的环境，就会谴责破坏这种环境的行为，从而能更好地养成集体主义精神。班主任老师在创设环境氛围时不能赶浪头，不能随社会形势的变化热点而使班级环境的特色遭到破坏和冲击，那样就达不到陶冶的目的。形成环境的特点和风格要靠班主任老师花大力气，利用环境育人常常是班级集体力量的整体体现。开始创设某种环境的时候，班主任老师要全力以赴，并经常关注和督促学生，使人人都重视，人人都珍惜，这样才能达到陶冶的目的。

遵循陶冶的原则，班主任必须从学生实际出发，注意到各种陶冶因素与学生的实际状况，要使二者协调起来，并以学生的"接受"水平为起点，逐渐提高用以陶冶的内容和环境氛围。学生的原有水平不同，决定他们对文化环境、生活环境、人际环境的适应性的不同，这就要求班主任老师在把握陶冶原则时做到有的放矢，由"最基本"做起，逐渐提高档次，使之逐步为学生所适应并从中受到影响。

班主任强化班集体意识的集体教育原则

集体教育原则是指以班主任的意志为主导，建设一个良好的班级集体，充分发挥集体的作用，并且使学生个体成为集体意志的体现者，以集体带动个人，使整个群体团结一致、朝气蓬勃、进取向上的教育原则。在班主任的整个工作中，如何以自己的意志为主建设一个优秀的班级集体始终是班主任的重要任务。

班级集体的好坏，决定班主任工作的基本质量。在班级集体中开展教育活动的班主任老师面对的是几十名学生，这几十名学生不是简单的人数相加，不是随意的人群的组合。生活在班级集体中的成员，他们有各

自的特点,不同的性格,不同的兴趣爱好,受不同的社会、家庭因素的影响,有不同的表现。把这些"不同"的人组成一个统一意志、协调行动、团结友爱和积极向上的集体,其本身就是一种教育,就是改变集体中每个人原有的"自我",使之成为与集体一致的成员。这种改变对学生原有的表现可能是个较大的变化,要使他们形成集体的观念、服从集体的要求、参加集体规定的活动和匡正自己不符合集体要求的行为。在这种"自我"改变当中,由于学生的原有起点不同,他们所经历的过程也不一样,有的学生顺利地实现了这种转变,有的则曲折一些,有的要经过"痛苦"的磨炼,才能成为集体的一员。这是一个班级集体形成过程中的普遍过程,班主任老师在这个过程中是设计者、组织者、教育者、领导者和驱动者。班主任老师的主要工作,就是实现这个过程,在实现这个过程中一直往复不断,使学生成长为社会需要的人才。

班级集体的形成也是集体成员的相互促进的过程,这就是集体中的竞争作用、约束作用、情感作用、舆论作用等。要提出的是,在实际教育活动中,班主任老师会遇到许多"个别"问题,有的班主任老师还确实为此花费了很多的心血,因此,如何认识这个问题值得注意。在集体的建设中,生活在集体中的一些个别学生,他们与集体不协调,常常干出一些影响集体、影响他人的事来,这"吸引"了班主任老师的注意,以至把大部分精力和工作用在他们身上。转变个别学生是班主任老师的职责,但如何去转变却有不同的认识和做法。因为个别学生人数虽少,但往往能量很大,因此班主任老师就容易被具体的矛盾现象所"吸引",就容易孤立地去教育个别人,而忽略了集体。改变这种状况应当从根本上寻找原因和出路。这就要求班主任老师把工作侧重点首先放在抓好对集体的教育上,以集体的要求和规范,以集体多数人的行动,以集体的舆论力量去改变和影响少数人。

如果没有建设好一个班级集体、班级集体没有很大的影响力,这时候去下力气做个别学生的工作,就会本末倒置,也难以形成较为稳固的教育效果。班主任老师要从抓集体着手去转变"个人",而不是一个个去教育"好"了再建设班级集体。如果班级集体没有很好地形成,这时候去做大量的"个别人"的工作,集体的力量和优势就显示不出来,班主任老师就难以调动集体的力量。当然,做个别学生的工作,很难与建设班级集体分开,这就要求班主任老师充分发挥集体为主的教育举措,摆正集体教育与个别教育的协调关系,把握以集体教育为主的原则。

马卡连柯说过这样一句话:"我自己从 17 岁起就当教师,我曾长时间

想过:最好先把一个学生管理好,教育好,然后再教育第二个、第三个、第十个,当所有的学生教育好了的时候,那就会有一个良好的集体了。"(《论共产主义教育》第404页)这种想法似乎是既自然又合乎逻辑,我们有些班主任老师也可能会产生类似的想法,一个个教育好了,集体就自然好了。可事实上在马卡连柯以后的教育实践中,却证明这种想法是行不通的,教师把对个别学生的教育变成师生间的矛盾和对立,结果班级集体的工作做不好,个别学生的工作也做不好。所以,马卡连柯又说:"我们不应该教育个别的人,而要教育整个集体,这是正确教育的唯一途径。""因为个人的影响是一种狭隘有限的因素",如果"教师教育了集体,团结了集体,加强了集体以后,集体自身就能成为很大的教育力量了"(《论共产主义教育》第404页)。当然,以集体教育为主不是"唯一",进行个别教育也是应该重视的,在以集体教育为主时,也要调动每个人的积极性,使每个人都尽量适应集体的要求,并使其融合在集体中,既受到集体的影响和教育,又作为集体中的一种力量去教育影响他人。

遵循集体教育原则,班主任老师要努力抓好一个班级集体,努力使自己领导的班级集体符合优秀班级集体的条件。这是因为只有建成优秀的班级集体,它的成员才能步调一致,团结协作,积极向上,才能有正确的舆论,才能有发挥作用的骨干分子,才能形成良好和谐的师生感情……具备这些条件的班级集体其教育与自我教育的自觉性,教育和自我教育的力量才能得到发挥,也从而使这个集体的成员受到影响和教育。遵循集体教育的原则,班主任老师也要有针对性地开展工作。抓好一个班级集体对全班学生都会形成教育影响力量,但这种力量并不是均衡地作用于每个学生身上,也并不一定能针对某些学生的情况。所以班主任老师进行以集体为主的教育活动时,又不能忽视班级集体成员的丰富多彩的活动,把以集体教育为主的含义理解为在集体精神影响下的育人活动,总是那么生动活泼、兴趣盎然,富有针对性;使每个学生都感到班级集体的温暖,都感到集体在要求自己,都感到自己是这个集体中当之无愧的主人。

班主任以身示范的表率原则

以身作则、为人师表是教师在长期职业活动中形成的优良传统,这也是教师从事教育工作的要求,班主任老师尤其应该如此。所谓表率原则是指为了教育的需要,班主任老师在学生中率先垂范,自正其身,严于律己的教育原则。

教师传道、授业、解惑,有"传"的一面,就是把知识技能,做人的道理,生活的知识传授给学生,使学生增长知识,明白怎么去做人。这是教师的"言教"。教师在教育学生的活动中,还有另外一面,就是教师的"身教",中国古代教育家十分重视和强调教师"身教"。班主任老师与学生朝夕相处,长期生活在一起,由于教师教育者的身份,以及他们比之学生丰富的社会生活经验,学生自然地视班主任老师为学习的楷模。这就使得班主任老师处在"众目睽睽"几十双眼睛之中,他的一举一动都被学生注意,他的一言一行都有直接或间接的教育意义。教师严于律己,率先垂范,能增加教师的威信,一般都说教师在要求学生,其实学生也同样要求着教师,并不是什么样的教师学生都接受。能被学生接受的教师,除了他们的教学能力外,他们的行为表现也是十分重要的条件,教师表现不佳学生是不能接受的。学生要求教师一般都十分"严格",他们认为老师应该是教育的"化身",教师的任何失之检点的地方,都影响着他的威信。教师严于律己、率先垂范不仅能取信于学生,而且能够增强学生与教师的情感,很多学生爱他们的老师,是由老师的表现得来的。教师严于律己率先垂范,又有助于树立教师在社会、在家长中的形象,这又间接地在学生心目中形成对自己的老师的光荣感,更有益于教师与学生之间的融洽和有利于增强教师的威信。

爱因斯坦说:"学生对教师的尊敬的唯一源泉在于教师的德和才。"教师的"德和才"是有形的表现,不是虚无的存在。教师的政治立场、思想观点、道德品质、工作态度、治学精神、对学生的尊重,以及个人仪表、举止、情趣、爱好等,都是教师的"德和才",都不只是教师"个人的行为",它首先是教育因素,是教师教育学生内容的一部分。这种因素有的能给予学生直接的教育影响,有的则能起到潜移默化的作用。

遵循表率原则,班主任老师要努力提高自身的专业水平、道德修养水平、工作水平和文化修养水平,使自己各方面都能成为学生的表率。班主任也要十分明确,在哪些地方,哪些表现可以成为学生的表率,即知道如何去做,知道为什么去做。有的班主任老师也很想成为学生的表率,但由于个人修养水平欠缺,生活举止行为存在着自己不以为然的缺陷,因此就影响着对学生的表率作用。有的老师工作很努力,但忽视了个人的举止言行,他们的某些方面被学生所非议;还有的老师言行不一,或者要求学生那么做,自己却不那么做……这些都会影响对学生的教育。所以班主任老师在教育学生时同样要提高自己,认为老师只是教育学生的,忽视对自己的要求,忽视"律己"和"垂范",这样的老师说得再多,教育效果也不会很好。

班主任老师必须十分注意自己的行为表现,特别是在日常生活中,在仪表风度、衣着打扮、言谈举止、惜时守信、公正诚恳、敬业乐群及情绪稳定等方面都要尽最大的努力给学生做出表率。这些都是班主任要做到的最基本修养,又是班主任对学生"身教"的具体内容,也是遵循表率原则的具体体现。

遵循表率原则,班主任老师必须表里如一,持之以恒,恪守原则,平等待人。班主任老师在与学生交往中,时刻不能忘记自己的教师形象,并且要真正自觉地表现出教师形象,表现出教师应有的"高度"。做到这些首先要坚持原则,有时班级的利益不能得到满足,或是班级的学生与外界发生矛盾,这时候班主任老师能否坚持原则是学生特别注意的。有的班主任老师或者包庇自己的学生,或者为班级利益授意学生做出不该做的事,或者与学生一起寻找无原则的对策,或者默许、支持学生做出违背原则的事。这些可能取得学生的暂时满意,但他们看在眼里,记在心里,其远期后果是很坏的。

其次是班主任老师要平等地对待学生,没有平等,就不可能形成教育的影响。这有两层意思:一是班主任老师与学生是平等的,在人格上、政治上,在真理面前平等。二是班主任老师对待每个学生是平等的,这一点尤其重要和敏感。学生渴望班主任老师公正无私,要求班主任老师不去偏袒某些学生,他们这种愿望是非常正当的,也是相当强烈的。他们一旦感到班主任老师不那么公正,偏向于某个学生或某些学生,马上会做出反应,班主任老师威信会立即下降,被偏袒的学生会立即孤立,班主任的表率作用就不会在学生心中存在。班主任老师是属于全班学生的,是要对每个学生平等地施加教育影响的,不应该有远近亲疏的分别,这是对班主任老师最起码的要求,也是班主任所起表率作用,通过其自身的表率影响教育学生的最起码的表现。

班主任的行为举止表现,既然是教育学生的"内容",就必须提到能起教育作用的高度,班主任在设计教育内容、策划教育工作时,同时要考虑自己的表率作用和要求。班主任的这种要求程度愈高,教育效果就必然会更好,因此遵循表率原则绝不是班主任个人"表现"的事。

第二章

班主任工作方法中的艺术

班主任工作方法的涵义

班主任工作方法是指班主任老师为达到预期的工作目标和完成各项工作任务所采取的措施和手段。班主任老师必须遵循班主任工作的指导原则,同时也必须讲究工作的方法,好的教育内容必须同科学的工作方法相配合才能达到教育的效果。

高效的工作方法是做好班主任工作的重要条件

做好班主任工作有许多条件,而讲究科学的方法却是其中的重要条件。班主任老师的最终目的是要培养学生,使他们成为社会所需要的合格人才,这是项漫长而又艰巨复杂的工作,其中每一个环节,每一个过程,每一项具体的工作,都得采用相应的、合适的手段和办法。

班主任工作是学生的外部作用条件,这外部作用如何能发挥作用,如何能有效地发挥作用,除了"作用"本身的合理性外,合适的方法就是重要的了。进行同样内容的教育,甚至是在同一时间、同一学校内实行,可往往所得到的结果不一样。其中一个重要原因是班主任工作方法的差异。在学校中有的班级好一些,有的班级差一些,甚至有的起点差的班级经过一段时间之后,变成很好的班级集体,有的问题学生基础很差,可过了一段时间有了很大的进步,有的较好的学生却没有什么起色,这一切都可能与班主任工作方法有关。班主任工作方法所针对的是解决教育过程中受教育者与外部条件的矛盾,也解决教育者与受教育者之间及受教育者之间的矛盾。所以,班主任工作方法的前提是启动和激活受教育者的主观能动性,调动受教育者的积极性与自觉性,离开这一前提都不能算是好的工作方法。

绝大多数班主任老师都有一个教育培养好学生的良好愿望,但在实际工作中,却有不同的工作效果,有的"好心好报",有的"好心恶报",有的"好心无报",可见良好的愿望并不能代替良好的工作效果。"好心好报"就是做到了内容方法的协调,好的内容加上好的方法就会出现好的效果。这种情况下学生愿意接受教育活动内容所赋予的意义,以积极进取或主动的状态"接受"班主任老师的教育,所以必然出现理想的教育效果。"好心恶报"在班主任工作中也是时有所见的,班主任老师立意是好的,却得到适得其反的效果。要么是揠苗助长,操之过急,欲速则不达,反倒出现反效果;要么是教育"过度",不切合实际起到相反的作用;要么是没完没了,唠唠叨叨,引起学生的反感;要么是"逼"得太紧,管得过严,使

学生产生对抗心理。

总之,好心得到"恶"报,出现了教育的负效果。这种情况的出现,多半是由方法不当造成的。"好心无报"的现象在班主任工作中所见更多,有许多班主任老师对此并没在意,或者并没认识到,他们辛辛苦苦,苦口婆心,整日辛劳,用心良苦,可教育效果却是"零"。我们有些班主任老师,在学生面前一讲就是几十分钟,甚至几个小时,全是"好心"、"好话",可学生并没有听进去或是不愿意听。这种情况的出现,责任应该在班主任身上,班主任老师应该很好地把握学生的心理,当他们没有产生"听"教育的心理要求时,讲得再多、再好也是没有用的。在我们的班主任老师中,常常有些责怪学生不"接受"教育的说法,认为学生不好教育。其实把这种"看法"稍稍深入一下就会发现,学生"接受教育"的积极性,确实取决于教师用什么方法使学生接受教育,这往往比"教育"本身还重要。

对工作方法的有效运用是班主任整体水平的体现

班主任工作方法的另一个重要意义是,它能体现班主任的整体水平。班主任工作方法是客观的东西,其实对它的把握和使用与班主任的责任感、理论水平、修养程度、机智和技巧是密不可分的,它实质上反映了班主任的主观态度和整体水平。责任感是选择班主任工作方法的基础,没有责任感不可能认真地有针对性地去选择工作方法。

所谓"想方设法"就是为做好班主任工作的一种主观上积极的态度,就是有责任感的表现。选择和应用某种行之有效的方法,常常要考虑许多因素,要了解学生,要适合学生的特点,要为学生所喜闻乐见,这就需要班主任老师花费大量时间,花费许多劳动,饱尝许多辛苦,没有饱满的热情及认真负责的精神是不能够做到的。责任心强的班主任老师,他们很大的特点就是为寻找合适的方法,常常绞尽脑汁,使班主任工作取得好的效果。

理论修养水平是班主任更好地使用工作方法的前提。理论修养能使班主任老师提高分析问题、解决问题的能力,也能使班主任老师开拓思路,展开联想。缺乏理论指导,在工作中就很难找到正确合适的方法,常常会陷入盲目性。班主任的敬业态度和职业道德修养水平又是班主任更好地使用工作方法的保证,即使有很高的理论水平,但没有敬业的态度、缺乏职业道德修养,会随遇而安,得过且过,敷衍了事;或是只问耕耘,不问收获,照样不能提高使用工作方法的水平。他们会常常缺乏信心、缺乏耐心、责怪学生,因而不能取得好的工作效果。

机智和技巧是班主任老师创造性地使用工作方法的必要条件。学生

千变万化,什么矛盾都可能发生,在学生中什么情况都能遇到,这就需要班主任老师要机智和掌握教育技巧,这样才能够处理好教育活动中出现的各种问题,才能增强针对性,提高工作效率,因此机智和技巧是班主任老师必备的工作条件。

经验是使用工作方法的宝库。班主任老师的工作方法很多是前人的经验总结,也是个人经验的积累,班主任做好工作应该不断积累经验,在经验基础上开拓前进。经验又能使班主任少走弯路,所以经验是班主任工作的宝库,是一种财富。没有同样的学生,没有同样的班级,因而班主任的工作方法要常出新意,富于变化;总是老一套应对不了新问题,总是老一套也会使学生感到厌倦和疲沓,当然也就不可能广泛深入地调动学生的积极性,更难取得好的工作效果。好的工作方法不仅能够解决问题而且还能够吸引学生,使学生变得生动活泼,使学生感到自身的价值,使学生能够尽情地自我发挥。

总的来说,班主任工作方法的意义在于最大限度地调动学生的自觉性和积极性,在于很恰当和有效地使学生接受教育内容并且化为自己的认识和行动。这个条件与班主任的素质是密不可分的,要使工作方法体现出意义,必须提高班主任素质,没有班主任良好的整体素质,就没有班主任工作方法的意义可言。还要指出,有人不大注意工作方法,特别是认为班主任老师教学生,好似大人哄孩子,能"管住"就行了,这是十分谬误的,也是非常肤浅的。优秀的班主任老师是教育的专家,也是塑造人才的艺术家,这其中工作方法是他们成为专家和艺术家的重要条件。

班主任工作方法的特点

班主任工作方法是教育和培育人的方法,这就决定了班主任工作方法与其他工作不同的特点。最基本的有以下几个方面:

工作方法的方向性

班主任的一切工作方法都是为了培养和教育学生服务的,方法不是目的,却要为培养目标服务,要体现出强烈的方向要求。为达到不同的目的,可以沿着不同的方向施教,同时欲达到某种目的,又必须寻求一定的方向,这其中班主任工作的方法,就不是孤立的手段问题,就要体现一定方向的要求。工作方法的方向性,首先是指班主任工作方法应当以某种哲学的方法论作指导,这决定了选用工作方法的立场、观点。其次是班主任工作方法要体现一定的社会教育方针,要有科学的教育理论作指导。

再次是班主任工作方法要始终扣紧教育方向,为达到目标、实现教育方向服务。这就要求班主任老师选用工作方法时,一定要有明确的目标和方向意识,一定要确立工作方法为方向服务的观念,一定要为有利于学生成长服务,一定要全面和长远地考虑,反对急功近利和短期行为。

工作方法的灵活性

班主任工作方法始终是要针对千姿百态、变化多端的学生。学生是动态的,学生中出现的矛盾也是多种多样的;学生是发展着的,对他们的教育不能采用一成不变的方法;学生会受社会各种因素影响,并且是易于接受影响的,教育也要有与之相适应的对策和措施。这一切决定了班主任工作方法的又一特点——灵活性。所以班主任老师选用工作方法时,一定要注意学生的实际情况;一定要注意教育的背景;一定要注意具体的教育内容,要做到随人机动、随事机动、随时机动。要力戒死板,力避老生常谈,力防千篇一律。

工作方法的生动性

班主任工作主要面对的是青少年学生,这个年龄段好奇、好动、多思、求变、求新,充满生机和活力。青少年的这种状态,决定了教育他们的方法必须具有生动性的特点。工作方法的生动性应该是取得良好工作效果的一个条件,成人工作如此,青少年工作尤其应该如此。把这一点列为班主任工作方法的特点,是要强调班主任工作方法的生动性不仅是取得良好工作效果的必要,而且是取得良好工作效果的必需。做学生的工作,能否取得预期的效果,要想调动他们的积极性,要发挥他们接受教育的主动性,要使他们始终处于进取状态,都必须采用生动活泼,为他们所喜闻乐见的形式,必须经常变换教育的方式,必须打破成人化的模式。这就要求班主任老师把教育活动从死板的框框中突破出来,先"吸引",先调动,先动情,再随之开展教育活动,同时在活动中也要力求吸引他们,这才能取得应有的效果。

工作方法的相互渗透性

在学校的教育活动中,单纯地使用某种教育方法很难收到良好的教育效果。学生在成长中,又有他们自己的生理、心理和生活特点,因此教育他们的方法不能单一化。更主要的是,各种工作方法在实施使用中都在相互渗透,这就构成了班主任工作方法的另一特点。比如班主任常用的"实践"和开展活动的教育方法,其中就渗透着说理、动情、示样、陶冶等,单纯地"实践"就很难达到教育目的。又比如说理的方法,其中也渗透着动情、引导自我教育等方法。这种工作方法上相互渗透的特点,一方

面使班主任工作方法内容更丰富,教育活动更有效益,另一方面也给班主任老师选用工作方法以更广阔的余地,同时,也益于使班主任工作方法更加生动活泼,富有成效。

班主任工作方法案例

一次上课铃响了。我又开始了例行的"监督"工作,同学们都很快地跑回教室。过了一会儿,上课的老师也进了教室,我的目光刚要移开,突然看见我班颇为顽皮的男同学跑进教室。我当时就想:"这小子平日就不太守纪律,现在肯定是课间跑操场上玩去了,才会上课迟到!这是我亲眼所见,准没错!"一下课,我就走进教室,把他叫到讲台前,严厉地批评他上课迟到。平日里就不太敢大声说话的他这下可更不敢说话了,可我分明看见眼泪在他眼圈里转。"老师,您冤枉他了,他根本没玩,下课,体育老师让他帮忙整理东西了。"那男孩的同桌告诉我。"是呀……是呀"还有不少学生附和,我的脑中"轰"的一下,是呀,我怎么忘了,为了调动他的学习积极性,我和其他老师商量过,让他多帮老师做事呀!我知道错怪了他,连忙道歉。他却默默地走了,以后几天都不怎么理我。

都说"眼见为实",可我亲眼所见,还是错怪了学生,这是深刻的教训。孩子的心是稚嫩而脆弱的,伤害了就很不容易愈合。我们作为教师,每当在批评学生之前,一定要先问问自己,事情搞清楚了吗?事实是这样吗?我批评得有理有据吗?千万不能凭主观想象就草率处理。

我以前带班的一名高年级学生曾跟我说了这么一件事,说他以前的班主任特会批评人。一次上这名老师的课,后面的同学问他几点了。他回头说:"没带表,别问了。"结果被老师看见了。下课把他带到办公室,从上课时讲话说到纪律散漫,又说到学习不刻苦,成绩不理想,拿出期中考试成绩单分析了他在班里、年级中的位置,说很危险,又说到他不关心集体,逃了两次值日,最后还想起他吃午饭时总剩饭,不爱惜粮食,这位学生说当时他真想从办公室的窗户跳下去,无奈之情溢于言表。

当时这件事对我触动很大,作为班主任的我们一定要树立正确的学生观,学生都是可教育可塑造的。我们不能用一成不变的老眼光看学生,而应该用发展的眼光看待学生,要注意到学生取得的每一点进步。学生犯了错误,只要改正了就应该原谅,而不应总挂在嘴边。批评更应就事论事,今天的事就说今天的,把以前或其他事都抖搂出来说几句,学生心里会想:"我就算改好了,老师也不会忘记我以前犯的错,也不会相信我!"这样很不利于学生改正错误。我当时就下定决心我绝不能犯那名班主任那样的错。可是,今天我怎么就忘了呢?

是呀，有时老师由于急躁的情绪或一时不冷静会说出一些过火的话，如："你真是咱们班的害群之马，我怎么会遇上你这样的学生!""咱们班有了你算是完了，你就是一个不知道学好的孩子!""你真是无药可救了，还是回家睡觉去吧!""你永远也学不好，你要能及格，太阳就从西边出来!"这些定性的话、消极的断言，严重伤害了学生的自尊心，使他们失去了努力改正缺点的勇气和信心，严重抑制了学生的主体性。有时教师一句伤学生的话，就可能使学生永远不能原谅老师，产生对立的情绪，教育工作就更难进行了，更有甚者影响学生的一辈子。所以，我得时刻告诫自己别因为一句话，一个小小的失误而对学生造成的心里伤害。

班主任常用的工作方法概述

常用的班主任工作方法，是指班主任在组织班级活动和对学生进行教育时经常使用的方法。

说理

说理就是向学生讲清道理，以帮助学生分析问题、认识问题，从而推动他们不断成长进步的方法。这是班主任最常用的方法，也是使用量最多的方法。

在班主任工作方法中，说理有给教育活动"打基础"的意义，凡事都在理中，学生到学校学的就是"理"，只有事理通达才能提高认识，增长才干，才能分析问题和处理好人际关系并避免犯错误等。所以明理是做人的基础，也是班主任工作的基础。学生在学校生活、学习，他们不仅要学习自然科学的道理，也要学习社会科学的道理，还要更具体地学习做人的道理。自然科学和社会科学道理，一般是通过课堂教学传授，那其中也渗透着做人的道理。班主任的说理主要是告诉学生认识做人的道理，这在学生成长中十分重要，因为学生是在成长的奠基时期，他们由不知到知，由少知到多知，由知之片面到知之较全面，由知之很窄到知之很宽，由知之较浅到知之较深，主要是靠在学校中得到。当然家长也在告诉他们道理，他们接触的人也在告诉他们道理，他们读课外书、通过电影电视等也在学习道理。但这些渠道一般都是零散的、就事论事的，也是不系统和不完全的。

说理的方法能使学生明白事理，学生通过班主任说理提高了认识，知道了"为什么"，逐渐懂得应该怎样在社会中生活，怎样做人，这是概而言之的说法。在实际工作中，班主任总是通过对具体事物的认识来说明道理的，所以说学生只有把班主任说的道理，有时是反复说的道理，汇合起

来才能获得较全面的认识。学生真正懂"理"是个逐渐积累起来的漫长过程,也是他们逐步成长的过程,更是为他们一生奠基的过程。班主任老师明白这个道理很重要,这就要在"说理"之前有个明确的思路,就学生成长中的大问题而言,"说"什么,什么时候"说",都应该有个总的考虑和设计。学生通过班主任老师的说理,又在不断提高分析问题的能力,也会随之遇到新的矛盾和对"理"的新的渴求,到这时候,应该说班主任工作取得了一定的成功。

说理的结果,假如只停留在认识阶段还不行。显而易见,班主任老师既要使学生明理,更要注重于他们如何按"理"而"动",就是说,班主任的说理重在指导学生提高认识和如何实践,使他们不断地懂得道理,又能够依理而行。对中小学生说理不宜过多地辨析或研讨,班主任老师不宜把没定论的道理引入学生的认识中,这容易引发他们得出另外的结论,当然不利于正确人生观和世界观的形成。对现实社会中许多的学生最为关心的问题,教师一定要坚持实事求是,因为你讲的事情学生熟悉,如要文饰或贬损就会引起他们的非议,进而会使班主任老师的"理"失去信度。

班主任老师通过说理教育学生比较"方便",但是也不能不注意说理的背景和时机,不能不注意说理的方式。善于以"理"育人的班主任老师都善于把握说理的背景和时机,待到"非说不可"的时候,往往说出的"理"最容易为学生所接受。一般情况下,对班级集体说理的背景要在较大的活动之前或较突出的矛盾之后,以及较难解的问题之中。大活动是指那些教育内容重大,持续时间较久,涉及全班或大部分学生的活动,其内容又多半是重要的大问题。在班主任的工作系列中,通过这种活动可以使学生对某些问题受到较为集中的教育。

这种活动在开始之前都要经过组织和安排,因此能形成某种气氛,这时候班主任就活动的内容进行说理教育,学生容易重视和接受。这种说理要力求说透,说明为什么,怎样认识,更要说明通过这个活动应该认识什么问题以及应该怎样做,并由此及彼引申开去,使学生得到一个认识上的飞跃。

班主任老师要注意不要就事论事,目光只放在活动的"顺利进行"上,因为学生不能在更广泛的意义上提高认识,教育的容量就会缩小。学生中常常会出现各种矛盾,班级集体也总是处在各种矛盾之中。有时出现带倾向性的矛盾,大家都处在错误认识中,或者多数人因为某种原因进入某种误区,这时候班主任工作比较难做,因为他不仅要灌输正面的道理,还要纠正不正确的认识,这就要产生"冲突",这时候说理的力度,有没有针对性,能否切中要害,如何化解学生的情绪等都是必须特别注意的问题。

有时因为认识上的"对立",学生往往并不是很冷静,不是很容易"入理",因此必须化解学生的情绪,讲究说理的方法。同时班主任老师在帮助学生解决认识上的矛盾时,要进一步思考学生中出现的问题,除了外界影响因素外,自己有哪些问题没有预见到,没有防患于未然;又要从哪里入手使学生不只是解决了眼前的矛盾,还要进一步使他们提高,使他们在以后遇到类似的矛盾时,有很强的抵御和进攻的能力。学生中往往出现一些较为难解的问题,这些问题有时往往是较为普遍的,或是对人对事的片面认识,或是以偏概全地看待某些社会问题,或是反映出一股不健康的潮流;这些问题有的流露在外,有的深藏于心,有的形成"表现",有的仅仅在内心有"活动"。这时候的说理教育就要逐步进行,先解开易解的问题,再向深处挖掘;班主任老师尤其要注意寻找时机,有时还要由远到近,把理和情协调起来。

进行说理教育,班主任老师要掌握说理的尺度,这既指的是说理的分寸,也指的是说理的深度,还指的是学生的心态。所谓说理的分寸是指班主任老师进行说理教育时要说得恰到好处,要明确说理的范围。

说理的恰到好处是指说的道理实在可信且不夸张,不为了制造效果而说得离谱。不论是据实论理,还是逻辑推理,班主任老师都要实实在在,使学生认为说得有理。假如为了"强化"认识,把道理说得太过,反而影响说理的效果,学生一琢磨,认为老师是为了"教育"自己才这么"强化"的,立刻就会使说理的内容有了水分,失去了教育意义。说理要点到即止,不要说得太细太碎,使学生没有咀嚼的余地;有些很有意义的道理一经说细说碎就容易在学生心理上失去分量,甚至产生"无心听"的情绪。班主任老师要经常注意这点,严格掌握分寸,这样才能说一句算一句,才能在学生思想上产生影响。

班主任老师也要把握说理的深度,要时常深入浅出地表现出其理性的深刻和睿智,使学生听有所得,觉得老师分析事理精辟,有独到之处。说理教育的深度不是深奥,而是要把理说明白、说透彻,说得深入人心,即使很浅显的道理也有个深度问题,那就是把道理的普遍意义,由此及彼地引申说清楚,以增加学生做"社会人"的精神财富。

说理教育的听者是学生,他们的内心是否有积极性是"接受"教师说理的关键因素,班主任老师必须把握住学生的心态,该说的时候去说,不能认为只要内容好,只要学生"听到了"就是有益的。有时候学生心理"热点"是某个问题,他们对此常常议论纷纷,非常关注,这时候如因势利导,正是教育的好时机。可是有的班主任老师不太关心学生的某种特定

状态，依然是在另外的事情上进行说理教育，这就会使学生不大热心，不大关注，造成"听不进"的后果。有经验的班主任老师能够直接感受到或是察觉到学生的心态，当学生的注意热点不在某个问题上时，说理的手段只能迂回运用，首先把学生的"关注"吸引过来，然后再实施说理教育。有时候学生渴望认识某项事物，急欲了解某些道理，或是为某个问题产生了争论，或者思想深处经过了很久的思考，这时候学生对老师的说理就会备感兴趣。有些班主任老师常常放过这种机会，觉得学生关心的问题与自己打算教育的内容无关，于是采取不过问的态度，这是不恰当的。即使学生关注的问题确实无关紧要，班主任老师也不能放弃教育的机会，也要说清道理使他们转换注意力，不教育是不行的，因为这些问题已占据了学生的思想，要么"解开"，要么去排除，否则应该进入的东西就进不来了。班主任老师要注意学生的心态，还要有随时调节和应变的能力。有时候班主任老师在说理时，可能没有切中要害，或者脱离学生的实际，或是不着边际，或是与学生的想法相去太远，这时会明显地感到学生中出现了"情绪"，或者是小小的"骚动"，或者是交头接耳，或者是不解、不平或不信任的表情……班主任老师要立刻感到自己的说理与学生的"接受"有了较大的距离，这时要用适当的应变方式转移"话"题，以弄清情况再进行教育。

1. "理"要说到"点"上

这是就说理的内容而言的。说到"点"上，第一就是说到教育的核心，直逼主题，使学生明了教育的内容，不能侃侃而谈，最后不得要领。因此在说理的过程中是非观点要十分明确、中肯，使学生心服口服，要做到既讲正面的"合理"，也讲反面的"非理"，反对强词夺理。

第二是说到问题的焦点，突出问题的重点，论证某个问题的说理角度很多，说理的侧重点也有不同，因此班主任老师要做充分的说理准备，在浅显明白中把问题的要害揭开使其余的问题迎刃而解，或随之而解。对中小学生说理不宜长篇大论，要做到说得少而明。我们说的焦点，既是打开学生认识之门的钥匙，又是学生所存在或关注问题的中心。班主任进行说理教育抓不住焦点就会泛泛而谈，讲的都是道理，可学生的问题不一定会解决。

第三要说得准确。有时候班主任向学生说理，常常会失之准确，看似很浅显的道理，但是能讲得很明白、很恰切却不容易，讲得条分缕析准确深刻也不容易，而向学生说理又必须明白准确，含含糊糊不行，讲错了更不行。所以班主任老师进行说理教育，万万不可掉以轻心，必须认真"备课"，做到准确无误。

2. "理"要说到"心"上

"理"要说到"心"上,这是就受教育者心理感受及主观心态而言的。

说到"心"上,第一是指对教师的说理,学生是在情愿的状态下感受的,就是他们是处在想听,甚至高兴听的状态下。做到这点,应该说是教师说理教育成功的一半。班主任老师说的"理"能使学生有兴趣,往往是与学生内心思考的、不解的、矛盾的以及感到新鲜的问题碰撞的结果。这时学生求"理"的心最切,也最容易产生积极的"响应"。所以,班主任老师要达到说理的目的,往往要做些"调动"学生的工作,使他们对某个问题产生极大的兴趣和了解的欲望。如制造悬念放出一些信号让学生引起思考,摆一些矛盾让学生引起争论……这样就能使他们在情愿和心悦的状态下接受教育了。所谓情愿的另一层意思是使用说理的技巧,使学生一直处于喜欢听的状态。说理的过程对学生能产生吸引力,这样才能使说理教育形成整体的效果。所以班主任在进行说理教育时,一定要讲得生动活泼、深入浅出,并形象化和趣味化,要能把握青少年的特点。

第二,班主任的说理教育要能使学生心服。这就要求班主任老师把"理"说透,说得有据有信度,有时候班主任老师进行说理教育,学生觉得老师说得不透彻、不明白,或是不实在、不可信,或是空洞无物、说违心的话。一般情况下在班主任老师认识比较透彻,说理意图比较明确,说理的心情比较自如时,他们讲的道理学生都比较容易接受。让学生心服,老师自己要对所讲的道理有充分的认识和理解,这种认识越深刻,道理会说得越透彻,影响力也越大。有时候学生"进入"某种热点问题之中,求解心急切,思想也比较活跃,如要说服他们,班主任老师就要有相当的"积累",即使对某些问题说不出完全的结论,也要说出思路和一定的见解。或许这样不能完全解决学生的问题,但能给他们正确的思路,能启发他们从积极的意义上去思考问题,能避免他们在无正确引导的情况下出现不应有的问题。

使学生心服,还有一点是抓住问题的症结,用事实和道理把它一层层解开,这就要在说理中抓住要害并有切实的分析,使学生"跟"着老师,一步一步地进入"问题"之中,再从"问题"中走出来,这时学生就会非常信服老师,很高兴地去接受老师讲的道理。

让学生心服,还要避免泛泛而谈,问题是具体的,可教师讲的是空泛的,或是大道理连篇,具体问题不沾边,势必会形成"两张皮",长此下去,学生会进一步觉得老师是"空谈者",这样教师讲的话自然就失去分量。

第三,说理要使学生心动。所谓心动是说班主任的说理教育不仅使

学生从认识上提高,明白了事理,还要激活他们的内心积极性,并把认识变为行动。任何教育活动,使受教育者"内化"教育内容,仅仅是走完了一步,应该进一步激发他们,使他们在"内化"教育内容的基础上形成一种积极性,之后再把"认识"变为行动表现。班主任老师在进行说理教育时,要力求做到使学生"心动",使他们内心燃起一种上进的愿望,甚至形成一种跃跃欲试的状态。

使学生"心动"首要的是激起他们的愿望,激发起他们的需要,给他们一种出自内心的驱动力。这种驱动力会使他们把认识到的"道理",当作一种进取的信念和实践的目标,这种愿望激发得越高,其进取性越强。同时要使学生心动,班主任老师还要鼓起学生的激情,把学生饱满的热情点燃起来,使他们产生一种昂扬精神。在这种状态下,学生的主体积极性会充分地发挥出来,甚至会出现预期不到的效果,会形成一种很强的自我教育力量。要使学生心动,班主任老师的说理教育还要给学生以行动上的指导。道理明白了,该如何具体去做,往往是需要加以指导的,即做到使学生能够理论结合实践,知道如何去做。

3. "理"要说到情上

情是班主任老师教育学生的黏合剂和催化剂。我们平时所说的师生之情大部分是在学生接受老师教育时表现出来的。

班主任老师在进行说理教育时,首先学生是对教师的情感上有所接近或完全接近,这样才能使说理教育成为可能,这种师生之情应该是说理教育的前提。

其次是说理的内容使学生产生热情和激情,他们从情感上对班主任老师的教育内容很靠拢或为之所动。说理教育说到学生的"情"上,并引出他们的进一步情感还要靠班主任老师平时的威信和集体的良好气氛。教师的威信是使学生能够崇敬和信任教师的基础,集体的良好气氛又会促进学生形成对教师的和谐和友善之情。要使说理教育能够说到情上,应避免的是班主任老师自己缺乏激情,把"理"说得干巴巴,平淡无味,这样情况下的学生更会缺乏激情,影响教育的效果。这里还要指出,教师板起面孔,生硬地说教,是不能为学生所接受的。更有甚者,有的班主任老师在训斥学生中"说理",他们有意无意地造成一种师生之间有隔阂的气氛,满口教训和斥责,或是少数人犯纪律、多数人"陪绑",这更会使学生加大与班主任老师的距离。班主任老师在"说理",学生却觉得老师不讲理,这自然不能说到"情"上。

在进行说理教育时,班主任说理的态度是值得注意的问题。班主任

老师在向学生说理时,态度要诚恳并出自一片真心,对学生成长真心实意,对自己讲的道理真心实意。这样的说理朴实可信,即使学生对老师讲的道理还没有完全理解,他们也会觉得老师是诚心的,是真正关怀自己的。态度诚恳还表现在对所讲的道理充满诚意和信心,发出肺腑之言,谈出实在的感受,这种道理容易为学生所接受。班主任老师向学生说理时,态度要平易近人,既不急于求成,也不应付了事,没有盛气凌人、高高在上的"架势",也没有"听不听请便"的随意敷衍。同时,说理时要以朋友或同志式的平等身份,以"理"本身服人,因势利导,循循善诱,自然地把道理植入学生的心田情感中,要创设一种大家都以平等的身份,探讨真理、寻求真理的气氛。

动情

班主任的另一工作方法是调动学生的情感,这种方法贯穿在其他各种方法之中,是教育学生时必不可少的。对学生"动之以情"既是形成教育效果的条件,又是一种催化。

情感是在实践中伴随道德认识而产生的,是人的喜、怒、哀、乐、爱、恶、欲等各种表现,是人对所面临的事物或对自己进行的活动的主观体验或是对事物的爱憎好恶的态度。情感是人们普遍共有的,每个人都希望得到与自己的需要相适应的情感。丰富而健康的情感可以使人生活得充实,可以提高人们的活力,同时人的巨大热情和激情能驱动和激励人们积极进取,使人得到丰富的工作和学习的成果。情感又具有很强的感染性,这虽是在潜移默化中进行的,但形成的力量和结果却是巨大的和有形的。后进者急起上进,失望者燃起信心,冷漠者出现热情,敌视者转为友善,悲观者勇气倍增,常常都是情感的转变,都是受到强烈感染的结果。

情感又有着巨大的调节作用,当人们产生某种积极和消极的情绪时,由于强烈的爱憎及强烈的好恶,能使他们产生一种行动力量,推动他们去追求某种事物或是毅然舍弃某种事物,激励他们去献身或者促使他去匡正自己的某些行为,当然也可以使他们出现相反的行为。他们也会由情感的推动去赞成或反对,拥护或鄙弃,适应或改造。情感还具有引动力量,人受到情境的影响,会引发出某种思想行为,比如由悲惨的场面产生恻隐心,引发出济危扶困的行动;由形体美而爱慕,引发出追求的行动;由不平而愤怒,引发出助弱的义举;由他人的成就而景仰,引发出赶超的行为……

反之,情感的引动力量也是相当巨大的,只要产生强烈的情感,就可能引发出相应的行动。情感有两极性的特点,它是品德认识转为品德行

动的中介,在二者之间起中介作用,即使品德认识内化为品德信念,或使品德信念外化为品德行为的中间环节。这种中介作用,可成为使品德认识内化为品德信念,或使品德信念外化为品德行为的推动力量,也可能成为阻滞力量,可见培养健康积极的情感的重要性。

情感不论是在人的品德形成上或是其他方面都有着巨大的作用,因此进行情感教育,对学生动之以情,又是班主任老师的重要工作。在这项工作中,班主任老师首先要与学生建立深厚的感情。人们说,爱是教育的基础,也是"动情"的基础,没有师生之间的爱,没有老师对学生的爱,情感教育就很难进行,即使进行了效果也是很差的。班主任老师要以诚挚和温馨的爱感动学生,感染学生和感化学生。建立师生之情,以师爱引起学生的情感,必须做到以下几个方面:

1. 情从诚恳中来发

班主任老师对学生的态度是否诚恳,是与学生能否建立情感的基本因素。所谓诚恳,就是要诚心实意地对待学生,一丝不苟地对待学生,尽职尽责地对待学生。班主任老师的诚心实意主要表现在对学生成长的投入上,在他们面前毫无私心和假意,苦心孤诣地设计和创造教育条件,使学生顺利地成长。班主任老师对学生诚恳还表现在对学生的教育是出自内心的,不矫揉造作,使学生随时都感到老师在关心自己。诚恳也表现在对学生极端地负责,对他们一丝不苟、严格要求,绝不马虎和放纵,也绝不过分和专横。学生从班主任老师的这些表现中,会产生很深的感情,这不仅能使师生关系和谐,也会使学生在接受教育过程中更加主动和自然。与这样的老师长期相处,学生会受到良好的感染,也会使他们对人诚恳和友爱。

2. 情从公正中发

学生的表现不相同,其基本素质及举止行为或学习好坏都有差异,有些学生甚至表现较差问题很多,这就使有些班主任老师有意无意之中表现出不公正,不一视同仁,不给每人一样的爱。这就使得不到班主任老师厚爱的学生,与老师的感情产生距离,并且由此使老师对他们更为厌烦,也可能形成一种恶性的循环,最后形成师生之间的交恶。有些问题学生最后到了不好教育的地步,往往就是这种原因造成的。他们感到班主任老师不公正、有偏心,因此他们就不会拿出爱的情感对待老师。在教育活动中的这种失误,会造成很多恶果,班主任老师一定要引起足够的注意。

有些问题学生特别敏感,他们对老师的态度特别留心并常常按自己的思路去品味。班主任老师的任何不公正的行为都会造成他们的心理负担,甚至造成他们的不满之情。他们会认为老师瞧不起他们,不关心他们,这会

形成两种后果：一是使他们失去信心，对老师和集体失去感情；二是使他们产生逆反心理，或者兼而有之。所以班主任老师一定要公正，当学生感到老师心地公正，不偏不倚，他们就会有一种平等感和尊严感，他们也会对老师的要求和教育容易接受，他们还会从老师的公正处事中，学会做人的准则，并进一步对老师产生尊敬和亲近之情，所以情从公正中来。班主任老师对待学生，处理事情，在任何情况下都需要十分公正并把握原则。

3. 情从实事求是中发

班主任老师在教育学生过程中会遇到各种问题，会碰上各种各样的矛盾，会见到各种各样特点的学生，处理这些情况要坚持把握住一条，那就是实事求是。人容易产生主观主义，班主任老师也不例外，在处理自己比较熟悉学生的问题时，更容易产生主观主义。比如对常犯毛病的学生，就会认为什么错都是他（她）的；对常迟到的学生，会认为他们每次迟到都是没有正当理由的；对问题学生有了进步或好的表现，总持怀疑态度；对学生中的争议，总认为平时表现好的学生有理……出现这种现象，在班主任工作中应该说是常见的，但必须力求避免。班主任老师不能做到实事求是，最伤害学生的感情，出现这种情况会使学生对班主任疏远，有的甚至会耿耿于怀，对老师的意见很大。这种情况下班主任老师就很难与学生建立很深的感情，欲使学生"动情"就更难实现了。

4. 情从师生和谐友爱相处中发

师生感情的距离会因为教师处理某些问题不当很容易拉开，甚至相互间造成隔阂，师生间的良好情感关系也要教师去筑造。学生到学校读书从本质上讲是被动或是受他律约束的。使他们由被动到自觉，由他律到自律，要用学校、家庭和社会的各种条件去促成，而师生关系就是其中重要的条件。假如学生总是处于被动状态，很难形成学习的自觉性和主动性，在他们没有形成主动性和自觉性之前，又很难成为学习的主体，很难把学习搞好，所以教师与学生的情感关系，对学生的成长是十分重要的。

教师要使学生动情，要使学生有接受教育的主动性和自觉性，就必须处理好与学生的情感关系，师生间有情才能使学生"动情"。师生关系的和谐友爱，关键的一点是教师真挚地爱学生，教师付出多少爱，一般来讲，就会得到学生多少"情"。师生关系的建立，还取决于教师对学生的尊重，能以平等的态度对待学生，使学生既尊重教师又在教师面前无拘无束。班主任老师与学生朝夕相处，因此更要注意与学生的平等关系。有的班主任老师认为自己是"管"学生的，所以不苟言笑，处处显示出高学

生一等,动辄训斥、教训,或是滔滔不绝地"教育",这会使学生反感,起码不会产生亲近感,更难以形成良好的师生关系了。

班主任老师要从心底里真正明白一个道理,就是靠"威严"和教训是不会取得真正威信的;唠唠叨叨、没完没了的说教是不会让学生信服的。班主任老师不是因"说"了道理才取得教育的效果,因为学生是否"听"得进才是主要的;班主任老师不是靠板着面孔才能让学生尊敬和信服,因为学生要"心服"才能收到教育效果。班主任老师要与学生形成和谐友爱的关系,也要防止另外一种偏向,那就是班主任与学生不恰当地亲昵,在学生面前随随便便,凡事不拿主见,或是不讲原则,这也会影响与学生的正常关系,同样不能得到学生的信任与尊重,不能形成真正的师生之情。

班主任老师与学生的和谐友爱之情,是在学生尊敬老师、建立老师威信的基础上形成的。这种"尊敬"与"威信",说到底是由教师的表现决定的,教师的业务能力,教师的表率形象,教师的真挚情感,教师的敬业态度,教师的性格和道德修养,教师的举止仪表等等,都是建立师生之情的重要条件,而且都是必需的条件。师生之情应该是以教师为主导,因此要使学生"有情",班主任老师必须恪守教师的职业道德,使学生由衷地尊敬老师,那样的师生之情内涵才深邃,才能使学生在和谐友爱的师生情感中受到教师的更多的教育与影响。

5. 情从学生的困难解决中发

学生常常遇到各种困难,包括学习的、生活的、人际关系的、身体的以及家庭的困难。有时候这些困难会使学生陷进很深的痛苦之中,又常常不能靠自己的力量去摆脱和解决。他们这时候特别需要温暖,特别需要关怀,特别需要帮助。有的学生遇到困难又往往埋在心里,不愿意去求援和表露,所以班主任老师要在平日的工作中多留心学生的变化,一旦发现这种问题就要满腔热情地并及时地向学生伸出温暖的手,真心真意地为学生排忧解难。

班主任老师帮助学生,为学生排忧解难,是班主任老师应尽的责任,是自己工作的一部分,这种行动会对学生产生巨大的情感上的影响。当他们困难的时候,往往是情感上饥渴的时候,这时候谁给他们帮助都会得到他们的感激和温暖之情,班主任老师与学生相处时间最长(相对于其他老师来说),又应该对他们有较深的了解,所以绝不能对学生的困难和忧虑置之不理或轻描淡写的打官腔、走过场,表现出冷漠或不屑一顾。有时候学生本人觉得自己已经陷于困境,或自以为不可解脱,在其他人看来却又是些极简单易解的事,班主任对这样的问题也要热情关心,耐心地帮助

学生解决心理上的障碍,使他们得以解脱。在老师眼中是很小的事,在学生心目中可能觉得是很大的事,这时候班主任老师要和学生"心理互换",真心实意地帮他们解决心理上的和实际上的困难。对学生来说,由此而产生的对老师的真情实感是十分真挚和实在的。

学生在生活中也会出现各种各样的矛盾,有同学关系的,有家庭关系的,有与其他教师关系的,有与其他人的关系的;有时候他们自我心理上也会出现种种矛盾,这些对成长中的学生都是正常的,经常出现的。在解决各种矛盾中,班主任老师都应当主动热忱地去帮助学生,有时候甚至要不厌其烦且耐心地去做工作。在这些矛盾缓解和化解的过程中,班主任老师最容易与学生建立起更深的情感。其实解决这些矛盾的过程也是教育学生的过程,因此班主任老师在解决学生的矛盾中,要立足于教育,着眼于让学生分清是非,分辨好坏,不要仅仅局限于"矛盾"的"解决",也不要仅仅为了协调师生情感。当然学生的矛盾有时是比较复杂的,也不是一下子都能解决得了的,对班主任老师来说,这是个既琐细又麻烦的工作,因此班主任老师要真挚平易的始终与学生站在一起,并使他们在化解矛盾中受到教育。在这个过程中师生之情会油然而生,并能得到长久的保持。

有时候学生遇到某种难以解决的问题,他们在认识上进入了死胡同,他们为此着急和苦恼,甚至为此陷入窘境。班主任老师此时要特别关心这些学生,要用自己的学识和生活经验帮助学生提高认识,解开困扰;有时候要帮助学生迷途知返,使他们大彻大悟。一旦进入到这种境界,学生会分外尊重和信任老师,产生敬佩和亲切的感情。有的班主任老师,在学生迷惘、困惑或走入歧途时,不是立足于帮助学生使他们摆脱,而是采取教训、指责的态度,甚至讽刺、挖苦,这会使学生心理上受到很大的创伤,会加深师生之间的隔阂。一旦形成了这种隔阂,学生的思想会立即向老师封闭起来,再谈教育影响就很困难了。

把握情感教育的方法,除了正确处理师生关系,用师生情调动学生接受教育的主动性和积极性以外,还要引导教育学生形成正确的积极开朗的情感。人对于事物所持的态度,不外乎肯定性和否定性两种,这也是情感的两种属性。

人们对事物肯定或否定的态度,与他们的分辨能力和认识能力以及思想道德修养都有密切的关系。班主任教育学生,对他们"动之以情",是必须在正确的认识和分辨能力的前提下进行的,否则肯定什么或否定什么就容易失去是非和原则,造成情感上的偏离,爱与憎的扭曲。没有情感的是非,学生会在实际生活中陷入盲目的爱憎之中,这对他们的成长是

极为不利的。对学生"动之以情"又必须培养他们形成积极的情感。这就是在明辨是非的前提下,要把学生的情感和对客观事物积极的态度联系起来。这包括促使他们形成振奋、热烈、紧张、进取、英勇和无畏,等等。优秀的班主任老师,总是会想方设法使学生形成积极的情感,使他们朝气蓬勃,热烈紧张,使班级集体热气腾腾,你追我赶。处于这样状态下和生活在这样集体中的学生,会逐渐形成很强的活力和在困境中坚韧的精神,这对他们不断战胜困难,对他们适应复杂多变的社会生活是非常有益的。相反不进行积极情感的培养,学生也会形成某种消极的情感,他们在遇到挫折和困难时,就容易出现消沉、灰心、颓伤、松懈的表现,显然这种无力的情感,对他们的生活和成长是极为不利的。并且这种消极情感的发展久之会使他们意志削弱、遇事消沉、缺乏勇气以至失去活力。对学生"动之以情",还要培养他们健康的情感,积极的情感并不一定都是健康的,因之要培养学生健康的情感又是十分必要的。

有时候积极的情感会产生消极的后果,反之亦然,我们所说的"乐极生悲",大致就是这种情况。因此,对学生情感的培养,要教育他们情中有"度",保持健康的情感,使"理智"和"情感"始终相伴存在,相偕发展。

进行情感教育,还要特别提到的是,要对学生进行同情心、恻隐心教育,要讲人道主义。这种情感是一个健康人发展所必需和不可缺少的。过于强调斗争而不讲同情与恻隐是不合适的。进行这种教育的方式很有讲究,通过说教或一两次教育活动是很难达到目的的,这就要靠平时的多方面培养,要通过各种具体的人和事激发学生的同情心,甚至对小动物、美丽的花草、佩戴的饰物以至于成形的东西都要赋情于其中,由此就会使学生形成对美的珍爱、对弱的同情、对难的相助、对痛苦和不幸者的恻隐。有了同情心和恻隐心才会进一步形成人道主义情感。这种情感的发展又会使成长中的学生爱憎分明,进而见义勇为,甚至牺牲自己救助别人。这是一条感情的长链,在班主任工作中要用很多时间,通过很多活动,有时候要通过很具体的小事,对学生进行点滴培养。

"动情"教育是班主任老师工作中常用的方法,学生的情感又是极为复杂多变的,而且青少年的情感又极为敏感。所以进行情感教育,班主任老师必须有真挚和丰富的情感,必须真心实意地爱学生,必须采用多种多样的方法。仅仅为了"工作"而表现出的"情感",或是为了与学生建立良好关系所"表现"出的"情感",都是不足取或不能持久的,也不会为学生所欢迎。

陶冶

在叙述班主任工作原则时,我们已对陶冶的意义与作用作了一些说明,这里着重谈谈陶冶的方法。

陶冶应该是无时无处不在的教育方法,正因为如此它又常常未被有意识地利用。班主任老师应该强化"陶冶"的观念,使陶冶的作用充分地发挥出来。有意识的陶冶在班主任工作中能够被广泛地应用,因此也能形成广泛的效果,有时候这种效果又是那么明显和突出。就拿生活环境来说,一个布置典雅、卫生文明的环境与一个脏乱差的环境,会对人产生不同的影响,前者会使人行为检点,后者会使人随意。人们进入庄严肃穆的会堂,气氛凝重的庙宇,安静的阅览室,或是进入气氛热烈的联欢会场……都会即刻受到一种影响,并随之使人产生相应的表现。这说明陶冶的重要作用,也说明陶冶能起到教育的作用。

陶冶的方法是借助外界环境影响学生的方法,它的最突出特点是潜移默化,是在无"声"中、无"形"中感染学生,使他们把感受到的什么"移"入自己的情感和行为中。陶冶人的情境,必然是能"动"人的情境,这种"动"是逐步的,一点一滴的,既不是靠说教,也不是靠其他直接的教育方式,陶冶要借助载体来引动学生的主体意识,来调动他们的兴趣、需要、情感等。对陶冶的"接受"可能是一种感受,一种情绪上的感染,而一旦这种"感受"、"感染"发展下去,就会形成一种"表现"。

影响学生的载体不都是积极的、正面的和有益的,有时也能是消极的、反面的及有害的,所谓"近朱者赤、近墨者黑"就是这种意思。由于好奇及一时的兴趣或某种外界的影响,青少年学生容易接受各种条件的潜移默化,环境的、人际关系的、文化的特别是社会潮流的。因此陶冶教育不能听其自然,班主任老师要有主动意识并成为有心人。所谓主动意识是指要有意识地选择有健康影响的载体,要创设有教育意义的情境;这又要求班主任老师成为有心人,成为陶冶教育的设计者和创设者。教师不能够企望有真空的或是完满的、理想的环境,须知教师的责任就是在各种情况下,使学生得到良好的营养。生活中对学生的反面影响并不可怕,对这些东西班主任应该有正确的态度,一是要看到消极、阴暗、反动的东西不可避免;二是要采取积极的态度,去"进攻",去增强学生的抗体,去使学生增加识别能力和进攻能力,这在陶冶教育中是十分重要的。

陶冶的教育有广泛的内容,班主任要加以充分的利用,一旦这种教育内容被班主任老师充分使用时,又会收到较为广泛的教育效果;班主任在自己工作中注意这种教育的持续的影响,会对学生的良好素质的形成、文明习惯的养成、健康情感的培养起到重要作用。班主任在自己的工作中要努力发掘对学生有陶冶意义的教育情境,这些内容从大的方面讲有以

下几个方面：

1. 情感的陶冶

情感陶冶是指以积极健康的情感感染学生,使他们逐步形成良好的情感品质,特别要注意培养学生具有良好的道德感、美感和理智感。人在社会生活中都要受到社会行为规范所制约,多数人在这种社会规范制约下,会形成复杂的动力定型。在这种"定型"状态下,凡是符合或维持或强化这种"定型"要求的,人就会产生肯定性情感,否则就会产生否定性情感。

一般情况下,社会的标准是要多数人遵循,或是制约多数人的,这就和"道德"发生了联系,由此也产生了为社会多数人所具有的道德感。比如爱国主义情感、集体主义情感、社会责任感和义务感等。要使学生产生或维持并强化这些情感,陶冶是重要的,也是必需的。

在学生形成优良的道德品质时,总是和"美"相连的,人有了美的感受和情感,才能有真、善的品德。美的情感能使人产生一种健康的追求,这种美感愈是升华,人进入"真""善"的境界就愈高,培养学生有美的情感其落脚点就在这里。美感又能引发爱心,驱动学生去爱美好的事物,爱美好的人,这本身就是一种教育力量,而且是一种强有力的教育力量。美感还能促进学生形成对自己的要求,促进他们形成自尊心、荣誉感和上进心。情感陶冶有时候不能用"有形"和"数量"反映出来,但这种陶冶的深刻影响力却是实在的。对于班主任老师主要以师生情感关系、同学之间的关系以及其他"动情"手段来实施陶冶。总之使师生关系和学生关系处于和谐友爱之中,就会使学生从情感上受到感染,生活在爱的关系中,体会的爱和付出的爱都会使人觉得情感上的满足,比如用亲切的态度对待学生,用美好的语言评价学生,用义愤的语言去谴责不良行为等。这在学生成长中都是十分重要的。班主任老师要创造这种充满情感的班级气氛和致力于建立起班级中的这种关系。

进行情感陶冶,班主任还要开展多种活动使学生的生活丰富多彩,这样不仅能使学生的情感丰富,而且也会使他们从多方面受到熏陶。比如学生从班级集体的活动中受到团结友爱的熏陶,在活动中得到师爱的温暖,在公益活动中体会到助人为乐的情感,在文体活动中体会到青春的欢乐和美感的满足,在社会活动中体会到社会人的人格尊严,在广泛的社会生活中感受到形成道德感的必要,在与各种人接触中、在处理各种矛盾中体会到理智的意义……

总之,陶冶情感来自活动的各个方面,重要的是班主任老师要形成这种教育的意识。情感陶冶还要和对学生加强意志训练结合起来,潜移默

化本身就是一个不断强化、逐渐深入到学生情感深处的陶冶过程,因此必须把握住持续和有意的反复。

2. 环境的陶冶

我们所说的"环境育人"主要是从环境的陶冶作用来认识的。这里所说的环境是指学生的生活环境、学习环境和人际环境,这些环境因素都能起到教育学生的作用,其主要作用方式是"陶冶",所以班主任要充分把握和利用环境的陶冶作用。学生除了在家庭中活动外,其大部分时间是在学校中度过的,因此学校环境与他们有着密切的关系和极大的教育作用。

人出生到世界上来就离不开环境的影响,在环境影响下人的生活经验和社会经验都能得到一定的积累,因此人的思想意识、生活习惯、道德品质都在受环境的影响而打上环境的印迹。大的社会环境是人身心发展的外部因素,虽然环境是在自发地影响着学生,但它的作用却是相当大的。班主任忽视大的环境因素,最终必将走进教育的窄胡同,使自己的工作不能顺利地开展。学生生活学习的小环境(一般指学校和班集体),也是对学生教育的重要因素,也有着很强的教育作用,特别是学生每天生活在其中,能够受到广泛的耳濡目染,因此充分利用小环境的陶冶作用,也是班主任必须掌握的工作方法。

利用环境发挥陶冶作用,首先要使学生的生活环境文明、舒适、清洁,布置得体。教室内的文明及学生的良好生活习惯,与他们的行为规范程度是一致的,这种"文明"的体现,包括学生举止得体、有礼貌、语言清洁、维护教室的整体美及学习用具摆放整齐等。按着这种要求,教室内听不到大声喧哗,闻不到污言秽语,没有疯疯打打,看不到桌椅斜歪,同学之间不争吵争斗,是一种祥和文明、令人惬意的环境。教室环境清洁舒适布置得体,与学生的着意保持有极大关系,窗明几净,地板一尘不染,教室布置典雅大方,课间有轻微的音乐声,按着这种要求就不会看到满地纸屑痰迹,不会看到门窗墙壁灰尘污迹,也看不到教室内张贴大标语、招贴画,布置得花花绿绿,或是装饰物七斜八歪,有人贴挂而无人管理。而乱、俗、不经意的环境会影响学生的美感,也会妨碍学生形成良好的生活规范,久而久之就会使他们变得不注意公共道德,生活不拘小节,甚至随意破坏环境。

对教室环境的要求,班主任老师要亲自过问,要有精心的设计,要与对学生的学习要求和培养行为规范结合起来,要仔细考虑教室环境的教育作用。利用环境陶冶学生还要班主任老师着意创设一种气氛,这种气氛弥漫在班级集体中,能起到潜移默化的影响教育作用。首先,这种气氛是集体的团结和谐,师生和同学之间是信任和友好的关系。其次,这种气氛能发展成为一种文化环境的氛围,学生之间谈吐不俗,教室内读书学习探讨问题成风,永远是朝气蓬勃,热烈而紧张。再次,在同学之中有一种竞争的气氛,相互学习,争先恐后……班主任努力创设和培养这种环境是要下大力气的,但这种环境气氛的形成其教育作用也是相当大的,它甚至能在不知不觉中改变某些学生的缺点,使他们变成"另外一种样子"。

在环境陶冶中,班主任老师应着力抓人、抓环境载体及其环境气氛,要想方设法促使某种环境氛围的形成,并且借助潜移默化的功能,深入地开展其他教育。

有时候在班级集体中会发现一些与集体气氛、与班级整体的"环境"不相一致的东西,这或许反映在个别人身上,但班主任老师一定要对此加以分析,并采取必要的措施。班级环境陶冶对"大环境"的影响能起到一定的相应作用,对"大环境"的正面影响能促其良性的发展;对反面影响能起到一定的遏制作用。可这种遏制作用不是很大的,也不是万能的,所以班主任老师不能只埋头"小环境"的建设,而忽视"大环境"的影响,要一方面创建有陶冶意义的"小环境",同时还要去努力优化"大环境"。

3. 美的陶冶

用美来陶冶学生是常用的方法,美存在于学生的生活中,要老师帮他们发现和展露。一般用美来陶冶学生主要是从文艺作品和从大自然中让学生寻求美。文艺作品在学生中的流传和影响是相当广泛和深入的,通过文艺作品学生能得到健康的审美情趣,思想的激励,情感的感染;通过文艺作品学生也可能受到负面的影响,引发他们不健康的情绪和消极的思想情感。文艺作品与学生发生着密切的关系,班主任老师不能放弃和忽视这一领域。利用文艺作品陶冶学生应该列入班主任的日常工作中,要最大限度地发掘文艺作品的积极作用,要引导学生正确对待文艺作品中的消极因素,帮助学生培养积极健康的情趣。文艺作品能够吸引学生,主要是其中的情节和激情,生动的故事和激动人心的情感表现,会使学生受到潜移默化的影响,并借此达到陶冶的目的。

班主任老师利用文艺作品对学生进行美的陶冶,首先要给学生读书的机会,使他们有时间读书;其次要给学生提供必要的书源,在经济较困难的地方,要设法发掘书源;第三要指导学生读书。通过文艺作品陶冶学生,"选择"和"指导"必须紧紧跟上。除了经常向学生介绍优秀书籍以外,还可以经常性地举行读书讨论会及读书讲座等,使学生从文艺作品中更多地接受营养,受到熏陶。

利用大自然的美去陶冶学生,是陶冶教育的又一重要内容和手段。

大自然中蕴含着广泛的美,千姿百态,无限风光,五彩缤纷,丰富多彩……用以陶冶学生的内容无穷无尽。大自然的美无不体现着无限的诗情画意,它能给人以陶冶能使人在欣赏这种美的过程中,得到心灵上的享受,能使人进入一种愉快的境界,能给人一种激励,也能引发人去深思。其实大自然的景物都是客观存在,无所谓美丑之分,这种种美与不美都与人的主观意识有关,这种意识是在人与自然接触中,是在改造自然的长期过程中形成并沿袭下来的。因此如何引导学生去发现美、去欣赏美,又是班主任老师用美陶冶学生的重要课题。班主任老师要设法使学生广泛地接触大自然,并在这中间把人类体验过的对大自然的美感赋予学生,使学生产生主观上的审美激情和体验。

现代学生接触大自然的机会愈来愈少,这将成为人类教育的一个很大的缺陷。因此,班主任老师更要注意弥补这方面的缺憾,要想方设法创造机会,以使学生尽量多地受到自然美的陶冶。

4. 人格的陶冶

这里说的人格陶冶主要是指教师,尤其是班主任老师对学生的人格感化。即以自己良好的师德风范以身作则,在自己的动静语默之间,使学生受到高尚人格的潜移默化。教师与学生长期相处中,由于处于教育者的地位,在学生心目中教师应该是其做人的表率,因而教师的一举一动都会受到学生的关注。又因为教师的这种举止表现长期地"作用"于学生,所以耳濡目染自然会成为一种潜移默化的因素。

人格陶冶不仅能对学生产生潜移默化的作用,而且能够促使学生优良品德的形成,所以教师的以身作则,往往发挥出说教所起不到的作用。受教师长期的高尚人格熏陶学生就会逐渐形成同样的人格表现,而且这种表现又往往是比较自觉和稳定的。人格陶冶是在教师与学生的相处中,在教师的工作中,在教师与其他教师和其他人的关系中体现的,这就要求教师多方面多角度地表现出高尚的人格行为,要求教师克服双重人格的表现,要求教师通过自己的行动给学生做出真正的表率。人格陶冶也可以通过其他方面的工作来进行,比如揭示现实生活中高尚人格的表现,颂扬历来为人称道的高尚人格的典范,使学生心目中充满高尚人格事例,从而被感动、被教化,以至于见贤思齐,努力去做人格高尚的人。

示样

青少年善于模仿,因此用"别人"的样子为他们树立学习的榜样就成为班主任常用的工作方法。所谓示样是指用其他人的模范行为、先进事

迹作为样板,影响学生的思想、感情及行为,以达到教育者要达到的教育目的的方法。

学生处在青少年时期,这个时期他们的心理发展还没有完全成熟,独立判断的能力和自主意识都较肤浅;同时他们有一定的是非判断能力和自己所追求的形象,这样他们就善于模仿他人。这种模仿大致是在这样几种情况下容易发生:

(1)模仿他们崇敬的人,这种被他们崇敬的人不一定是先进人物和伟大人物;

(2)模仿他们认为值得模仿的行为,但并不一定是高尚的行为;

(3)模仿他们认为某种新奇、有趣的东西,这些新奇、有趣并不一定是健康的东西;

(4)模仿使他们受到激励的事,这些事也不一定是值得提倡的。

总之,学生的年龄特点决定他们喜欢模仿,但他们的认识和判断又不完全成熟,所以他们的模仿,可能是正面的东西,也可能是无意义的东西,又可能是反面的东西。也就是说他喜欢模仿,但不一定会模仿。他们往往在模仿中受到伟大人物或先进形象的影响而积极向上,但也可能受不良形象影响而变坏,这就向班主任提出了教育的课题,要求班主任利用学生喜欢模仿的特点,使他们受到正面形象的教育。

榜样的力量是无穷的,榜样人物把道德观念、行为规范形象化,具体化了,在他们身上体现出时代的要求或社会的准则以及做人的标准。榜样的形象因为是具体化的人,他们的思想风貌、道德水准都是在具体的生活中通过具体的行动体现出来的,因此"看得见",容易使他们体会并产生吸引力。榜样人物一般都有血有肉,其事迹又多半富有感染力和吸引力,容易使学生"动情"并产生效法学习的驱动力。榜样的形象都是用行动体现某些做人的道理,青少年学生往往从他们的事迹中能理解这些道理的真谛,这又比单纯地说理容易接受和消化。

班主任也必须认识到并不是简单地说说伟人、先进人物事迹,学生就会去模仿照做的。随意宣扬"榜样",反而会使学生习以为常,无动于衷;或是只学"皮毛",而学不到榜样人物的真髓。因此,采用示样的方法需要做到:

(1)选用的"榜样"必须与班主任的教育目标教育内容相关,力求针对性。社会上和学校中值得学习的榜样很多,有各种各样的先进人物,原则上说这些人都值得学习和效法。但是学校教育是有计划的,强调学生从哪些人物身上学习借鉴,应该是有针对性的。有了针对性才能对某些

教育内容强化和深化，离开针对性容易使学习活动泛泛而过，取得不了应有的效果。选择与学校教育内容有关的榜样人物事迹，恰恰能与学生的关注点相一致，这一点非常重要，能使学生有更大的积极性，使他们在接触某些教育内容时，既能知道应该做什么，又从榜样人物身上知道该怎样去做，只有这种时候榜样的力量才能成为巨大的推动力。选择与教育内容相关的榜样人物，还能使教育内容增加形象性，增加生动活泼的程度，使学生既能知道如何认识问题，又能从大量的生动事迹中深化对问题的认识，同时也增加了学习的情趣。

班主任老师在教育学生时，如何确定和选择榜样人物是个颇费思考的问题，这需要班主任老师精心策划，并要掌握许多榜样人物的事迹，通过深思熟虑之后加以选择。有的班主任老师在确定榜样人物时，用得过多过滥，甚至信手拈来，这样固然对陶冶学生有一定的好处，但没有针对性，就会使学生只听"故事"，自己不沾边，当然也就达不到教育的目的。

（2）选用的榜样人物必须富有感染力，力求有驱动性。要使榜样人物的事迹与学生接近，必须首先让学生从榜样人物的事迹中受到感染，这样才能驱动他们产生学习的愿望，产生积极追求效法的激情。榜样人物事迹的生动性，一是要事迹本身生动，这是主要的，二是传授方法生动，二者结合起来才能使学生产生激情。一般来说，学习榜样人物的事迹大致有——先是榜样人物事迹使学生动情动心，有惊叹、佩服、敬慕之心；再是这些事迹内化为学生的认识、需要和激情，产生跃跃欲试之念；最后见诸于行动，或模仿、或由模仿进而化为自身的自觉行为这样几个阶段。

学习榜样人物，班主任要牢牢抓住以情感人这一条，培养学生惊叹之情、敬佩之情、仰慕之情、效法之情。不使学生感动就不可能使他们受到感染，也不可能使他们真正学到榜样人物的事迹。

（3）学习榜样人物，要使学生把榜样人物的事迹化为自身的思想和行动，并力求有持续性。学生与榜样人物的事迹存在着表现上的距离，要想使学生"接近"或具有榜样人物的表现并非易事。这不是一日之功，所以在学习榜样人物时要持之以恒，不断强化、深化，利用各种场合，利用各种活动使学生不断地向榜样人物学习，并不断地在行动上体现出来。青少年学生容易受榜样人物的事迹所感动，但也容易感动过后就淡忘，这样也会使学习榜样人物落空。因此在进行学习榜样的教育过程中，班主任老师要使之有持续的热情，不能一阵热、一阵风，一时兴之所至。这就要求班主任老师在组织学生学习榜样人物的活动中突出重点，联系学生生活实际，创设多方面的使学生"表现"的条件。这既是学习榜样人物的教

育,也是道德意志的教育,二者同等重要并相辅相成缺一不可。

(4)学习榜样人物,要学习榜样人物的精神,力求做到有实质性。学生易于向榜样人物学习,但不容易做到深刻。这是因为在学习过程中没抓到榜样人物的精神实质,没抓到事迹的精髓。把学习榜样人物的事迹停留在行为的模仿上,固然对学生有一定的意义,使他们有较好的短期行为。但是真正地向榜样人物学习,真正要提高学生修养的水平,在于使学生具有良好的品质,在于使他们不断地从榜样人物的精神境界出发,去追求一种完善的高尚的表现,哪怕短时间内达不到这种目的,也要以此为教育的目标和要求。只有抓住榜样人物的精神实质,使学生熟悉榜样人物的事迹,了解他们的成长过程和斗争过程,才能从中体会到榜样人物为了事业,为了崇高的目的,为了他人的利益,为了更多地贡献于人类,为了活得高尚和有意义是怎样生活、怎样战斗、怎样克服困难、怎样战胜自己、怎样勇于牺牲的。从而引导学生从中受到激励和感染,并且明白应该怎样做人、怎样生活、怎样战胜困难、怎样处理与社会和与他人的关系。

(5)示样教育要在学生的日常学习和生活中经常进行,力求经常性。这种经常用"样板"教育学生的方法,是一般班主任老师常常使用的。在平时的教育活动中班主任进行什么教育,提倡了什么总会有一些学生走在前边,他们的"表现"恰恰是班主任老师要求其他学生做到的,于是班主任老师给予他们肯定性的评价,介绍他们的事迹,鼓励学生们向他们学习等。这种示样方法对教育学生有很直接、很具体的意义。首先能起到示范作用,他们对班主任的要求,做出了"样子",其他学生从他们身上能知道如何去做。其次这种示样因为伴随着班主任的教育活动,能使学生在班级集体中总是有样可循,因此对推动班级工作是重要的。这种"经常进行"的活动等于不断地把班主任老师的要求具体化、形象化。再次经常从同学中提出某个人、某件事作为学习的样板,学生容易接受,并且在同一背景下有直接学习效法的"方便",同时能激起你追我赶的意识,可使学生产生比学赶帮超的竞争心理,使集体的气氛更热烈。

经常性的示样,作为"样板"的学生一定要有大家公认的表现,班主任老师在进行肯定评价时要慎重和据实。任何随意性的表扬,随意地树立榜样,一旦失实或是夸大了某些长处都会产生与班主任老师主观意愿相反的后果,要么受肯定的人被指责、受孤立,要么学生议论纷纷,从而实际上否定了班主任的意愿。因此,班主任要树哪个学生在哪方面为榜样,一定要心中有数,要调查研究,要说得有分寸。

(6)鉴戒教育。用榜样人物给学生示样能使学生学习到怎样正确地

做人、正确地生活。但是生活中不都是正面人物,除了从榜样人物身上汲取营养外,还要从反面人物的堕落中引以为戒,因此鉴戒教育在学生成长中不仅必需而且非常必要。

鉴戒教育首先能使学生从反面人物身上看到违反法律、违反公德、损害他人利益必然自食其果,不会有好的下场。这会使学生产生警惕,从坏人的下场中看到检点自己行为、严格要求自己、遵纪守法的重要性。这也从另外一面增强了"正面教育"的效果。

其次,鉴戒教育也能使学生从反面人物的堕落过程中,看到哪些东西是有害的,堕落是怎样开始的,在生活中对反面的东西如何去识别和抵制,等等。这对生活经验不丰富,认识能力还不高的青少年学生是非常重要的;从长远看也能使他们增强在未来社会生活中的适应能力。

再次,鉴戒教育对问题学生,对与社会上某些不良分子有牵连的学生,对已经犯有过错的学生都有震动和震慑作用。这样的学生受不良影响较深,有时不知自拔,有时不愿自拔,对他们进行正面的榜样教育是必要的,同时用反面人物的可耻结局使他们思想深处受到"震动"也是必要的。

鉴戒教育对学生来说,只是从反面人物的身上看到社会中的"另一面",是利用反面人物的形象,从他们的堕落经过,从他们身上表现出的劣迹,从他们灵魂的丑恶,使学生感到社会生活的复杂。所以鉴戒教育能使学生从反面人物的丑恶中受到"警戒",也使他们对这些人感到厌恶和憎恨,使学生从情感上与坏人坏事拉开距离,并站到其对立方面,从而使自己引以为戒。

班主任教学实践的常用方式

实践锻炼的方式

实践锻炼是指使学生按照一定的目的在日常学习、劳动、活动和平日生活当中增长才干,履行道德规范,形成良好品德的方法。实践是认识的基础,也是人的思想品德形成和发展的源泉,实践还是检验人的思想品德的标准,因此通过实践使学生不断地提高道德修养和养成行为规范,又是一种重要的教育方法。

实践锻炼首先有模仿的意义。学生生活在人的群体中,时常对他人进行模仿,这种"模仿"应该是孩子成长的"原始积累"。所谓受外界影响,开始时大多是从这种模仿中获得。在社会中或在集体中生活的人多数从众心理,"从众"从某种意义上说就是一种模仿,所以有时班级集体的风气,能够起到教育人和改造人的作用,其原因就有这个成分。

实践锻炼也有对品德表现及其他表现的强化意义。由于实践锻炼多半有重复的可能,所以在行为的重复中能使"行为"成为习惯,以至形成较为稳定的表现。实践锻炼能否起到"强化"的作用,在于班主任老师有没有教育的目标意识和安排。实践锻炼是一种教育手段,是为教育的目标服务的,反过来教育目标愈明确,这种"服务"的针对性就愈强。按着一定的目标,班主任老师要把实践锻炼的强化作用发挥得好,就必须有计划有意识地把学生不断地引入实践锻炼之中。偶尔地让学生实践一次,收不到很强的教育效果。往往是在活动的开展中,使同样行为在不同的状况下反复得到"表现",或是说使学生反复地实践锻炼,这才能起到强化的作用。

实践锻炼还有扩展某种品德表现的意义。因为虽然是为着某一目的去让学生实践锻炼的,但实践锻炼却都不是"单一"的活动,任何实践锻炼都会是学生"整体表现"的反映。比如学生要进行开展社会公益活动的实践锻炼,同时就要有社会公德的表现,文明礼貌的表现,这些"表现"在同一活动中都能互相促进。这就会由某一种实践锻炼,扩展出其他的道德表现。多方面开展实践锻炼能够促进学生整体素质的提高,其原因就在这里。

实践锻炼的内容很多涉及学校活动的方方面面,班主任要广泛地加以利用,使学生有更多的实践锻炼机会。从实践活动内容来分有政治活动、公益活动、纪念活动、社会调查活动、保护环境活动、外事活动、劳动活动及保健卫生活动,等等;从实践锻炼活动的地域划分有学校内活动、家庭活动及校外活动,等等;从实践锻炼活动的性质来分有日常实践活动、竞赛活动、集体活动和个人活动,等等。

如何使学生在活动中受到实践锻炼,一般要抓住以下几个方面:

1. 组织多种学生活动

唯有组织活动学生才能有实践锻炼的良好机会,学生的道德行为的养成、学习习惯的养成及体育锻炼习惯的养成都是在活动中通过实践锻炼得到的。在活动中学生有广泛的、多方面的实践锻炼机会,这可以促进他们把认识化为行为表现,并进一步成为自身的较为稳定的品质。班级组织的活动和日常活动都有明确的规范要求,恪守这些规范就是品德修养、良好学习习惯和体育卫生习惯的形成过程。班级的各种活动都是在集体制约下开展的,这就有益于实践锻炼和集体主义精神的培养,也有益于良好意志的形成。有些活动不仅使学生在实践锻炼中受到思想政治教育、道德教育,而且也能够弥补课堂教学的不足,使学生开阔眼界增长知识,并了解社会或熟悉国情民情,这对于他们成为适合社会需要的人,有深远的意义和作用。

组织多种多样的活动,要扣紧目标、提高认识、严格要求,发挥学生的主体性。扣紧目标是指班主任老师组织学生参加的实践锻炼活动,要有明确的目的性,要与对学生的整体教育目标结合起来、协调起来。就是说班主任组织的任何活动都要有主题,这些活动的主题又都扣紧学生培养目标的大主题。离开主题活动尽管花样翻新,但意义不大。扣紧目标还要和一个时期的社会背景及学生的思想热点联系起来,离开这两点,尽管班主任确立的教育主题再重大,也不会为学生所十分关注。

组织多种多样活动,还要和提高学生的认识结合起来,每次学生参加实践锻炼活动或进行日常行为训练实践都离不开学生"认识"的程度。班主任老师在组织学生和要求学生参加实践时,都要对学生进行提高认识的教育,要向学生讲明目的意义,使学生知道为什么要做,并要强化目的意识。在组织学生参加实践锻炼和要求学生参加实践锻炼时,要提出严格的实践要求,也要提出注意事项,并预先告诉学生可能在实践锻炼中出现的问题及防止、应对的方法。没有严格的要求学生就会松松垮垮,甚至去消遣嬉乐,那样的实践其结果就可想而知了。组织多种多样活动,是要学生受到教育和培养,任何实践锻炼的活动,都必须积极发挥学生的主体性,调动他们的积极性,并同时增强他们的主动性。

2. 组织学生进行纪律和自我控制能力的训练

学生参加任何实践锻炼活动,都要有严格的组织纪律性,组织纪律要求是学生参加实践锻炼活动不可缺少的方面。遵守纪律本身就是实践锻炼的内容,学生遵守纪律是通过实践锻炼培养的,实践锻炼中的组织纪律性要求愈经常、愈具体,学生组织纪律的观念和行为就愈强。所以班主任老师要通过各种活动使学生养成良好的组织纪律的观念和行为,并逐步使其成为学生的自觉性。学生的组织纪律性一般都是由被动强制到逐步自觉,这是一个过程,这个过程的长短就在于班主任老师是不是在实践活动中和日常生活中坚持一贯的严格要求。同时纪律性的强弱,在一个集体中有很大的扩散性,集体散乱纪律必定差,就是那些比较守纪律的学生也会慢慢地被影响坏;反之,纪律严明组织性很强的班集体,会使不大守纪律的学生也会慢慢受到良好影响,并逐渐遵守纪律。

实践锻炼大多是学生的集体活动,所以没有严格的纪律保证是没法进行实践锻炼的,从这个意义上说抓好纪律又是搞好实践锻炼的必要条

件。学生参加实践锻炼，特别是学生在实践锻炼中发挥主动性和积极性，并投入满腔热情时，班主任老师始终要把握学生的纪律性表现，不使他们随意，不使他们在纪律上有任何松弛行为。一旦发现有纪律松弛的现象，班主任老师要严格要求，立即纠正。

3. 给予学生实践的机会

如何使学生在班级集体中有更多实践锻炼的可能，这是班主任必须认真对待的问题。有些班主任老师喜欢发挥骨干学生或特长学生的作用，往往给予他们更多的实践锻炼的任务和机会，而对其他学生则不大注意提供实践锻炼的机会，他们也得不到班主任委托的任务。有的班主任老师已开始注意这个问题，他们也在设法给更多的学生提供实践锻炼的机会和任务，比如让学生轮流当班长，轮流值周，班级干部轮换制等。这种尝试未尝不可，但这种做法只着重让学生进行管理的实践锻炼，而且轮换时间长，实践锻炼时间短，加之每个学生的特点不一样，不一定都要进行"管理"他人的培养，也不是每个人都能够担负"领导"工作，所以这种方法值得推敲。班主任老师要使更多的学生在日常生活中进行实践锻炼，可选择更多的方式，比如在班级内多开展一些活动项目，根据个人特长发挥每个学生的作用，或者让学生承担力所能及又容易发挥的工作，这样各得其所，各施所长，实践锻炼效果会更佳。

班主任还要从多角度、多方面给学生提供实践锻炼的机会，较高的要求是，在较集中的教育之中或之后，都要设法使学生有实践锻炼的机会，要么是增强自身感受，要么是接触实际，要么是进行强化，要么是施展才华。总之，要学生在实践中提高认识，并得到锻炼，以达到教育目的。

4. 在实践中对学生进行意志品质的培养

实践锻炼能否取得成效，学生的意志表现很重要，能在实践锻炼中养成学生良好的、自觉的持续性行为，必须进行意志的培养。意志的培养首先要有认识和情感做基础，班主任要设法使学生产生行为的愿望和需要，以此来促进他们的行为的持续，并能克服困难，战胜自己，形成自觉的较为稳定的行为表现。其次要树立意志行为的榜样，树立能模仿和有激励意义的样板，这样就能使学生产生推力，使其持续某种行为。再次是进行有意识的磨炼意志的培养，创设一些能够锻炼意志的情境，使学生不断受到磨炼，以形成坚强的意志。实践锻炼中进行意志培养对学生的成长极为重要，而这种培养能否成功也是班主任老师意志的体现。有的班主任老师有开展活动的热情，也有很好的思路，但缺乏的是坚持，他们往往有布置无检查，有要求无落实措施，有积极性但无持续性，这样学生不仅在

实践锻炼中不能持续某种行为,而且也会使学生的意志品质受到影响,他们也会虎头蛇尾,有头无尾。所以,班主任老师凡开展活动,一定要有要求、有督促、有检查、有总结,做到一抓到底。

实践锻炼既然是培养学生意志的过程,就要有明确的要求以及方法上的指导,使学生不仅知道为什么要那样做而且知道具体怎样做,这是能否产生持续性行为的第一步。这其中方法的得当不仅能使实践锻炼取得预期的效果,而且能调动学生持续的积极性,使他们更充满信心,愿意克服困难,并形成自觉的行为。班主任老师在学生实践锻炼中还要给予不断的鼓励和肯定性的评价,使学生处于积极的情感体验状态,这对他们形成意志品质也是重要的。在实践锻炼中,班主任给予学生的指导应是多方面的,这样才能保证实践锻炼的持续。这种指导包括行为的方式、行为的语言、行为的机智、行为的礼仪以及困难的对策等。这样在实践锻炼中能使学生得到提高,受到锻炼,感受到乐趣,从而也能增强他们的意志力。

5. **实践锻炼活动的社会化**

这里说的实践锻炼的社会化是指实践锻炼的内容、场所以及增强学生的社会意识而言。实践锻炼的根本目的是通过这种方式来教育培养学生使其能更好地适应社会。所以实践锻炼要引导学生的行为符合道德规范,并增强适应社会的能力。履行道德规范是人的社会化的重要方面。在实践锻炼中引导学生提高道德认识,增强道德意志、道德信念,培养道德感情,丰富道德实践经验,最终是要形成良好的道德行为习惯的,从而去履行道德规范。这个过程实际上是学生进入社会的准备过程,奠基过程,积累过程,因此实践锻炼的内容要体现适应社会的要求,要强化学生的社会责任感,培养学生的社会意识。同时,实践锻炼多半是在集体中进行的,这其间班主任老师要利用集体的制约力量和相互影响的力量,使学生的行为不仅符合集体的要求,并且使他们感受到集体的意义,从而培养学生的集体主义精神。班主任老师要充分认识到实践锻炼的这一意义,在教育活动中要突出思想性,避免在实践锻炼中就事论事,把实践锻炼弄成单纯的从事某种活动,或把实践锻炼局限在学校生活范围内,或使实践锻炼随意化,这就降低了实践锻炼的深刻的社会意义了。

引导自我教育的方式

引导自我教育是指按着一定的道德要求引导学生自觉学习,自我省察,自我行为调节,从而形成一定社会所要求的思想品德的教育方法。道德教育对学生来说是形成某种思想品德的外因,是外部作用条件;自我教

育是思想品德形成的内因,是内部的驱动条件,二者是统一的。品德教育的外因是不可缺少的,学生从中获得道德认识,情感激励;但外部作用条件必须通过学生的"选择"才能成为作用条件,因此二者又是互为存在、缺一不可的。思想品德教育的全过程,都要力求外部作用条件和学生的主观性的统一,这种"统一"的程度越高教育效果会越好,学生的品德形成也就越完善。学生品德形成的过程又是一个自我教育作用积极发挥的过程,学生在自我教育中更能积极主动地接受教育,促进其品德的发展。

引导学生自我教育,班主任首先要正确处理与学生的关系,正确认识发挥学生主体作用的意义,明确教师的主导作用如何去体现。班主任与学生是平等的关系,是教育者与受教育者双向作用的关系。班主任教育学生要有学生的主动积极配合才能"完成"。所以只强调"教"的作用,忽视"学"的作用是不能够取得教育效果的。这还意味着班主任与学生又是情感关系,任何教育的成功都体现了学生情感上的反映,班主任对学生的情感能得到学生的回应,这种情感越深,教育的成功率越高。在这种师生的"双边"关系中教师的主导作用主要体现在教师的教育目的、教育计划、教育内容和方法上,也体现在教师如何调动学生的积极主动性上。这二者都是教育活动中不可忽视的,后者尤其重要,因为只有计划、目的、内容和方法,没有学生的主动性和积极性,这些教育中"外在"的东西就无法使学生"内化",就谈不上教育效果。

班主任艺术的一个重要方面是如何调动学生的积极性和主动性,优秀的班主任老师总是会使学生处于积极主动进取的状态,总是千方百计地去调动学生的主动性,充分发挥他们的主体能动作用。班主任老师调动学生的主动性与积极性,其实就是促进学生自我教育的动力基础。所以班主任老师总是要研究学生,并总在思考如何去调动学生的主动性、积极性,如何能够使学生发挥自我教育的作用。正确处理与学生的关系,班主任特别要在方法上下工夫,方法不当也达不到引导学生自我教育的目的。

引导学生自我教育,应体现在学生思想深处的驱动,是深层次的教育,这种教育的不断进行和不断深入就能使学生达到自察、自省、自策、自励的境界,是他们逐步成熟的表现。班主任老师在引导学生自我教育时,要想使他们达到这种境界,必须时时鼓励学生,使学生永远感到"我也行",使他们有主人翁责任感,使他们有强烈的自我要求。即使是年纪很小的学生,班主任也要特别注意这点,任何简单粗暴,甚至在某些小事情上表现出对学生的轻视和不尊重,都会留下很深的印痕。

在实施引导学生自我教育活动中,班主任老师要着重抓这样几个方面:

（1）要引导学生树立强烈的上进心。学生没有进取意识,没有光荣感和自强精神,是不会有自我教育的要求的。为什么在教育活动中要强调学生立志,强调他们有积极向上的劲头,其原因就是让学生有所追求有所进取。当学生的追求进取心成为他们内心的需要时,这就形成了一种强大的内驱力。学生的理想越高远,进取心越强,自我教育的要求就越高。这时候他们能够把远大的目标和实际行动结合起来,能够脚踏实地积极向上,能够不断形成自我要求,也能够高标准要求自己,能够自我誓言,自觉见贤思齐,不断努力、不断奋进。班主任要以学生的这种境界为教育追求的目标,以培养学生立志为教育的根本,抓住"立志"这个中心,强烈的上进心就随之产生了。

（2）要引导学生自尊自重发扬"慎独"精神。引导学生形成自我教育的要求,要从他们自尊、自重抓起,培养学生形成强烈的自尊心,教育他们自觉爱护自己的名誉,不做有损自尊有损荣誉的事。形成这种心理,要有多方面的外界条件,要使学生生活在人人平等、互相尊重、真正有主人翁感的氛围之中。这种氛围使每个人都感到是那样"真诚",不会因身体缺陷、经济困难、学习成绩不佳、犯有错误等原因而受到歧视。创造这种条件除了建设一个优秀的班级集体外,还要求班主任老师去对某些环境条件进行优化,或是去努力营造一个优秀班集体所必备的条件。

自重是随着自尊而来的,没有自尊心、荣誉感就不可能产生自重意识。班主任培养学生形成自重意识,就要使学生感到自己在社会在集体中的价值,感觉到自己的存在是有意义的并且能够不断努力去充实这种意义。

学生的自尊、自重心的发展,最后必然形成一种"慎独"的境界,这是学生自我教育的高水平,也是班主任应该努力教育促成的。所谓"慎独",是道德修养的极高境界,是指人们在没有任何制约的条件下,仍然自觉地按道德要求去行动,自觉恪守道德规范,不做任何不道德的事,这种道德修养要求,在中国有悠久的传统,在秦汉时期的《礼记·中庸》中就提出,在道德修养中要"莫见乎隐,莫显乎微,故君子慎其独也",对"隐"和"微"加以强调意在达到"慎独"的境界。对学生的道德教育,引导他们进行自我教育,都要努力在"进入"这种境界上下工夫,或是作为班主任进行道德教育的方向。

"慎独"的境界,并不是自身随意可以达到的,这要经过深刻的道德观念的铸造,使学生形成并树立牢固的道德观念,这才能在无人监督的情况下,在有做坏事的可能的时候恪守道德要求。"慎独"的境界,也并不是短时间内可以达到的,因此班主任要给学生创造长时间的锻炼和艰苦

磨炼的机会,尤其是在细小的地方,不容易显现的地方,给予锻炼和磨炼的机会。班主任要不断创造和设计这种机会,以增强学生"慎独"的意识和修养。"慎独"就是高度的自觉,就是自我教育的落脚点。这是引导学生自我教育的贯穿线索,是班主任老师在工作中,要对各种问题,从各个角度,在各个方面始终抓住不放的。

(3)要引导学生自警、自励、自省、自策。自我教育是自己给自己确立目标,自己用实际行动努力达到应有的道德修养和思想政治要求,自己改正缺点错误的自觉行为;也是学生不断提高自我修养的过程。在这个过程中,班主任的作用要发挥得充分和有力,就在于引导和鼓励,激发和示范。

首先要教育学生学会自警,在帮助学生分清是非善恶之后,要引导他们自我警醒,由他人的失误而警惕,不蹈覆辙,不犯同样的错误。这对青少年学生尤其重要,他们可从别人的失误中引以为戒,这是自我教育的一个重要内容,班主任要经常用这样的事例教育学生。

其次是引导学生自励,即自我激励,自我确立进取目标,提倡学生"战胜自己",增强奋斗意识和持久的意志。青少年学生往往容易"激发"而不容易"持久",这就要求班主任老师激发得当,使学生总保持那么一种跃跃欲试的劲头,同时又要通过各种活动和在各种情境中使学生不断得到激励。在班级集体中努力形成竞争的气氛,是一种很好的激励办法,你追我赶往往最容易激起自我教育的驱动力,从而达到学生自我教育的目的。

再次是引导学生自省,即自己省察、自我批评。这既是加强自我修养的必由之路,又是学生自我教育的一种方法。自省也包括学生的自我评价和自我批评,青少年学生在成长中,在与外界接触中,不犯错误是不可能的,这种错误有时是较为明显的表现,有时却又是他人不易察觉或是很隐蔽的东西,这就要靠他们自省和自我批评。班主任老师要让他们明确是非标准,使他们能够有分辨是非善恶的能力,同时要培养他们有较强的进取心和极大的自觉性,还要在集体中努力创造一种气氛,使自我批评成为一种风气。

引导学生自我教育还要鼓励学生能够自策,即不断策励自己向前进步,与自己的惰性、因循、自满和停滞搏斗,这对青少年学生的健康成长是十分重要的,也是学生自我教育的重要内容。许多学生基础条件很好,却成长缓慢或成绩平平,其中一个原因就是不能够自策,随遇而安,甚至得过且过。所以不能鞭策自己就可能因随波逐流而一事无成,可见班主任引导和鼓励学生自策有多么重要。

（4）要引导学生树立自立意识。随着物质生活的日益提高，父母给予孩子不恰当的东西增多了。这"不恰当的东西"就是让孩子一切坐享其成和用父母的"替代"取代孩子应有的自立，使孩子逐渐失去自立意识。

自立意识是自我教育的思想基础，缺乏自立意识就很难有很强的自我教育的要求。自立意识的表现首先是有把握自己的愿望和要求，即自立精神；其次是有把握自己的能力和方式，即独立生活的能力。有了这种精神和能力必然会在学习、思想品德、生活等方面，能够自己把握自己，管理自己。

教育者——不论是家长还是教师，一旦热衷于"替代"，学生就会产生依赖心理，他们会认为凡事有人会替自己去想，有人会替自己去做，有人会替自己达到某种愿望和要求，因此去求自立就是多余的了。在家庭和学校，处处被"替代"的结果不仅会磨损学生的自立意识，而且逐渐地会使学生缺乏进取心，缺乏适应能力，缺乏自我教育要求。青少年学生蕴藏着很大的智慧和活力，他们的潜力也很大，所以班主任老师要放手锻炼他们，让他们通过自身的实践去不断对自己提出要求，不断提高自我教育的能力。

引导学生树立自立意识，让他们在"自立"中提高自我教育的能力，首先要求班主任老师在班级集体的活动中尽量从多方面锻炼学生，不要事无巨细，面面俱"到"，要力求让学生在生动活泼的舞台上尽情地去表现，尽力地去锻炼，尽可能地去磨炼。其次要给学生创造施展的机会，要根据学生的不同特点、不同特长去让他们做力所能及的事，并尽量让他们去独立完成某件事，这样他们就会逐渐养成自立的意识和能力。最后班主任还要注意多给予鼓励性的评价，使学生不怕失败和困难，不怕"做不好"。班主任老师对学生的肯定和鼓励往往对他们形成自立意识和能力非常重要，这不仅能增强他们的信心，而且能由此引发他们的进一步的自我教育意识，从而提高对自己的要求。

品德评价的方式

在班主任工作中随时都有对学生的行为表现予以褒贬或肯定鼓励或否定批评的机会，因此对学生的品德评价是班主任的又一重要工作方法。所谓道德评价是依据一定道德标准进行的，通过评价明确地表示出评价者对道德标准的理解和对被评价者提出应当怎样和不应当怎样的要求。评价是依据一定的道德标准进行的，失去标准或对标准把握不当，就会造成要求上的混乱。反过来人们（尤其是学生）也从评价的本身认识或加深认识道德标准,增强道德意识。所以对学生来说,道德评价不仅是对他们的行为表现的褒贬,也是提高道德认识、强化道德意识的手段。

品德评价是依据一定的道德标准进行的,对这种"标准"的理解、把握,决定了学生的品德修养方向。同时又因为对这种"标准"的认识深度决定着学生品德表现的"程度",所以品德评价的应用对学生起着认识作用和导向作用。品德评价的认识意义又是在学生平日的表现中逐步深入实现的,他们是通过受到的具体评价而逐渐积累和强化了"应当怎样"和"不应当怎样"的认识,这对学生道德观念的深入形成,对他们的行为规范,对他们能恪守社会公德,都是极为必需和必要的。

品德评价是在对学生的行为表现进行褒贬中表现教师的态度的。由于教师在学生心目中的权威性,又因为学生在受教育过程中所形成的对道德标准的认识的严肃性,所以品德评价又被学生当作教师的"要求",因此就有督促和约束作用。从另一个角度来说,学生又都希望得到教师,尤其是班主任老师鼓励性的评价,他们愿意改变不受教师肯定的行为,这也会形成一定的约束力,使学生逐渐地养成规范的行为。由于教师的评价,学生所产生的行为调节是多方面的,往往随着教师肯定了某人的行为或某种行为,其他学生会立即进行行为调节,也去表现出教师所肯定的那种行为。

学生的品德表现,由于其作用因素是多方面的,又由于其表现形式是多种多样的,这就需要老师通过品德评价对学生的表现予以鉴别和诊断,使他们知道哪些表现符合于道德规范,哪些表现不符合道德规范。这种通过品德评价对学生行为表现的鉴别和诊断,会使学生明白自己的表现哪些应该发扬哪些应该改掉,从而调节自己的行为,使之更合于道德规范。通过道德评价所给予学生表现上的诊断,对家长也有重要意义。每位家长都希望孩子表现得好,都希望孩子的行为符合道德标准,可家长无法直接了解和观察孩子在学校的表现,所以教师的道德评价是对家长提供的学生在校表现的较全面的信息。因此家长可以得知孩子在学校的品德面貌,从而使家庭教育更能与学校形成有力的配合。

道德评价对班主任自己的工作和其他教师也有重要意义,通过评价能使教师更全面客观的了解学生。班主任老师在一定的时候要对学生进行评价,这样既能反馈自己的教育成果,又能增强对学生的了解;既能增强教育工作的针对性,又能调节自己的教育对策和措施。同时这种诊断性的评价传递给学生,又引发学生的自我评价,这对学生进行自我教育又是有益的。

品德评价是教师对学生的评价,但这种评价却有"相互性"。教师对

学生的评价要依据一定的客观标准,同时又要体现教师的主观态度,二者总是结合出现的。这种客观标准和主观态度要引发被评价者的相同体验,评价才能奏效。这是一种相互作用、相互转化的过程,教师的评价会对学生产生影响和作用,学生也会对教师的评价做出相应的反应,比如产生积极的态度或消极的态度,表示赞成或表示反对。只有这种反应呈积极状态评价才会产生积极的效果。所以恰当地、实事求是地评价学生,使他们乐于接受,才能达到教育的目的。学生在品德评价过程中的主体表现,常常被班主任老师所忽略,有些班主任老师总是强调评价的正确性,而忽视学生的可接受性,这不仅会使评价失去相应的意义,还可能会产生负作用,比如造成师生间的隔阂或对立。

班主任做好这项工作要注意把握以下几个方面:

(1)要准确地把握评价标准。这种"标准"是社会的,它要体现一定社会的道德要求和准则。这种标准又是"学生的",它要具体化在学生身上体现社会的要求。这种标准又是客观的,它要体现原则,而不是班主任的主观意志。只有这样品德评价才能成为一种教育要求,才能为大家所认可,才能被学生接受。

(2)要实事求是。实事求是地依据学生的表现情况给予评价,最容易为学生所接受。学生的表现情况千姿百态,在许多活动中他们表现的动机、效果以及"出格"和"反常"都或许与教师的主观看法不一致,所以必须全面了解,客观地因时、因地、因人去分析,不能简单地下结论,更不能主观臆断。这样既表现了教师的为人师表的风范,也是教师修养的表现。在对学生的评价中又特别要避免掺入个人的偏见和成见,这最为学生所反感,当然也是不应该的。在评价中还特别要注意一分为二,指出优点和进步时还要指出不足,相反指出缺点和不足时又要指出其长处和优点。

(3)要态度诚恳心平气和。无论是对学生的褒扬性评价或对学生的贬抑性评价,班主任老师都要抱着诚恳的态度,使学生感到班主任老师是在关心、爱护、教育和帮助自己。班主任老师态度诚恳,在表扬学生的时候就会不溢美不文饰,在批评的时候就会不夸张不延伸,恰到好处。评价学生,尤其是在进行批评性评价时,特别要注意诚恳和心平气和,使学生从教师的评价中感到温暖和亲切,感到滋润心田,有所受益。

(4)要指出进取方向。班主任评价学生,最终的目的是为了培养学生良好的品德和良好的行为习惯,使他们全面发展健康成长。出于这种目的班主任不论对学生进行何种评价,都要体现教育的要求,评价不是目的,达到教育效果才是目的。因此,班主任老师在对学生的评价过程中,

除了要全面恰当外,还要指出今后进取的方向。

在个体评价中。这种指向要具体、实际、可行,不能盲目地要求,也不能提出做不到的要求。又要特别注意每个学生的具体情况,不能笼统或一般化,对谁都适用,对谁又都没用。班主任老师在评价中给学生指出问题比较容易,但指出进取的方向就不大容易。特别是针对学生实际,把握得具体可行,使学生既得到教益,又知道怎么去做,这就更需要班主任老师深入了解学生,从各方面为学生做出设计。应该说单纯评价学生,而不给学生指出具体前进方向,是不"完整"的,所以班主任老师"评价"学生的同时,必须明确告诉学生今后的进取方向和步骤,使他们既知道自己"是什么样",又知道今后"该怎么样"。

班主任老师要针对学生的情况,采用多种形式评价学生,这里就其中几种方式做些说明:

(一)阶段性评价

阶段性评价是针对学生活动的一个时间阶段或是针对一个教育过程的某个阶段而言。针对一个时间阶段的评价,是在一个较短的时间内的评价,如一周、一个月,或班主任认定的一个教育阶段,一个教育过程等。这种评价有及时性,既能及时调节、匡正学生的表现,又能通过肯定和鼓励及时地给学生导向。既能对学生良好的符合老师要求的表现有所褒扬和赞赏,也能通过评价给学生以示样,使他们自我评定有所依据。这种阶段性评价,班主任一定要围绕教育"主题"进行,使其成为有用的、有力的教育手段,也使其能够对班主任工作有所推动。围绕"主题"进行阶段性评价,能使班主任实施的教育活动在学生心目中得到强化,可以说班主任"评价"什么,学生就会"注意"什么,这样就能使班主任实施的教育活动有声有色。

阶段性评价没有固定的形式,其进行的方式主要有班主任口头讲评,在学生周记(或师生联系手册、家长联系手册等)上写出评价意见,个别谈话等。因为没有固定的形式和要求,有的班主任老师常常忽略这项工作,或是随意性地进行有感而发,或因人因事而发,这样就会冲淡阶段性评价的作用,或是使这项活动不能正常地进行。所以,班主任一定要在自己的工作中,把阶段性评价列入工作要求和工作计划之中。

(二)总结性评价

总结性评价与阶段性评价有所不同。总结性评价要求全面,常常是围绕全面教育要求或者是德、智、体、美等各方面情况而做的,要求有个总结性的"结论"。总结性评价时间跨度较长,一般是一个学期、一个学年或是一个整个学习阶段,比如毕业。总结性评价一般则要求用书面方式

并具有"正式"形式。它不仅是给被评价的本人阅读的而且还有用于他人了解情况的意义。总结性评价因为其有更大的概括性和权威性,所以学生和家长对这种评价的内容是更加注视的。班主任老师对于进行总结性评价,一定要明确目的,公正客观,全面深入了解学生,并且广泛征求意见,也要充分发扬民主。总结性评价作为对学生一学期、一学年表现的全面鉴定,如果背离以上要求就会产生负效果,以至使学生背上思想包袱。不仅不能通过评价达到教育的目的,还会使班主任老师丧失教育的机会和减弱教育的力度。班主任老师进行总结性评价学生是班主任的"主观"反映,它必然体现班主任的主观看法,但这种"主观"又必须是在客观的基础上形成的。这是学生一个较长时间的总体表现的"反映",因此不能以偏概全、感情用事、偏听偏见、主观武断。还要求班主任老师在评价学生时,总是以教育目的的要求来看待学生,以教育学生为基本动机,并严格把握是非标准,区分"偶然"和"一贯",注意"原来"和"现在",分析"动机"与"效果"。

(三)行程性评价

这是班主任通过集体的舆论方式(口头或书面的)所进行的经常性的对学生行为的褒贬。班主任有时在行程性评价中不直接出面,但班主任却应该是班级舆论的"主宰",通过舆论的形式把评价的意图"表现"出来。如通过以班级骨干学生为主的,多数人的口头议论;通过黑板报、生活园地的形式;通过学生之间互致信函的形式等。这种评价形式,只要引导得法,只要班级集体能够以正确舆论作指导,其效果是相当好的。

首先,它体现了正面积极的原则,使学生始终注意到在集体中应该怎样去做,不应该怎样去做,这较之班主任"个人"的力量要大得多,形成的教育作用要广泛得多。

其次,这种方式不仅使班主任的评价意图能够很好地体现,而且也是学生自我教育的好方式,能够增强学生的主人翁意识和遵循行为规范的意识。

再次,这种经常性的、通过群众舆论进行的评价,对不良行为的匡正和对良好行为的推进都有极强的作用,所以这又是形成优秀班级集体的重要条件。在进行行程性评价中,班主任要有意识地主宰舆论,培养骨干,宣传"规范",鼓励积极的评价行为。

在班主任工作中评价学生是个经常性的问题,也是个在不断深入和不断发展的问题。由于"评价"中总要渗透教师的个人意图,所以仁者见仁、智者见智的情况是不可避免的。这不仅要求班主任老师在对待评价学生的问题上注意自己的伦理责任,持以公心,多做分析并坚持学习和把

握评价标准;而且班主任老师进行评价工作时,要持重并把握评价的时机。有的班主任老师喜好随时评价学生,有时见到什么就随口"评价"一番,甚至由此及彼,不恰当地对学生肯定一通或否定一通,这样不仅容易造成评价的失误、失准,也容易丧失评价的权威性和严肃性。

在探索评价的方法时,有人提出并实施所谓量化的方法,即把反映学生品德表现的各种行为,权衡"轻重",制定成分值比例,然后按学生的表现给予记分,形成评价的结果。这种探索和实验,应该说是向评价的科学化的方向进了一步,它克服了随意性,师生对评价的内容都能明了。但这种"量化"也会带来许多难以克服的弊病,容易使学生产生行为的不真实性,同时更主要的是有许多行为表现完全量化是不可能的。所以,班主任在评价学生时,如何使用量化的方法还要进一步地摸索、实践并不断地加以完善。

奖励和惩罚的方式

奖励和惩罚是对学生教育的必要方式,奖励是班主任教学实践中的常用方式,而惩罚则是班主任工作的辅助方法。

奖励和惩罚是用于学生表现中的特殊行为。奖励是一种肯定性评价,但比起一般的"评价",它有其特定性,有一定的实施程序。受奖励者的行为比起一般同学要有突出的表现,或比起一般同学有一贯良好的表现。受奖励者一般应该是少数人,并且得到多数人的赞赏和肯定。惩罚是一种否定性评价,受惩罚者是极少数人,他们的行为具有破坏性。惩罚一般是对错误行为的惩戒,是为维持集体正常秩序、鉴戒他人时不得不采用的方法。

奖励用于班主任的教学实践中,主要是对个人和集体的正确、良好的思想行为的肯定与表扬。这种肯定与表扬是通过一定的程序实施的,是按一定的事先制定好的章程,经过一定的程序予以确认,然后当众宣布的工作方式。奖励与一般的表扬有程度上的区别,因此受重视的程度自然更高一些。

奖励是对正确、良好行为的"更高"程度上的肯定,所以它首先有正面强化作用,它能使道德规范及其他突出的良好表现更为具体化,并且通过荣誉的形式,使被奖励者得到集体的赞许。大家从他们的行为上更进一步强化了对道德规范及其他教育要求的更深刻的认识。奖励的正面强化作用,在青少年学生中尤其有意义。因此班主任在把握奖励的尺度和标准上,就要注意符合"条件",使大家心服口服。同时也要有群众基础,使大家出自内心地认定奖励的合理。假如被奖励者确实符合"条件",而大家或有的人尚未认同或缺乏了解,这时候班主任一定要做细致的工作,使得每一次的奖励活动都能达到真正的教育作用。有的班主任老师在奖

励学生时强调个人的意志,或是主观性较强,这会使受奖励者受到孤立,或是达不到教育的目的。

奖励的第二个作用是激发作用,处于青少年时期的学生,内心里都有一种积极向上的意识,他们都愿意你追我赶,因此被大家认同的奖励活动,就有一种激发作用,能鼓励大家向受奖励者看齐,或是能激起班级集体内的竞争热潮。因此,班主任老师在奖励学生时,决不能把它看作是对被奖励者的个人的肯定,而应该设法使每种奖励都能激起更多人奋发的效应。

第三,奖励有益于培养学生的荣誉感和上进心。奖励是一种正面的教育方式,它的精髓就是培养学生的荣誉感和上进心。学生有了这种意识,班主任的教育才能成为可能,失去荣誉感和上进心的学生,如不使其从这种心态下改变过来,是难以对他们进行教育的。

实施对学生的奖励,班主任除了要把握奖励条件,发扬民主之外,还要特别注意以下几个方面:

(一)适度把握奖励的分寸

被奖励的学生不宜过多,过多则易滥,易失去榜样性,也失去了严肃性。被奖励的学生,除了特殊事件受奖者外,也不宜过少,过少则易"远",使学生觉得受奖太难,与自己距离太大,从而失去兴趣。把握奖励的分寸还要正确地肯定受奖者的事迹,实事求是,不文过饰非,也不为了迎合某些人的心理而对受奖者不敢充分肯定。

总之,恰到好处最容易使人接受,最容易产生教育性。把握分寸还要注意不滥用先进事迹,有的班主任老师对受奖者的事迹,总是挂在嘴上,或是一好百好,总是予以表扬,这样做不仅会使受奖者脱离群众,而且也会使学生觉得习以为常,其实是淡化了先进事迹的影响力。

(二)适度把握奖励的教育性

奖励不是目的,它是达到教育目的的一种手段。因此班主任使用奖励的过程应该同时是一个教育的过程,每名班主任都要把握住这点,恰到好处地利用这一点。奖励的教育性首先是对待全体同学的,要利用受奖者的先进事迹强化正面教育;利用受奖者的荣誉,引动大家的积极性;利用受奖者来带动大家。有时候奖励某个学生,在同学中不能引起学习的效应,这是因为班主任老师没有充分利用受奖者来教育广大学生,或是评奖不公,或是大家认识上还有距离。其次,把握奖励的教育性还要求班主任教育学生正确对待受奖问题,要求学生努力去遵循行为规范,并恪守公德,在关键时刻见义勇为,在平时活动中有突出表现。其三,还要教育受奖励的学生,既要增强荣誉感,又要正确对待荣誉;既要看到自己的成绩,

又不骄傲自满,自以为是,脱离群众。受奖者任何不恰当的表现都会影响教育效果,使奖励的教育性削弱。

(三)把握奖励的手段

对学生奖励的手段应该以精神鼓励为主,物质授予为辅,甚至不用物质奖励。对表现突出而受到奖励的学生,主要应体现在精神上,使他们感受到教师的鼓励,同学们的肯定,这会使他们觉得是由于个人的突出表现而获得的一种荣誉。

学生的表现突出,主要是个人的行为突出,一般情况下不构成对社会对他人的贡献,因此给予精神的鼓励是恰当的。有的学校或班主任引用社会上奖励突出贡献者的做法,也主张对优秀学生给予"重奖",这在一般情况下是不够合适的。还有的班主任老师,为了用物质奖励学生,要求学生集钱购买奖品等,这样做更是不恰当的,不仅会使其他学生和家长反感,而且也会使受奖者脱离群众,造成不好的后果。奖励的手段多种多样,但决不能顾此失彼,只想到给受奖学生鼓励,而不顾其他学生的反应。有的班主任老师开展多种活动,经常地颁发奖品,奖品的来源全是学生交的班费,这等于是一些学生出钱奖励另外一些学生,显然是不合适的。还有一些老师出于对工作的热爱,用自己的钱买奖品鼓励学生,这样做没有必要,也不宜提倡,因为教师毕竟经济能力有限。同时,这样做从根本上来说,还是过于看重了物质奖励的作用。

(四)正确地对待"惩罚"的"后坐力"

惩罚学生的目的是让受惩罚的学生引以为戒,留下痛苦的记忆,以控制、改正自己的错误行为。对有些屡教不改,或其行为造成严重后果的学生,惩罚又有强制作用。惩罚手段对于未受惩罚的其他学生又有警戒和防止发生错误行为的作用,使多数学生能从受惩罚者身上,认识到不良行为的严重后果,以此引起注意。

在学校教育中,实施惩罚的方法是不应该多加提倡的,学校,特别是班主任老师要努力做到防患于未然,要努力使学生的不良行为早期改正,或是处理在早期阶段。惩罚更不应作为班主任对付学生的手段或成为制服学生的法宝。从整体上讲学生受惩罚,班主任老师要引起教育的反思,学生的不良行为受到惩罚,除了一些难以预料的原因外,教师是有责任的,这就要求班主任老师要思索学生受惩罚的原因以及教育上的失当之处与不足之处。

严格地讲,班主任没有惩罚学生的权力。班主任只能够对学生的不良行为予以否定性的评价,如个别批评、当众批评、制止学生的某些行为

等。作为某种固定形式的对学生的惩罚,应由学校领导按照一定程序来决定和批准,班主任只负责提供情况、上报材料。如公开批评、警告、记过、留校察看或开除学籍等都属于学校校长的职权范围。极个别的班主任老师,违背国家有关规定,任意对学生施加惩罚,甚至实施体罚和变向体罚,如随意公开点名批评学生,罚做劳动、留堂、不准回家吃饭、重复多遍做作业、在集体中孤立学生或者罚站,以至动手打学生等。这些都是绝对不允许的。

对犯有错误的学生实行惩罚,班主任要同时做好细致的教育工作,使受罚者认识错误、改正错误、不背包袱;使其他同学从中引起警戒,加深对道德规范及纪律制度的认识和理解。应该说班主任的工作更应该着重在"惩罚"后进行,这时候受罚学生往往由于内疚而思想包袱沉重,由于担心舆论的谴责而产生某种消极行为,或是由于对惩罚的不服气而产生对抗心理,这些都要求班主任去化解,去做当事者与其他人的工作,使受罚者吸取教训和增强信心,使其他同学能够正确对待。如果班主任认为犯错误的学生"错有应得",甚至抱着鄙弃心理,对受罚者冷落和嫌恶,那样就会失去教育意义和效果。

惩罚犯有严重错误的学生,班主任始终要对这样的学生充满爱心和尊重他们的人格。这看似矛盾却又是非常必要的、必需的。对犯有严重错误的学生,教师往往容易产生厌恶心理,觉得他们给集体抹黑,给班主任带来麻烦,觉得他们一无是处,这种心理是绝对错误的。

总之,把"错误"和犯错误学生的整体表现等同起来,这种看法显然是不对的。由于受外界的影响不同,由于学生各自的基础不同,有的学生犯了某种错误,这当然是坏事,班主任除了要承担教育的责任,同时也要去发现他们的优点和长处,发掘他们的闪光点。认识到班主任的责任才能有教育学生的动力和迫切性,认识到学生有长处和闪光点才能长善救失,认识到学生的可变性才能想方设法去转变他们。嫌弃就等于放弃,甚至比放弃还严重,会使这样的学生感到失去温暖,感到孤立,感到没有前途,从而失去信心、失去改正错误的勇气,其后果是可想而知的。如果说每个学生都希望得到班主任的爱,那么犯有错误的学生尤其需要班主任加倍的爱,这样才容易使他们从心理上感到自己是集体中的一分子,才会感到对自己错误的羞愧,才容易使他们改正错误。有的班主任老师认为对犯错误的学生不应当去爱,应该给他们压力,应该由惩罚带给他们孤立,好像这样才能使他们受到"震动",使他们改正错误,这种看法也是不对的。学生在犯错误时,特别是由于犯了错误受到惩罚时,其心情是错综

复杂的,这时候他们外表上可能有各种各样的反应,但其内心更需要理解和温暖,更需要老师和同学的爱。因此班主任要格外爱护他们,格外关心他们。学生犯了错误,为了教育他们和其他学生,以必要的惩罚作为教育的辅助手段是可以的,但班主任老师要始终记住,犯错误的学生,还是学生,要受到尊重,对有些不宜公开的事实要保守秘密,对不宜公开处理的学生不宜公开他们的名字。

虽然班主任老师没有惩罚学生的最后决定权,但班主任要负责调查犯错误学生的错误事实,提供必要的材料、介绍有关的背景等,所以班主任在惩罚学生过程中,一般是起重要作用的。提出这一点是要求班主任在惩罚学生过程中做到公正无偏,实事求是,不感情用事。班主任面对犯错误的学生容易动感情,容易有成见,容易忽略分析研究事情的来龙去脉,所以有时候在对错误的认定时,就容易偏颇和掺入主观成分,因而会失去公允,把事实夸大或缩小。班主任只要是以教育为目的,这个问题就好解决,如果以"解恨"、"整人"为目的,这个问题就不容易解决。公允就是实事求是,严格把握错误事实,严格遵照统一的标准。在调查分析中,班主任还要注意,不仅要看到错误的事实,还要分析"事实"的背景和环境,既要看到"结果"还要分析"动机",尤其要注意不同学生的年龄特点和个性特点,考虑到惩罚的效果等。总之,惩罚是个复杂的问题,任何简单生硬的方式都不利于教育学生,达不到惩罚的目的。

最后,要强调指出的是,奖励和惩罚是针对学生个人的,但从某种意义上讲,它又是针对群体的。学校中的奖励和惩罚是在于达到教育人的目的,因此其容量就很大,往往奖励一个能带动一大片,惩罚一人又会警戒一些人。这"带动"和"警戒"都是教育的一种手段,或者说受奖励和受惩罚者仅仅是一个教育的"典型"。认识这一点对班主任是很重要的,这就要求班主任在实施奖励和惩罚时,要同时考虑如何教育集体,如何影响他人,假如实施奖励和惩罚时多数人无动于衷,其他人都感到"事不关己",那么这种奖励或惩罚就是失败的,或者其意义是很小的。既然奖励和惩罚具有教育"集体"的意义,班主任又要考虑和关注集体的舆论。对于奖励和惩罚的反应,往往是众口一词或是议论纷纷。对前者班主任要因势利导,扩大教育容量,力求形成有意义的教育效果,既使其发挥典型作用,又由此使多数学生对行为规范和纪律制度得到正面强化。对后者班主任要加以研究分析,要看到出现这种情况的真正原因,要么是失之公允;要么是多数学生的认识还跟不上;要么是集体中泛滥着不健康的情绪和风气。总之,这些都需要班主任根据具体情况,做深入细致的工作,使

多数人能统一认识。

了解学生的方式

(一)了解学生的涵义

了解学生是伴随在班主任的整个教学实践过程中的,没有对学生的了解,就不能做好班主任工作。同时了解学生也是班主任工作的基本功,它体现了班主任的工作水平和教育艺术。了解学生既是班主任的基本要求,又对班主任搞好工作有重要意义。

1. 了解学生是班主任教育学生的前提

《学记》说:"知其心,然后能救其失也。"苏霍姆林斯基说:"教育——这首先就是人学。不了解孩子,不了解他的智力发展,他的思维、兴趣、爱好、才能、禀赋、倾向,就谈不上教育。"乌申斯基说:"如果教师想从各方面去教育一个人,那么,它就应当从各方面了解这个人,看他在实际上究竟是怎样的人,了解他的一切优点和缺点,他平时的一切琐细的需要以及他的一切崇高的精神要求等等。"无论古今中外,教育家都十分明确地提出,要想教育学生,首先必须了解学生。学生有共同的特点,每个班主任老师都面对着大致相同的年龄段、有共同身心特点的学生。对此班主任必须要了解,这才能在总体上教育学生。但仅仅总的了解学生还不够,因为学生又有各自的特点,只有把握每个学生的个性特点,才能有教育的针对性。首先学生是存在着个性差异的,个人的生理状况、思想状况、所处的环境以及性格特点都不相同。其次学生是动态的,他们的许多"特点"并不十分稳定,常常因某种原因发生变化。再次学生受某种作用因素的影响,可能很快地发生较大的变化,如不及时了解教育,就会酿成较为严重的后果。所以,班主任老师必须从总体上了解学生,从个性上了解学生,从变化上了解学生,从可能出现的影响上了解学生。

了解学生是教育学生的前提,体现在教育的实施上,其意义首先在于做到心中有数。因为心中有数,就会从学生的实际出发,才能知道矛盾的焦点和解决矛盾的突破点,否则就会由于对学生情况形成弥散性的认识,无法对学生进行教育。其次,由于对学生心中有数,自然会对教育学生形成对策,即能够"对症下药",有的放矢。假如心中没底就会缺乏相应的教育举措,或是泛泛而教,或是无的放矢结果都会导致教育的失误。

2. 了解学生是班主任培养学生的前提

班主任肩负着培养学生的责任,所谓"培养"是指"使学生掌握系统的科学文化知识和技能,形成思想品德,健全体魄的过程"(《教育大辞典》第

一卷第 4 页)。培养学生是通过教育活动进行的,但培养是指一个教育过程,是多方面教育的结果。班主任要培养学生,首先必须了解学生的起点和特点,即知道学生的基础,否则无从起步。这个"基础"既是表现在思想、道德及心理上的基本情况,也表现在学生的智力情况上。对学生这些基本情况不了解,或者把握不准,就无法确定培养的基点和启动点。这样的班主任老师,充其量也只能是对学生进行一般的管理,进行就事论事的教育,是达不到培养目的的。其次,培养学生又必须把握学生的发展方向,对这种发展方向的把握,又是在对学生充分了解的基础上才能得到准确的判断的。这就需要不仅了解学生"现有"的表现,还要了解和发掘学生潜在的条件和动力。班主任要为学生设计未来,并要对学生能达到这种预期的目的进行培养活动,其基本的条件就是要充分的了解学生。

3. 了解学生是班主任正确处理学生问题的前提

学生总是在一定的矛盾中生活和学习的,他们总是要出现各种各样的问题。学生中出现的问题,有的属于一般矛盾的反映,有的却属于特殊的情况。对学生中这些问题的正确判断,唯一的途径是做充分的了解。有的班主任老师,习惯于"老眼光"看学生,有的班主任老师,又习惯于"热处理"问题,有的班主任老师常常存在主观主义意识……这些都是班主任工作的大忌,所以重视调查研究和对学生的"问题"进行充分的了解,就非常重要和必要。有时候班主任对学生的问题,不了解来龙去脉,急于判明是非,往往会造成判断的失误,有时候班主任对学生中发生的问题,只想到"必然",没想到事情的偶然,也会造成处理的片面性。

4. 了解学生是建设良好班级集体的前提

每个学生群体都有不同的特点,都有不同的成员特色,有时候班主任用管理曾经带过的班级经验去管理新的班级集体,往往行不通的原因就在这里。班主任每带领一个班级集体,必须对这个班级成员做详细的调查了解,并从整体上分析判断这个班的成员特点以及会形成怎样特色的班级集体。同时也要在学生群体中发现各方面的骨干分子,以利于学生充分的发展和班级集体的建设。另外还要了解学生之间的关系,与邻居的关系,与家长的关系,特殊的交往关系等,这些都可能对班级集体的发展有重要影响,班主任只有把握这些方面的情况,才能有效地抓好班级集体的建设。

(二)了解学生的具体内容

班主任老师较长时间地和学生在一起,常常会觉得自己已经比较了解学生了,其实并不一定是这样。的确有许多很了解学生或比较了解学生的老师,但也有一些教师,虽与学生朝夕相处,而并不完全了解自己的学生,或是不了解学生中较深层的东西。因此每名班主任都要明确该了解学生什么,或是明确从哪些方面了解学生。班主任必须从以下几个方面了解学生的情况:

1. 历史地了解学生

每一个学生都有一段历史,虽然比起成人来不算长,但也充满着成长的快乐和辛酸以及成功和失败、顺畅和坎坷。这些都影响着学生的"现在",也能影响学生的未来,因此班主任要充分地把握学生成长发展的历史脉络,以加深对学生的认识。历史地了解学生主要是了解学生过去的表现,特别是学生过去比较突出的表现,如较突出的优点、较大的过失、较为重要的"事件"等。

班主任把握学生的历史是很重要的,因为从学生的"历史",可以看到他们的今天,也可以看到留在他们身上的某些痕迹,甚至很深的烙印,而这些是教育学生最有价值的背景材料。同时人的发展是连续的,总是有前因后果的,把握学生的历史又有利于采取现实的教育对策以保持教育的连续性。

2. 发展性地了解学生

与了解学生的历史有密切关系的,是要从发展中认识学生,了解学生的成长过程。要把握学生现实的表现,他们的思想状况、道德状况、心理状况以及其他方面的状况都是怎么"来"的,即摸清学生的表现的发展过程,以便认识他们的"来龙去脉"。这种了解的重点——是了解学生在何时何种情况下发生变化或重大变化的,了解学生在成长中经常发生作用的因素是什么,这其中积极因素、消极因素和制约因素是什么。还要深入了解和分析学生在成长发展过程中有哪些潜在的积极因素未被发掘。班主任必须想方设法去了解学生尚没有被发掘的潜在动力和闪光点,这对学生的成长,往往是至关重要的,这往往是他们成长发展的新起点。首先要确认每个学生都有各自的积极因素和闪光点,然后要分析这些闪光点和积极因素因为什么没有显露出来。

3. 现实地了解学生

一般来讲,班主任是比较注意了解学生的现实情况的,问题是要把握了解的范围和了解的深度。假如不注意了解的范围,就会形成了解的片面性,致使教育失去针对性或教育失当;假如不注意了解的深度,就会忽视问题的本质,忽视学生内心深处的东西,致使教育表面化,或只能就事论事。班主任了解学生的现实情况,大致有以下几个方面:

（1）综合了解学生的一般表现，以判断学生的一般特点和属于什么样的类型。班主任老师接触学生后，要大概地、直观地、静态地或是书面地了解学生。这种"初步"的了解可以为进一步了解打基础，但班主任切忌不要停留在一般了解的状态上。

（2）了解学生的家庭情况。这种了解不要只限于书面材料，仅满足于对家长职业、文化程度以及其年龄和家庭人口的了解。而要深入进去，了解家庭的人际关系、家长的文化教养与文化品位、家庭对子女的态度、家庭经济关系以及对子女教育的投入状况、家庭的周围环境以及家长的性格，等等。这种了解越深入越能发现孩子内心深处的东西，越能把握孩子的特点。进行这种了解，班主任要深入到家庭中，甚至和家长交朋友，尤其是在进行家访中，要以"了解"学生为前提，要以教育学生为目的。有的班主任进行家访，多半是"反映"学生在校情况，或者听听家长对孩子在家庭一般表现的介绍，这是远远不够的。

（3）了解学生的人际交往关系。人际交往关系是对学生的影响因素，班主任要充分了解和把握。学生的人际交往，一般比较简单，但也不乏个别的，使学生深受影响的因素，对此，班主任一定要进行了解，尤其是对较高年级的学生更要注意。学生的人际关系，除学校内同学间的正常交往和家庭成员中的正常关系外，主要是少数学生之间较密切或很密切的交往；家庭外的成员（亲戚、朋友）与学生较直接的或不正常的交往；社会成员与学生较直接的或不正常的交往。

（4）了解学生的学习情况。学生的学习情况很复杂，单纯地从考分上了解学生的学习状况是不够的。班主任要了解学生的智力因素，把握学生的智力发展水平，有的学校建立了学生的智商档案，但班主任不能只凭智商的高低来判断学生的智力水平，而要从学生的学习活动和其他活动上综合地了解学生的智力状况。更主要的是班主任要了解学生非智力因素，了解学生的学习动机、兴趣、情感、意志以及性格，等等。因为一般情况下，学生的智力发展合乎正态分布，大多数学生的智力属于正常发展水平，在这种情况下学生学习的好坏，就与他们的非智力因素有极大的关系。班主任要了解每个学生的学习动机是否明确和正确；对学习是否有兴趣，或对哪些功课有兴趣，原因是什么；有没有积极乐观的学习情绪；学习上经受挫折的能力以及是否有坚持学习的毅力等。班主任了解学生这些"表现"的现象比较容易，但是深入到矛盾的深处，找出学生非智力因素表现的各种原因却比较困难。这就要求班主任能够较深入地看到这些"现象"背后的东西，准确地了解学生非智力因素的形成原因，并寻找教

育的突破点。

班主任还要了解学生的兴趣特长和学习潜能。有时候学生对学习没有兴趣,但对某些事情感兴趣,甚至有特长,这些或许是学生未来学习的动力,因此班主任要有很好的了解。学生不论学习成绩好坏,都可能还有学习潜力没有发挥出来,不进行深入了解就难以把这些潜力发掘出来,甚至某些学生因为所具有的"余力"不得发挥,而形成其他后果。

(5)了解学生的品德表现。这里品德表现是指学生的政治表现、思想表现、道德表现和心理健康状况。中小学生的政治表现应该说还不十分成熟、也不十分稳定,他们的政治态度常常因为各种外界因素的影响而很容易发生变化,但基本的政治倾向性还是比较清楚的。班主任要了解他们的基本政治倾向性(政治上的主动性、对政治活动的态度等),并了解他们的政治态度受什么因素影响,最容易受什么因素影响,受影响后的表现是什么,等等。

学生的思想表现常常在人生观、世界观上表现得较突出,要了解学生对集体的基本态度(与集体的关系、如何对待集体利益与个人利益)、理想和信念等。同时也要了解学生的思想方法,如是否简单武断、片面偏颇、急躁偏激或固执轻率,等等。这些东西有时是青少年年龄特点的反映,有时却是思想修养的问题,班主任既要了解也要分析。

了解学生的道德表现,主要了解他们的道德观念、道德品质以及道德行为。道德表现也是复杂的现象,有的是属于学生的道德品质问题,有的是一时的道德行为问题,对此也要深入地了解和分析。学生中的行为表现是班主任眼前最容易看到的问题,对这些问题的了解比较容易,但也往往会失真,因此了解时要注意用发展的眼光,动态地、综合地去认识。

了解学生品德表现,也要了解学生的作风和遵守纪律的情况。了解学生的心理状况,首先班主任要根据学生的综合表现,了解和判定学生属于什么气质类型:如多血质,这种学生常常是热情、愉快的;胆汁质,这种学生脾气急躁,但反应迅速;黏液质,这种学生常常情感淡漠,动作缓慢;抑郁质,这种学生常常表现为抑郁、愁苦,等等。还要摸透每个学生的个性,了解学生个性的特征。最重要的是要了解学生的心理变化情况,把握学生心理的变化规律,尤其要从学生的心理活动的认识过程、情感过程、意志过程、动机欲望等方面了解学生的变态心理和心理疾病。如学生的变态认识(沉溺于幻想、妄想、"理由化")、变态情绪(喜怒无常、麻木不仁、一成不变的情绪反应、持久的焦虑、紧张和恐怖等)、变态人格(情绪不稳定、缺乏感情、毫无同情心、对人冷淡以及认识与行为脱节和行为目的与动机均不

明确或行为的高度冲动性等)、意志行为异常(行为缺乏意志、强迫行为、固执行为、排斥行为、怪异行为、行为障碍、呆滞不动、兴奋躁动)等。学生中的心理疾病常见的是神经衰弱和歇斯底里,前者容易被老师忽视,后者又可能被认为是精神病,班主任要正确地把握并了解这些情况。

(6)了解学生的身体状况。班主任要做到对学生身体状况了如指掌。首先要了解学生的生长发育状况、体质状况、营养状况、视力听力状况。其次要了解学生的健康状况,有无重大疾病史、过敏反应、慢性病史、有无残疾、有无传染病等。再次要了解女学生的月经周期及其反应等;要了解学生近期的身体不适和病痛反应,以把握学生的活动和休息。最后还要了解学生的运动能力和身体适应状况,也包括学生的运动特长等。

(三)班主任了解学生的渠道和方法

1. 在书面档案材料上

书面档案材料是记载学生"过去"情况的资料。它们记载了学生的基本情况和过去表现的基本情况,前者如年龄、身体状况、家庭情况、民族和就读过的学校以及其他必须了解的情况,后者记载学生的品德表现及学习成绩、体育锻炼成绩的情况。从这些记载中班主任老师可以大体上了解到学生的大概情况,这些记载虽不"深入"但对班主任了解学生又是必需的。所以班主任在接手学生之时,在开展班级工作之前,应反复熟知学生的这些基本情况,以作为深入了解的基本点。

书面材料的另一种含义是指学生的日记、作文、文章、周记、调查问卷以及写给老师的有关书面材料。这些材料都是出自学生的手笔,一般都能够比较真实地反映学生的思想状况、心理状况以及其他方面的状况,所以是可以作为了解学生的一种渠道和方式的。但也要指出,有的学生写的东西,并不一定真的代表他的思想上的真实状况,所以,对学生写的东西,班主任老师也要进行分析。特别是有些人常用问卷的方式调查学生,对这种调查的反应,只能作为了解学生的参考。

2. 在活动中

在活动中了解学生是班主任主要了解学生的渠道和方法。任何学生只要一"动",他们的情况就会反映出来,虽然有时候学生也会"弄虚作假",但在持续的"活动"中作假是很难的。有经验的班主任老师都善于在各种活动中对学生进行了解和考察。

在活动中对学生了解和考察,一是在活动中对学生的表现进行一般的了解。在各种活动中,学生反映出来的性格气质、爱好特长、思想品德、组织纪律性及其人际关系的特点或潜在的动力和闪光点,等等,都能够表现出来,而且

活动开展得越多,这些表现也越充分。二是对学生进行有意的专门考察和了解,让学生参加些指定的活动,或在特定的活动中了解学生。这种了解和考察因为是有针对性进行的,往往获得的情况比较集中和深入。

班主任在活动中了解学生,首先就要安排活动。班级集体可开展的活动很多,这些活动应该使各种类型的学生,都有可能施展自己和表现自己。安排活动、开展活动时,班主任的立意要明确,同时,指导思想也要明确,那就是既要让学生在活动中受到教育,也要让他们在活动中能够尽情地施展,离开这两点,"活动"就失去应有的意义,当然也就谈不上了解学生。其次,在活动中又要有意识地去了解学生,比如在活动中观察学生,就要有观察的目的性,有计划地去观察学生,同时在观察中不要先入为主,要坚持客观公正,并且在观察中要研究分析,坚持全面地发展地认识学生,不能就一时一事下结论。再次,要使活动的内容和形式为学生喜闻乐见,否则学生对活动不感兴趣,不能全身心地投入也就不能真正地"表现"自己,这又必然给了解他们造成障碍。

3. 在与学生交往中

广义地说,班主任整天在与学生交往,但这种一般的"交往"往往不能达到真正了解学生的目的,这里说的"交往",是指班主任要和学生有相互的情感交流,成为彼此谈真实思想、说真心话的朋友。这种"交往"是双向的,即班主任在与学生交往中,不仅要了解学生,也要让学生能够很好地了解班主任,由此才能相互加深理解,达到相互了解的目的。为此,班主任必须对学生有诚意,让学生意识到班主任的真诚,使学生真正感到班主任老师是自己的良师益友。假如班主任抱着某种具体的"工作"目的,为了"了解"才和学生"交往",一旦被学生意识到,就会使学生怀疑班主任的真诚,并且很难再弥补回来。

班主任与学生交往,又和一般交朋友不一样,在这种交往中,班主任始终是处于主导地位,其目的最终还是为了更好地教育学生,因此也要讲求方法。比如在交往中使用最多的交流方法是谈话,班主任与学生谈话,既是了解学生又是教育学生,因此谈话前必须有准备,教育什么、了解什么,都要心中有数,同时谈话前对学生的心理状态,可能出现的反应,也要有所分析和准备。谈话时班主任的态度尤其重要,班主任态度要诚恳,语气要平易,使学生感到亲切,感到班主任是与人为善的,这样学生才能把班主任当成朋友和亲人。班主任与学生谈话交往,还要考虑谈话的时机和学生的特点,要在合适的气氛中,在学生感到无拘束的时候,在学生与班主任融洽的时候,学生就容易开放思想。班主任与学生的交往,也要考

虑学生的特点,这样才能使交往成为真正的交流,增进彼此间的了解。

班主任与学生在交往中难免有意见不一致的地方,甚至有很大的分歧,这是正常的。班主任切忌与学生形成僵持的局面,那样就意味着交往的失败。形成交往的僵局,主要是班主任急于求成,或是忽视了与学生平等的关系,也许是因为班主任自身缺乏修养,如教训斥责学生,以图给学生"下马威";如讽刺挖苦学生,使学生反感;如声色俱厉的"审讯"学生,使学生感到教师的无能。与学生的交往始终要贯穿教育的目的,不能单纯地为"了解"而了解,不论什么情况都要给学生鼓励,要善于循循诱导,要善于给学生指出方向,要真诚地向学生学习,要给学生发表意见的机会。总之,班主任与学生交往,要努力形成一种很自然的状态,营造一种很和谐的气氛,这样对学生的了解才能更真实。

4. 在问题调查中

学生中的许多问题都要经过调查才能有真正的了解。有的问题只是学生表现中的一些现象,不做调查就很难深入到矛盾的深处;有的问题头绪纷繁,说不清是非曲直,不做调查很难找到矛盾的症结;有的问题似是而非,不做调查就弄不清真相;有的问题是某个学生表现出来的矛盾,但真正的原因却在其他人身上……这些都说明,了解学生必须做调查研究。同时,一个人的表现总是有过程的,有些事总是有来龙去脉的,有些现象是多种作用因素促成的,即使同样的问题,原因可能不尽相同,这也说明班主任进行调查研究的必要性。

调查了解涉及的对象可能是广泛的,调查了解涉及的内容也可能是广泛的,调查了解涉及的方式方法又可能是多样的,因此班主任要很好地把握调查了解的要求和做法。调查了解的对象可能涉及到与学生有关的任何人,向他们了解学生的有关情况,主要是为了丰富对学生的认识,以使教育内容和手段更加有效。调查了解的内容比较具体为好,同时调查了解学生应该对学生的优点缺点都加以重视,特别要避免专找学生错误缺点的调查。对调查了解到的内容,应做好分析,每个被调查者的角度不同,所反映的材料可能不完全、客观和准确,因此也要避免偏听偏信妄下结论。调查了解所采用的方式可以多种多样,可开调查会、可找被调查对象个别交谈,也可以采用"访问"的方式,还可以采用迂回的方式,比如让学生参加到某些活动中去,结合观察了解他们的情况。不论采用什么方式,班主任都要事前有准备,要对被调查对象的情况有所了解,也要对受调查的对象情况有所了解。

5. 通过量化测定了解学生

通过测量了解学生,是了解学生内心活动的一种辅助方法,主要是用于在自然观察中难以了解到的学生的内心状况。测量一般是指对教育现象进行量化测定的方法,是把某一教育上的现象用一定的数量来表达,即是对教育现象的量化过程。测量适用于对学生集体和个体的研究。可从三个方面对学生个体进行了解,尤其是通过对学生个性心理和品德的测量,可以增强这种了解。美国心理学家桑代克指出的这三个方面是:

"首先,我们可以看看他(或她)对自己的情况说些什么。第二,我们可以了解清楚其他人对他(或她)的情况说些什么。第三,我们可以看看他(或她)实际上是怎么做,看看他(或她)在真人真事的环境中如何行动。"

这其中第一个方面可以通过自陈法、谈话法来测量。

第二个方面可以通过评定量表法、社会关系测定法来测量。

第三个方面可以通过投射法、情景测量法、行为观察法来测量。

美国心理学家莫雷诺采用社会测量法来了解团体内部的心理结构和心理距离,这种方法对在班级集体内测量学生的人际关系具有一定的客观性,使用这种方法班主任可以了解到班级集体内每个学生的地位以及集体的聚合程度。苏联学者彼得罗夫斯基也倡导了几种测量方法:"集体团结指数的测量"、"集体主义自决测验"和"集体满意程度的测量"。集体自决测验是了解个人对集体的态度和集体发展的水平,从集体自决的人数多少可以看出集体是否形成。集体的团结指数是集体成员对集体的重大事件表示一致态度的次数。集体满意程度的测量是集体成员多大程度上把自己的班级集体看作是标准的,从而揭示个体对所在集体的满意程度。以上几种方法,都能使班主任了解班级集体中的人际关系,集体的聚合程度以及个人对某些事物的态度,是班主任了解学生的可适当运用的方法。当然对这些方法的使用,要求班主任学习和掌握一定的教育统计和教育测量的有关知识和技能。

(四)班主任需要了解学生应避免的几个问题

我们一再强调班主任了解学生是为了教育学生,是为了使学生更好地成长,所以"了解"不是目的,而是一种教育的手段。基于这种认识,班主任在了解学生的过程中,就应当注意确立正确的态度和使用正确的方法,并应避免几种不恰当的方法:

1. 应避免偏听偏信现象

班主任在了解学生过程中应注意把握学生的全面情况,要弄清事情的来龙去脉,要分析几种可能。为此就要特别注意防止偏听偏信,防止不

作分析地听信其他老师或学生反映的情况。提供情况的人可能从某一角度看问题,或者从某种成见出发看问题,或者有个别学生别有他意地"反映"问题,所以对反映到班主任老师处的情况,班主任应冷静地去思考,避免偏听偏信。

2. 应避免道听途说现象

班主任在了解学生的过程中,应注意始终抱着对学生负责的态度,应该要求自己做到对学生的情况了解透彻和确保真实。因为了解得透彻和真实才能形成教育的基础,否则就没有意义了。道听途说的东西往往带有以讹传讹的性质,或者是带有不切实的成分。因此不能作为认识学生的依据,更不能作为教育学生的基础。通过道听途说来了解学生本身就是一种不负责任的行为,同时也会在班级集体中带出一种不正的风气,所以班主任老师要切实地克服对"材料"不加选择、不加分析导致的可能的弊病。

3. 应避免凭"主观印象"了解学生现象

班主任在工作中,常常对学生形成某种固定的印象,时间越长,越不容易改变,因此对学生中出现的新情况,又往往容易凭主观印象看待。应该看到学生的表现中有其相对稳定的一面,但总体来说,学生是处在变化的过程中的,从他们自身来说,是在成长的过程中的。在这个过程中,由于外界的作用因素的影响,他们内心世界的变化是相当复杂和多面的。在这个过程中不可能有一成不变的学生,所以凭主观印象看待学生是不科学的,也是不正确的。带着一种框框去了解学生,就可能被框框"框住",就得不到准确的材料。当然,最后自然是影响对学生的正确了解和教育。

4. 应避免使用不恰当的方法现象

在了解学生过程中应避免使用不恰当的做法,否则会伤害被了解的学生,也会给其他学生造成影响。

(1)班主任应避免专门派几个学生了解其他学生的情况。这不仅容易造成学生间的隔阂,也能使学生产生与班主任的隔阂;同时还会使多数学生觉得有人在"监视"自己,使少数学生认为自己是享受特权能"监视"别人。这就把学生间的民主、平等、和谐以及亲密的关系给破坏了,也把班主任与学生之间的民主、平等、真诚的关系破坏了。这样做更大的影响是,使学生产生心理不平衡,延伸到他们的未来,就会形成对社会公正、对人与人之间的平等关系失去信心。

(2)班主任应避免召开专门了解某个人或某几个人的"调查会"。为了了解某个同学或某几个同学的情况,有的班主任老师常常召集班级骨干或是与其相近的人了解情况,调查某种问题,这样做也是不恰当的。这

样做会使被调查的学生背上包袱,意识到自己已处于一种特殊地位,意识到自己已不被班主任和同学们信任。由此会引起他们要么顾虑重重,要么对集体及班主任敌视,会造成或带来不好的后果。班主任要信任同学,对一时还不了解的问题,要启发学生自己觉悟,要引导学生自我教育,而不应用"背靠背"的办法去获得"情况"。

(3)班主任也应避免通过个别谈话直接了解其他学生的状况。在与某学生谈话时,有的班主任总愿涉及想要了解的其他学生的情况,甚至去追问谈话者关于某个同学的事。这样做会得到上文提到的一样的后果,即使"了解"了许多情况,也会使学生感到反映别人的情况,或是背后评价他人是使老师满足的一种手段,这带给他们的影响将是消极的、不健康的。当然,在班主任与个别学生谈话中,涉及到对集体中其他同学的较全面的评价或看法,或是为了弄清某种情况的缘由和是非还是可以的。

(4)班主任应避免采用不合法的手段去了解学生的情况。所谓不合法的手段是指侵犯学生的权利,了解学生的隐私,对学生逼"供",等等。有的班主任老师派另外的学生监视某些学生的活动,甚至盯梢或跟踪等;有的老师私拆学生的信件,翻抄学生的书包,甚至对学生搜身等;有的老师随意不许学生回家,逼学生交代"问题",甚至停学生的课,逼其交代"材料"等。这些都是侵犯人权的违法行为,班主任老师不仅不能这样做,也无权这样做。学生虽然不一定去控告老师,但这样做对他们的法制观念、对他们用什么眼光去看待老师都会有很大的影响,所以班主任决不能用类似的方法去对待学生、了解学生。

班主任心得:老师,走近你的学生

前段时间,我接触了班内的一个学生,他叫王某某,学习不错,但最大的缺点是对任何事都轻描淡写,对待老师指导或是指评,总是表现出一副玩世不恭的模样,令我们班级的老师颇有微词。

那是一个早读时间,课堂上我在翻看学生做的语文试卷时,偶然发现王某某的语文试卷作文部分写的很不认真。我当时心里很生气,准备下课后让他讲缘由。

早读下课后,我严肃地把他叫到了办公室,在指出他的试卷缺点之后,我等着他合理的解释。沉默良久,一直低着头的他说出了这样一句话:"老师,近段时间我心里特别烦乱。今天,英语老师不让我进教室,让我回家叫家长。"说着,他哽咽了。

我心里不禁一颤,就想弄清楚事情的原委,从他断断续续的讲述中我明白了事情的真相。原来,就在昨天的英语课上,当英语老师对他的英语试卷提出批评时，他用不满的眼神瞪了老师一眼，这让一向很关心、对他期望很高的英语老师很是恼火，一气之下发出了最后通牒：让家长来学校！他说："千万不能让家长来了，我的爸爸已经不再管我的学习了。"听到这，我想：这个学生若心理负担不解决，必将影响今后的学习，而如今正是九年级复习的重要阶段，千万不能因一件小事毁了孩子的前程。于是，我一方面了解其家庭情况，一方面心平气和地对他做了一番教导：这件事我负责帮你协调处理，但你得保证今后学习上不能耽误。在得到他的保证后，我给他支了一招：如此，这样……

看看表时间已过了40分钟，又快到上午上课的时间了，我带着欣慰的心情离开了办公室。

我要遵守诺言。

上午，我找到王某某的英语老师孙老师，了解了事情的经过，在确认王某某没有撒谎也没有隐瞒的情况下，向孙老师说出了他的家庭情况及心理压力，我们共同商量了对策，期盼着王某某同学有新的进步。

后来，我了解到王在上午英语课后找到了英语老师，说出了自己内心的想法，并向孙老师道了歉，表明以后会更加努力，绝不辜负每个老师的期望。

我为我解决了一个问题、挽救了一个学生的未来而自豪。如今，王某某的成绩在班里名列前茅。语文测试，每次都在100分以上，英语也在不断超越。

有一次课间，王某某满怀喜悦地走到我面前，小声说："老师，能把您的电话告诉我吗？"我毫不犹豫地答应了他，看着他离去的背影，我的心一阵轻松。

我想，作为老师，当遇到了学生问题时，千万不可"不分青红"。多一点耐心，多一些亲近，就有可能成就一个孩子的未来。

有一天，王某某给我发了一条短信："老师，谢谢您，正是您的帮助，使我重新振作了起来。那次，我是连辍学的念头都有的。老师，您是为我缝补翅膀的人。"我在感动之余，给他回了一条："只要能成就你的未来，老师我情愿做那个缝补翅膀的人。让你们重新展翅飞翔、遨游蓝天，是我最大的心愿"。

有时，我在想，老师这一职业与其他行业完全不同，它塑造的是活生生的人，是我们的未来。有人说，老师的生命像一个长长的句子，艰辛是定语，耐心是状语，热情是补语。其实，这话只说对了一半。对于在教育中享受幸福的教师来说，教育不是牺牲，而是享受；教育不是复制，而是创造。

第三章

班主任教育工作中的艺术

班主任对特殊家庭背景学生的教育

一个班级的学生来自于各个不同的家庭,而家庭背景对学生的影响是非常大的。班主任在教育学生时,不能忽略了家庭背景对学生的影响。下面就几类比较特殊家庭背景的学生的教育进行分析。

班主任对经济优裕家庭学生的教育

改革开放后,中国出现了越来越多的经济优裕家庭。所谓经济优裕家庭,就是指经济条件好,物质生活富足的家庭。班级里来自于经济优裕家庭的学生也越来越多,这类学生具有他们的特殊性,班主任应抓住他们身心发展的特殊性,有针对性地对他们进行教育。

(一)经济优裕家庭学生的总体特点

经济优裕家庭子女与一般家庭的学生相比,有这样一些优势:具有较强的自信心,对未来充满了希望;视野开阔,涉猎广泛;物质条件优裕,可以接受良好的教育等。但特别值得班主任注意的是,这些来自于经济优裕家庭的学生,身上也有一些不足之处,如果教育引导不当,就会影响他们的发展。这类学生的不足主要表现在以下几个方面:

1. 贪图享受,热衷高消费

有些经济优裕家庭的父母经历了诸多磨难和坎坷,受过缺少金钱的苦。而今终于事业有成,家庭富足,就希望孩子过得比自己好,不想让孩子经历缺钱的尴尬,甚至对孩子的要求百依百顺。但他们更多的是对孩子进行物质上的满足而忽视和放松了对孩子思想行为上的教育和管理。有些经济优裕家庭的学生自恃家庭富有和物质环境优越,胸无大志,终日无所事事;有的陶醉在父母营造的"安乐窝"里,一味追求物质享受,不思进取;有的逞强斗狠,自认为"老子天下第一",纪律观念、集体观念淡薄;有的流连于电子游戏机室、网吧、卡拉 OK 歌舞厅、桌球城、高级购物广场等。经济优裕家庭对子女的消费观缺乏疏导和监督,是造成子女贪图享受,热衷于高消费的主要原因。

2. 刁蛮任性,自私骄横

有些经济优裕家庭对孩子百般依从,生怕孩子受苦、受累、受气,对孩子即使是不正当的要求和行为都过分迁就、忍让和满足,这样孩子就逐渐形成了养尊处优、高人一等的孤傲性格以及强烈的自我中心意识。以自己为中心,要求周围的人都要以自己的意志为转移,骄横霸道,一不如意就大发脾气,甚至打架、离家出走、离校出走等。

3. 怕苦怕累,自理能力差

经济优裕家庭子女往往受到过度地呵护与关爱,出入有私人小车接送,或自己打的;生活起居有保姆照顾,他们往往过着"衣来伸手,饭来张口"的日子,生活自理能力很差。有的学生还把"少爷"、"公主"作风也带到学校,在学校时也不愿意参加一些集体劳动,花钱请人代自己做劳动,有的甚至还花钱请人做作业。

4. 拜金主义较为严重

一些经济优裕家庭子弟受拜金主义思想影响,他们认为,有钱就有一切,不读书今后照样挣大钱。某中学一班主任在班会课上教育学生要珍惜时间勤奋读书,否则将来难以立足社会。一富家子弟却说:"读这么多书有何用呢? 像班主任您读完大学本科,一个月才拿1000多元工资,比不上我一个月的零花钱。"持这种观点的学生,往往在思想上不追求进步,在学习上吊儿郎当。其消极的人生观甚至对整个班集体都会产生不良影响。

(二)经济优裕家庭学生的教育方法

虽然经济优裕家庭的学生身上有各种各样的毛病,让班主任非常头疼。但这些学生正处于心理发育、身体成长和思想品德形成的关键期,具有很大的可塑性。班主任若能因势利导,引导得当则可以帮助他们形成正确的价值观和良好的品德行为习惯,促使他们健康成长。

1. 帮助学生建立正确的"金钱观"和"消费观"

根据一些经济优裕家庭学生认为的"金钱万能"和铺张浪费、过度超前消费等错误的思想和行为,班主任应帮助学生树立正确的"金钱观"和"消费观"。

(1)让学生认识到经济优裕是一把"双刃剑"。 经济优裕的物质生活为青少年的成长提供了良好的物质环境,如果教育引导得当,出身经济优裕家庭的孩子往往比其他家庭的孩子在发展上具备更多的有利条件,也可能有更多的成功机会。但经济优裕的生活也容易让人坐享其成,游手好闲,不思进取,最终成为一事无成的"纨绔子弟"。因此作为班主任,应教育经济优裕家庭的学生好好利用优越的家庭背景为自己的成材添砖加瓦,把握好自己的人生方向,让自己能在成功的路上走得更高更远,不能因为财富而压弯了腰,阻挡了前进的方向。

(2)让学生认识到父辈的财富是有限的,而自己创造的财富才是无限的。 很多经济优裕家庭都是靠父辈的艰苦奋斗打拼出来的,而一些孩子无视父辈的辛劳,大肆挥霍金钱。教育家陶行知曾说:"滴自己的血,流自己的汗,自己的事情自己干,靠天靠地靠老子,不算是好汉。"因此,班主任应让学生认识到,

他们最可依赖的是知识、智慧和汗水,而不是父辈们辛勤打拼的财富。一个人来到这个世界上本是一无所有的,只有靠自己的勤奋、努力,不屈从于一切困难,用自己勤劳的双手和智慧创造属于自己的财富。

从前有一个财主,家里有良田千亩、粮食堆山。财主临死的时候,就把这些家产传给了儿子。这位少爷从小就好吃懒做,游手好闲,领着管家到处吃喝。有一次来到一家饭馆,门口挂着的鸟笼里养着一直漂亮的画眉鸟,叫声悦耳动听,这位少爷手指着那只画眉说:"老板,我要吃这只画眉鸟的舌头。"经过讨价还价,少爷用50亩良田换来了一碗"画眉舌头汤"。就这样,这位少爷走到哪儿吃到哪儿,什么贵就吃什么,从不吃正经粮食,日复一日,他把家里的良田吃光了,粮食也糟蹋没了,最后沦落成了一个叫花子。在一个下着大雪的冬天,他又冷又饿,最后惨死在了冰天雪地里。

(3)让学生认识到金钱不是万能的。由于生活周围被大量的金钱充斥,一些学生认为有了钱就有了一切,就可以为所欲为。作为班主任,应让学生重新审视金钱的价值,让他们认识到虽然金钱是生活的必需品,它可以买到许多我们需要的东西,可以满足我们的一些欲望。但也应让学生认识到金钱不是万能的:你可以用它来买房子,但是你不能买一个家;你可以用它来买床,但是你不能买到睡眠;你可以用它来买书,但是不能买到知识;你可以用它来买职位,但是你不能买到尊重;你可以用它来吃美酒佳肴,住豪华宾馆,抽高档香烟,坐高级轿车,穿新潮时装,玩高档游戏,却买不来相互信任、纯洁的朋友关系……

2. 加强对学生的理想教育

对经济优裕家庭子女这一特殊群体开展一些有针对性的理想前途专题教育,如"不做纨绔子弟,要做有为青年"、"知识才是财富"、"技术是力量"等,帮助他们树立正确的人生观和价值观,引导学生正确对待物质财富和知识财富的关系,让学生明白在当今的信息社会,"有钱更要努力学习",拥有知识才能为社会、为家庭多做贡献。鼓励富家子女用知识武装自己,实现自我增值,做一个真正的"财富"拥有者。

3. 加强对学生的法制教育

一些来自经济优裕家庭的子女,觉得有钱就可以为所欲为,出了事都可以用钱来解决。因此出现了打架斗殴、寻衅滋事、赌博、涉足不良场所以及与社会不良青年拉帮结派的现象。因此班主任要进一步提高对班级学生进行法制教育重要性的认识,把它作为德育的一项重要内容,"示之不可为,晓之不能为",增强他们的法制意识。法制教育要结合学生的特点,内容由浅及深,形式丰富多彩;在授课过程中,要根据内容,结合学生的实际,有的放矢地授课,对一些具有较大社会影响的案件,可以组织学生观摩公捕、公判活动;利用宣传栏、黑板报等开展法制宣传,努力增强学生的法律意识,使他们自觉地把自己的行为纳入法律法规允许的范围之内,懂得用法律的手段来维护自己的合法权益,以增强他们抵御违法犯罪的自觉性。

4. 加强家校联合,形成合力

班主任应加强与家长的沟通,统一思想认识。经济优裕家庭的父母由于文化水平、道德修养、教育水平等方面参差不齐,在对待孩子方面也有很多不一样的认识:有的家长认为自己小时候吃够了没钱的苦,现在有钱了当然不能让孩子再来吃苦;有的家长认为自己家里的钱就是几辈子都花不完,让孩子随便花花也无所谓;有的家长觉得自己没读多少书,还不是照样挣大钱,所以孩子读不读书无所谓;有的家长抱着金钱万能论的观点,认为没有钱办不到的事情,也把这样的观点告知孩子;有的家长认为自己事业上太忙了,没时间管孩子;有的家长对孩子期望太高,给孩子报无数的培训班,让孩子疲于奔命……

针对家长们的这些错误认识和做法,班主任要多和家长就孩子在校的表现进行及时有效的沟通,客观地反映孩子的情况,在反映孩子情况时,不能只限于学习,应兼顾纪律、劳动、体育锻炼、卫生、行为习惯等方面。让家长对孩子在学校的情况有较全面的认识,同时也体谅家长的难处,听取家长的意见,让家长认识到班主任和自己是同一战壕中的盟友,应该为孩子的成材而共同努力,而不是在孩子出了问题后互相推卸责任;班主任可以利用家访、家长会、家校联系簿、电话、邮件等多种方式向家长宣传正确的教育观念和教育方法,让家长学会理智地爱孩子,爱而有度、严而有格;让家长传递给孩子正确的金钱观、财富观、成材观;培养孩子的劳动习惯以及劳动技能,让孩子能自立自主,在成人后自强。

班主任对贫困家庭学生的教育

作为世界上最大的发展中国家,中国还拥有数目不小的贫困人口。作为弱势群体的贫困家庭,其子女的教育问题仅次于温饱问题。班主任应密切关注班级里的贫困生,了解他们的具体情况,以便更有效地帮助他们。

(一)贫困家庭学生的总体特点

特殊的家庭环境,使贫困生能受到一般同学所没有的磨炼。因此在他们身上也有许多优秀的品质,如自尊心强、学习自觉性高;自理自立能

力较强,能吃苦耐劳,有较顽强的意志品质等。但作为班主任不能忽略的是,贫困的家庭环境,过早地承担家庭重担,也对一些贫困生造成了负面的影响,影响了他们的健康发展。

1. 抱有较强的自卑感

贫困家庭孩子的自尊心、自卑心都显得格外强。一些贫困生因为家庭经济的原因,心理负荷较重,经常处于紧张状态,往往比较敏感,最怕别人议论自己的不足,特别多心,生怕别人看不起自己,为了避免自己受到伤害,他们往往采取冷淡、回避的态度和行为。另外,家庭本身的贫困也让学生对一些需要额外开销的集体活动躲之不及。自卑与自我封闭使他们渐渐脱离了集体,切断了与外界的交流,给人以难以接近、不合群的感觉。长此下去,就会造成他们性格上的缺陷,孤独沮丧,对前途失去信心。

2. 焦虑、抑郁情绪较强

由于在经济上、情感上与家庭紧密相连,家中不时传来的困难或突然的变故,都会给他们带来情感上的冲击与焦虑。有些贫困生,虽然读书十分勤奋,但考试成绩却不是很理想,他们会深感对不起家长和班主任老师,因此显得非常焦虑和抑郁。

(二)贫困家庭学生的教育方法

贫困生是班级里的一个弱势群体,班主任应对他们特别关注,对这一群体进行正确的思想引导和教育,使其重新回到阳光普照的行列中来。

1. 加强思想引导

加强对贫困生的思想引导,让他们认识到人生道路不可能是一帆风顺的,无论谁在人生的道路上都会遇到各种挫折。对贫困生来说,贫困只是诸多挫折的一种,所以应该让他们知道,人无法回避挫折,人正是在战胜挫折的过程中才变得更成熟、更有力量。贫困只是他们人生路上暂时的一个障碍,贫穷并不可耻,可耻的是自己甘于贫穷,不去努力改变贫穷。要帮助学生正确地认识人生的价值和意义,树立远大的人生目标和理想,走出金钱的小圈子,正确处理眼前困难与人生发展的关系,以乐观的态度去面对生活中的一切艰难困苦。

2. 完善自我意识

自尊心被认为是最强烈的一种内驱力,许多贫困生存在着既自尊又自卑的心理矛盾冲突。因此必须使其完善自我意识,用正确的自我认识,克服自卑心理,相信自己,敢于竞争,正确认识社会。既不以虚幻的自我来补偿内心的空虚,也不以消极的回避来漠视自己的现实,更不以怨恨、自责以至厌恶来否定自己。

3. 营造良好的人际交往环境

贫困生生活在班级这个大家庭中,他们的成才和发展离不开同学之间的关心和帮助。与亲属、朋友、同学交往能使人在心理上得到安全感,这对缓解贫困生心中的孤独感和压力苦闷颇有益处。因此培养一个和谐、互助互谅、团结向上的班集体,形成良好的人际交往氛围,对贫困生良好心理素质的养成是十分重要的。

4. 开展心理健康教育活动

贫困生由于家境问题,而形成了自卑、自我封闭、焦虑、抑郁等负面心理。班主任不能忽视这些负面心理,应加强对他们的心理健康教育,促进其健康成长。比如让学生正确了解自己,有正确的自我意识;自己产生消极情绪时,学会自我调适,及时疏导、宣泄不良情绪,转移注意力,消除焦虑,保持心理健康。对那些常有不良情绪反应的贫困生,班主任可引导他们采用"自我悦纳,自我解脱;多交朋友,多帮助别人;正确归因,善于宣泄"等方法来调整自己,还可用"面向未来、自我提升"的方式调节情绪。如想象自己在未来的良好处境,或对自己说:"一个高尚品质的人不该有这种消极情绪"等。

5. 相对多地给予贫困生爱心帮助

针对贫困家庭学生家境贫寒这个实际情况,班主任应给予这些学生特别的爱心帮助。设法调动学校、社会等一切力量,给予他们实质性的帮助。如请学校减免这些贫困家庭学生的学费(高中阶段)和其他费用;还可以通过学校向社会、政府部门争取支持和帮助,如让一些企业或其他团体资助那些品学兼优的贫困生,也可以争取学生家庭所在社区的力量,对其家庭进行必要的帮助;学校可以专门建立扶贫助学基金,用来奖励家庭贫困但品学兼优的学生。班主任也可以组织班级甚至全校的同学向这些贫困生捐款捐物,奉献爱心。

班主任对单亲家庭学生的教育方法

单亲家庭是指由父母的某一方与孩子组成的家庭。单亲家庭产生的主要原因是夫妻离异,也有少量是丧偶或其他原因造成的。据中国妇联最近的一次统计,中国 67% 的离婚家庭中有子女,目前全国已有上千万的单亲孩子,而且还在以每年五六十万的速度递增。作为班主任,必须了解这些单亲家庭孩子的特殊性,积极地探索单亲家庭学生的教育方法,帮助他们更好地适应变化了的环境,促进其更健康快乐地成长。

(一)单亲家庭学生的总体特点

单亲家庭的学生,由于独特的生活环境,往往独立生活能力较强,忍

辱负重、克服困难、艰苦奋斗的精神也比较强,这是逆境对人磨炼的结果。单亲家庭中成才的人很多,如古代的孟子、欧阳修、岳飞,现代的周杰伦、梁朝伟、李玟、萧亚轩等明星都是在单亲家庭中成长起来的。尽管如此,我们还是应该看到单亲家庭对孩子成长的不利影响。

1. 情感消极

在正常的家庭中,双亲都在身边,这会给孩子带来更高的安全感和情感满足。单亲家庭中父母缺少一方,现存的一方往往在精神上受到很大打击,情绪不太稳定,往往比较沉闷、孤独、烦躁。这种不正常的情绪也容易直接影响、感染孩子;更有一部分离异的夫妻,将孩子交给祖辈抚养,放弃了直接监护人教育管理孩子的责任。情感的缺失和教育功能的欠缺,容易让单亲家庭的孩子养成任性、自私、冷漠、忧郁、多疑的人格特征,缺乏热情和爱心,性格孤僻,自我中心,合作意识差,合作能力低。

2. 封闭、冷漠、憎恨心理的产生

有的子女对失去父亲或母亲十分痛苦,很长时间不能自拔,或是由于生活动荡及父(或母)亲的不负责任,心灵受到极大伤害,于是经常表现出闷闷不乐,容易悲伤,情绪低沉,甚至见到别的同学在父母面前非常快乐,自己心里就非常难受。他们害怕与人交往,对外界明显缺乏安全感和信任感,他们往往沉默寡言,自我封闭,我行我素,以“自我为中心”对待周围的人和事,漠不关心,他们不愿意参加学校、班级组织的集体活动,严重的还会导致与集体不合。有的孩子还对父母的离异充满憎恨,他们讨厌父母争吵,憎恨父母不顾他的成长和感情。憎恨不提供抚养费的父(或母)亲,或站在父母之中的一方,憎恨另一方。这种憎恨久而久之对心理发展产生不良作用,进而扩展到对学校和社会生活不感兴趣,对其他人、甚至对社会不满、冷淡。有的会从仇恨父母发展到仇恨社会,甚至发展为反社会的病态人格。

3. 多疑、嫉妒心理突出

单亲家庭学生多疑和嫉妒的心理特征比正常家庭的学生显得突出一些。表现为对许多事情非常敏感,总怀疑别人在议论自己,猜疑别人是不是在说自己的坏话,假如一个活动没有让他参加就会猜疑班主任是不是不信任自己了……在人际交往中处处提防别人,常将他人善意的行为曲解,对胜过自己的同学产生嫉妒、对立情绪。

4. 胆小孤僻

一些家庭在解体过程中,或不停地大吵大闹,或长期冷战,家庭里充满了“火药味”,有的甚至把子女当成出气筒。这些孩子在家庭的紧张气氛中

战战兢兢地生活;有的单亲家庭的家长对孩子过分溺爱,一切包办;还有的单亲家庭的父(或母)亲为了让孩子给自己争口气,对孩子要求过分严格,造成孩子巨大的心理压力。这些做法容易导致孩子胆子小,性格孤僻。他们不敢与他人交往,不敢说话,不敢回答问题,总是独自躲在一旁。

(二)单亲家庭学生的教育方法

班主任是孩子的第二父母,在孩子的成长中起着举足轻重的作用。如何通过教育引导他们尽快走出家庭的阴影,正确接受现实,善待自己,已经成为班主任必须面对的一个问题。

1. 给予他们真挚的关爱

"好的教育应是心心相印的活动。唯有从心里发出来,才能打动心灵深处。"单亲家庭的学生往往缺失关爱,因此班主任要精心扮演好"亲人、班主任、朋友"三种角色,用"爱心、细心、信心、恒心、诚心"抚慰他们的创伤,温暖他们的心灵。班主任应处处关心他们生活中的细微之处,留心观察,善于发现、了解单亲家庭学生生活中的困难,并及时给予帮助和解决,让学生切身体会到真诚的亲人之爱。

2. 在集体活动中培养他们的人格修养

针对单亲家庭学生容易出现的人格问题,应引起班主任的高度重视,在培养他们健全的个性方面要花大力气。班主任可以充分利用班集体的教育力量,开展丰富多彩的集体活动,使他们朝气蓬勃地融入到集体中来,乐观地面对并克服困难。班主任可以在班级中开展各种主题教育活动,如:"手拉手,一帮一"活动,"我们都是一家人"主题班会,"同在一片蓝天下"主题班会等。让双亲家庭孩子与单亲家庭孩子团结、互助、平等地共同活动,一起欢笑、没有讽刺、没有歧视,帮助他们形成健全的个性和进行正常的人际交往。

3. 尊重学生

一些单亲家庭的孩子虽然表现出自卑的心理,但往往又倔强好胜,唯恐被人瞧不起,以一种叛逆的心理试图捍卫自己的人格尊严。单亲家庭的特殊环境,使这些孩子产生的特殊心理障碍,是他们最忌讳触及的雷区。如果班主任擅自揭开孩子心灵的伤疤隐痛,那无疑就是在他们的伤口上撒盐。这样的做法会让学生把心灵之门紧紧关闭,以免再次受到伤害。班主任应该意识到这些自尊而敏感的孩子需要的不是同情和怜悯,而是亲和、尊重和激励。

4. 与家庭沟通

班主任要通过各种形式,如家长学校、家长会、家访等建立家校联系

制度,与家长密切配合,共同做好学生工作。在充分了解学生的同时,也应多了解家长。针对有的单亲家长对孩子生而无爱、只养不教、不履行监护责任,对孩子不良行为视而不见、听而不闻,拿孩子当出气筒等错误做法,班主任应提醒家长承担自己的责任,为孩子创造一种愉快的家庭氛围;让家长用正确的方式关心孩子,不要用孩子做武器;让孩子感受到父母的关爱,而不是被抛弃;不要在孩子面前互相攻击揭短;不要把孩子当作发泄的对象,让不抚养方多探望孩子等。班主任应及时向家长反映学生在校的学习、生活情况,让家长做到当自己的孩子遇到疑难时,鼓励他不要气馁、奋勇向前;遇到烦心事,耐心倾听并及时开导孩子;当孩子取得好成绩时,家长要分享孩子成功的喜悦并鼓励他再接再厉,争取更大进步。这些精神上的关爱会使孩子感受到春天般的温暖,孩子在这样的气氛中会敞开胸怀,愿意与父母沟通,关系融洽。

5. 形成团结互助的班风

班主任要培养团结互助、积极向上的班集体,利用班集体来帮助这些单亲家庭的学生健康地成长。班主任可以采用"结对子"的方法,用一帮一的方式,组织班干部和一些性格开朗、乐于助人的同学与单亲孩子结对,使班内同学都能意识到自己有帮助他们的责任,让单亲家庭学生更好地融入班级。在班级中也可以多开展活动,给学生更多了解、表现、帮助的机会,感受团结互助的快乐。

6. 加强与学生心灵的沟通

班主任在日常工作中,应多教导学生用宽容的心态去看待父母的离异。让他们懂得父母离异也是解决父母矛盾的方式,但父爱、母爱依然存在;孩子与父母的关系依然是亲子关系,这种关系不会因为家庭的解体而消失,你得到的爱不会因此而减少。虽然表面上看是生活在单亲家庭里,但父母依然一如既往地爱你,爱是完整的。与其生活在不愉快的家庭中,还不如让父母早些解脱去寻找自己的幸福。教育学生要学会理解父母的行为,宽容父母做出的抉择;在理解与宽容中化解恨意,心态变得平和,性格变得开朗。班主任还可以列举一些单亲家庭中成长起来的伟人、名人,用他们的经历鼓舞激励学生,让单亲家庭学生能用更积极的心态去面对生活。

单亲家庭子女教育个案研究实例

个案姓名:洪洪

出生年月:1988 年 6 月 12 日

一、问题行为简述

1. 该生的班主任和任课教师观察情况

该生是在10岁时，为普及初等教育被学校动员中途到校插一年级读书的。他性格孤僻，不爱说话，爱打骂同学，逃学，爱和社会上未读书的街娃玩耍。曾有偷盗行为，学习差，考试从未及格过。但是他劳动积极，老师指定他带领学生劳动，任务完成好。

2. 该生母亲反映的情况

在家他不喜欢说话，有事也闷在心里。爱在外面惹事，如打伤别人、弄坏别人的东西、借别人的钱等。经常有人找我告状，我为他也赔过不少钱。他不愿呆在家里，一有空便出去，伙同一些染黄头发的娃娃耍，甚至夜不归宿。有时也能帮家里做一些家务事。

3. 和该生个别谈话发现的情况

(1)自卑感重。父母吸毒、离婚、贩毒、劳改，从小寄养在舅父家。感到孤独，受欺侮，被人看不起。无童年欢乐，羡慕父母双全的同学。有自尊心、倔强，有时用打骂同学发泄怒气。

(2)学习差，成绩跟不上，不愿学。

(3)母亲劳改回来一年多，生活上有改变，但学习上管不到他。

二、资料收集

(一)个案生活背景

1. 家庭关系

父亲：在服刑劳改，37岁(离婚)。

母亲：个体经营者，34岁(离婚)，前年劳改释放回来。

该生：14岁，小学四年级学生，现随母生活。

2. 家庭经济状况

其母释放回来时，先依兄生活，后干个体经营，用绞肉机为顾客加工肉，经济一般。

3. 家庭教育态度

前随舅父生活时，放任不管。母回来后，感到对不起儿子，而溺爱，在遇该生在外惹祸时要打骂。

4. 兴趣爱好：喜欢滑冰、打电子游戏。

5. 生活简史：该生本有一个很幸福的家庭，他的父母原来都是很精明能干的人，做生意赚了10多万元，家庭和睦，生活幸福。可是好景不长，父母双双染上毒瘾、不能自拔。不久就变得一贫如洗，常吵嘴打架，最后离婚了，法院判他随母生活。他母亲因吸毒两次进戒毒所，后因贩零包毒品被判刑三年，前年底才释放回家。其父也因吸毒、贩毒、偷盗、抢劫

"三进宫"(三次劳改)至今还在监狱服刑。他从小就在其舅父家生活,成天过着受歧视、冷眼、唾弃、饱一顿饿一顿的生活,直到 10 岁才被学校动员入学。由于缺乏家庭温暖,养成性格孤僻、自卑内向、自由散漫、欺小凌弱、逃学、偷窃等坏习惯,学习差,考试成绩经常是十几、二十几分。

(二)社交生活

1. 懂得感情,对关心他的老师喜欢接近,心里有话愿跟老师谈。

2. 在班上年龄大,个头大,有一定威力,不少学生怕他,听他指挥。

3. 爱和一些未读书、有劣迹的街娃们一起玩耍,有时夜不归宿。

三、个案分析

(一)幼年生活

该生 3 岁父母离婚,随母生活,父亲从未管过他。但母吸毒,先后两次戒毒,后又贩毒被判劳改,生活无着落。该生被舅父收养,常遭舅母嫌弃、辱骂,饱暖无人过问。无童年欢乐,总想发泄自己的怨恨。

(二)家庭生活

1. 父母吸毒、离婚、犯罪,无家庭温暖。

2. 寄人篱下,被歧视,平时少言少语,同表弟表妹相比,无平等可言。在家中被舅母安排做很多家务事,稍不如意,便遭辱骂。

3. 有空隙,不愿呆在家里,总想往外跑,找"同病相怜"的伙伴玩。

4. 母亲释放回来,无房住,只得住在舅舅家,先是靠贩小菜卖,后买了一台绞肉机,在市场上为顾客绞肉加工,但早出晚归,母对他疼爱,但无多时间管他。

(三)学校生活

该生在学校中由于个子大,无人敢欺负他,但无要好的同学,自己的怨气有时借故发泄在小同学身上。

由于未读过书,10 岁时一年级下学期中途被动员插班,功课和成绩差。

喜欢当学生干部,指挥别人。

四、个案指导设想

1. 用心理健康教育理论来指导"单亲家庭子女教育问题研究"课题的研究活动。

2. 通过调查了解其基本情况。

3. 和该生"结对子",交"知心朋友"。采用谈心、同玩乐、辅导学习、排忧解难建立感情,让该生信任。在其宽松的氛围中得以倾谈,从中发现问题的所在,帮助该生解决问题。

4. 诚恳相待家长,通过家访,全面了解家庭环境,商讨对该生教育相互配合的意见。

5. 与班主任和其他科任老师交换帮辅意见,了解该生在校生活的情况,并通过其他的同学对该生作进一步了解。让他承担班上的一些工作。

6. 使其发挥特长,培养和锻炼其工作能力。

向村组干部、邻居了解其校外的表现及所交往朋友的情况,发动干部群众共同关心该生的成长。

五、个案指导成果

(一)个人方面

1. 通过交朋友、谈心,尊重、信任、鼓励他,给他讲童第周积极进取的故事。有进步就表扬他,并向家长报喜。组织单亲家庭孩子、家长、课题组老师一起开展"热爱生活"联谊活动。送生日蛋糕,祝他生日快乐,使他感动流泪。当与同学发生矛盾时,分清是非,公正平等予以解决。当他被校外朋友邀约外出逃学时,协助家长寻找,数次上门做家长工作。回来后多次找他谈,消除顾虑,做好班主任和同学的工作,欢迎其回到班上学习。使他对帮辅老师感到信任,对自己的缺点和错误愿意改正,但有时有反复。

2. 发挥他有一定组织能力的特长,让他同班主任一起做同学工作,选他当劳动委员。他工作认真负责,能起带头作用,多次受到表扬。在学校运动会上,他夺得了两块金牌,一块银牌的好成绩,大家祝贺他,学习他,使他自卑感减少了,自信心增强了,感到"我能行"。

3. 学习也有提高。数学从原来一直考二、三十分提高到及格,甚至有时还能考到80多分;语文从原来只考几分、十几分现在能考到三四十分,最高考到58分,虽然未考及格,也算进步大了。

4. 打架欺负小同学、偷窃的毛病基本克服了,但有时经不住校外朋友的邀约和诱惑仍有逃学的现象。

(二)家庭方面

1. 其母由于吸毒、贩毒,犯罪几年不在家,孩子交舅父母代养,造成儿子心灵创伤,无人照管,放任自流,深感自疚。通过摆谈,一个幸福的家庭就由于染上毒瘾而被毁了,认识到毒品的危害,表示为了儿子决不再吸毒。

2. 指出这几年来对不起孩子,光疼爱是不行的,而要在思想品德上严格要求,多关心他,要教他学好。在学习上要督促辅导,尽力为他提供较好的学习环境和学习条件。在生活上多关心,注意孩子的营养。有了

错误,说服教育,不能体罚。其母亲对帮辅老师的意见接受,并表示尽力做好。

其母已新找一个爱人,结婚成家。后爸对他很关心,喜欢他,也使帮辅老师放心。但新家离现在就读的学校远,要求将其转学,学校同意。

六、结论

1. 单亲孩子由于心灵过早地体验到不幸的滋味,心灵都受到不同程度的创伤,心理会存在一定障碍。特别像洪洪父母犯罪,寄人篱下,缺乏家庭温暖,对这类孩子更要关心,耐心疏导。他们既自卑,又很自尊,切不可用"笨"、"坏"等字眼去刺伤他们,更不能用他们不幸的家庭损伤他们的自尊。即使父母犯罪,他们是无辜的,要鼓励他们振作起来,面对现实,自强不息,活得更好。自尊心是人的心理中最敏感的角落,要满腔热情地帮助他们树立起信心,相信自己"我能行",不怕困难和挫折。

2. 没有爱就没有教育。单亲孩子得到的家庭的爱是残缺的,羡慕周围双亲孩子被众多的爱包围着,渴望能得到更多的爱。所以帮辅老师要以真挚的爱心去对待他们。尊重是情感交流的钥匙,要以诚恳、尊重、平等、信任的心去同他们谈心,同情理解他们,和他们在思想和情感上交流,发动老师同学关心、帮助、信任他们,尽力为他们排忧解难,发挥他们的聪明才智和特长,提供他们展示才华的机会,让他们体会到温暖、信任、愉快。即使有反复也要能理解和有耐心对待,对他们多些亲近,多些理解,多些信任,多些宽容,多些鼓励,也会"金石为开"。用师爱、同学情填补家庭爱的残缺。洪洪的转变和进步证明了"爱"的力量。

3. 对于单亲孩子的家庭要勤访,多联系。多向家长讲孩子的进步和长处,对存在的问题在交换意见时要注意方式和策略,有利于孩子认识提高和改正错误。用都是教育者的平等身份同家长沟通和商讨教育孩子的方法。让家长明确作为父或母的责任,多为孩子着想,减少单亲带来的负面影响,配合学校用正确的方法教育孩子。要使家长认识到对子女放任不管是违法、是罪过,不配为人之父母。启发家长的良知,为子女作表率。洪洪因家庭迁居转学了,要求家长进一步关心他,巩固和发扬已取得的成果,让孩子健康成长。帮辅老师今后仍要加强联系,继续追踪研究。

4. 加强禁毒的宣传教育和打击力度。所在学校地处吸毒的重灾区。就说洪洪的爸爸是五弟兄,全都吸毒,妈妈是三姐弟,就有二人吸毒,洪洪原本幸福的家就是毁于毒品。学生在背街小巷也能见到吸毒场面,孩子们处于这样的环境十分危险,也令人十分担忧,作为学校教育工作者,有责任加强对学生进行禁毒宣传教育,也呼吁社会力量增强措施,保护青少

年不受毒害。

5. 由于市场经济发展,人的价值观念改变,单亲家庭数量呈上升趋势。单亲家庭子女成为社会中的一个群体,其心理障碍显得较为突出,存在不少问题。其中部分青少年由于家庭放任不管或粗暴教育,或是学校教育不当,加上社会上不健康影视文艺作品的不良影响,如游戏厅、录像厅、卡拉 OK 歌舞厅的诱惑、腐蚀,极少数坏人的教唆,致使其干一些不道德、违法、甚至犯罪之事,给社会带来危害,成为一个社会问题。单亲家庭子女教育问题不容忽视。为解决这一问题,单靠学校的力量是不够的,需要全社会共同关心,齐抓共管,形成合力,为他们创设健康环境,引导他们走出不幸的圈子,使他们健康成长。

班主任对留守子女家庭学生的教育

所谓"留守子女"是指由于父母外出务工而留在家里由祖父母或其他亲属照看的孩子,这些孩子不与父母一起生活的时间达一个学期以上(包括一个学期)。"留守子女"与一般家庭子女相比,学习和心理状况可以分为三类:一是比一般家庭子女好;二是没有明显的区别;三是比一般家庭子女差。但是前两类在"留守子女"中只占微小的比例,更多的"留守子女"属于第三类。班主任要特别进行教育的就是这第三类,下面我们仅就第三类学生的状况进行具体分析。

(一)留守子女家庭学生的总体特点

1. 学习成绩普遍较差

一般来讲,受托人对留守孩子的看管不如他们父母直接和严格,学生离校后的监管几乎成空白。他们可四处闲逛,到网吧玩游戏,甚至和社会上的一些"问题少年"混在一起,有的染上抽烟喝酒的坏习惯,有的打架闹事甚至小偷小摸。另外,还有一些孩子则是帮助家里做永远也做不完的事情等。这样孩子学习的时间没能得到很好保证,而学习上有困难的时候,祖父母辈往往由于自身水平低辅导不了,其他的受托人则可能因为忙于工作不能辅导,或是缺乏责任心不愿意辅导等。这样一来孩子学习就会很吃力,学习成绩也就越来越差,因学习上产生的困难又导致其厌学、逃学,进而产生辍学的念头,使得留守子女辍学的可能性较大。四川省农村社会经济调查队在达县抽样调查的 1184 名打工者子女中,有 47% 的学习成绩较差,41% 的学习成绩中等偏下,10% 的学习成绩较好,仅有 2% 的学习成绩优秀。据福建福清某私立中学教导主任介绍,留守孩子的考试及格率只能达到 60%,而普通学生的考试及格率可达到 87%。

2. 由于情感缺失导致的个性不健全

父母外出,留守子女由隔代亲人或其他亲属监管,由于体力、知识或教育能力等原因,使他们对待孩子的态度有的迁就放任,有的十分冷淡,漠视孩子交流思想的要求。很多留守子女认为与监护人"无法沟通",也不愿与监护人沟通。父母一方外出打工的留守子女,客观上产生了"父亲教育缺失"或"母亲教育缺失"现象,这种实际上的单亲教育对孩子的成长也极为不利。如父亲外出的孩子常表现出胆怯,不像正常家庭孩子那样自信、刻苦;母亲外出的孩子则表现出不细心,不像正常家庭孩子那样善良、有爱心和喜欢学习及有良好的生活和学习习惯等。

3. 问题行为严重

根据班主任的反映,留守学生的操行得分为"优"的比例明显低于其他学生,而等级为"差"的比例又明显高于其他学生。许多留守学生表现为不遵守学校的规章制度,小偷小摸、打架、欺负同学;有的撒谎成性,在学校骗老师、骗同学,在家里骗祖父母或是其他受托人;有的孩子迷恋游戏机,夜不归宿,严重的甚至有敲诈、吸毒等违法行为。

(二)留守子女家庭学生的教育方法

毋庸置疑,随着"城市化"进程的进一步加快,农村劳动力进一步向城市转移,在相当长的一个时期内,"留守子女"的队伍不仅不会缩小,而且将进一步扩大。怎样使"留守子女"受到正常、健全和完善的教育,让他们和同龄人一样健康快乐地成长,已经成为一个十分现实而又亟待解决的问题。学校是"留守子女"生活的"第二家庭",从某种意义上讲,"留守子女"的教育问题就落在了班主任的身上。

1. 用情感引导他们积极向上

班主任对亲子教育缺失的留守学生应更多关心他们的生活和思想状况,以师爱弥补其父爱和母爱的不足。班主任既要做良师益友,也要做严父慈母,对那些问题行为颇多的留守子女要有信心、恒心和诚心,帮助他们找回自信心。既要对他们在思想上进行引导,学习上加以辅导,也要对他们在生活上给予关心指导,培养他们的生活自理能力和人际交往能力,对他们的业余爱好进行引导和指导,教育留守子女学会学习、学会做人、学会生活。班主任还应让"留守子女"体会父母外出打工的艰辛,感受长辈对自己的关爱,并逐步认识自己应关心长辈、刻苦学习,自觉养成良好的习惯。

2. 开展丰富多彩的班级活动

班主任可组织各种业余兴趣小组,鼓励留守学生积极参与其中;可开

展丰富多彩的有益于身心健康的文体活动,营造健康和谐的班级氛围和心理环境,在活动中鼓励留守学生主动与同学交往,注重培养他们乐群合群、乐观开朗的性格,让他们感受到生活的乐趣,培养积极稳定的情趣情感;让他们感觉到虽远离父母却仍然能享受到家庭的温暖。如班主任可以通过班级的团队会,开展关爱四步曲活动。第一步:体验劳动艰辛,当一回家,干一天家务活;第二步:面对现实大家谈,说当家的滋味,讲述父母外出打工时遇到的苦难及心理感受;第三步:放飞理想写一写,给在外地务工的父母写一封信;第四步:情系"留守子女"冷暖,开通家长热线电话,班主任同留守子女建立"临时父(母)子(女)"关系,对学生进行心理疏导,帮助他们解决困难。

3. 建立"留守子女"学生档案

目前,很多学校的学生档案仍然沿用计划经济时代的模式,档案中关于学生个人基本信息部分只包括姓名、性别、出生日期、家长姓名、家庭地址,没有增加父母是否在外打工的统计内容。班主任应建立"留守子女"学生档案,在原档案基础上,添加留守学生父母的联系方式,留守学生心理、学习、生活状况等信息,并进行动态调查跟踪,以便学校全面掌握这一群体的状况,有的放矢地加强教育和管理;同时,也便于学校定期与留守学生父母联系沟通,帮助留守学生健康成长。

4. 完善学校寄宿制度的建设

加强寄宿制学校建设,尽量帮助父母双双外出或亲友不能提供有效帮助的"留守子女",为他们配备高素质的生活辅导老师,给孩子提供更好的学习生活空间,让他们在班集体中健康成长,使寄宿学校变成"留守子女"暂时的"家",以对缺失的家庭教育进行补偿。同时班主任应充分利用"留守子女"家长探家的时机进行交流,形成教育合力。

班主任对不同类别学生的教育

宋代教育家朱熹说:"夫子教人,各因其材。"因材施教的真谛在于教人要"因其材",才能使人"尽其材"。因材施教实质上就是根据学生情况的具体性和个别差异性而施教,它立足于满足学生个性发展的要求。由于遗传、成长的环境尤其是学生态度、学习努力程度的不同,在一个班级里就出现了优等生、中等生和后进生。因此,把因材施教的原则用于班级教育管理中就显得尤其重要。新课程改革的一个核心理念就是要以生为本,一切为了学生的发展。班主任应认识到每个层次的学生都是班级的有机组成部分,不能忽视任何一个层次的学生。否则,既不利于这类学生

的发展,也不利于整个班级的发展。

班主任对优等生的教育

优等生群体,是指这样一个学生群体:他们学习成绩好,纪律观念较强,经常受到班主任的表扬,是班级的核心,是同学们学习的榜样,有着很强的牵引力和影响力。但是,这个群体的学生由于长期受到"优待",致使他们的弱点常被忽略而逐渐演变成了缺点。在现实生活中常常有这样一些优等生:他们学习成绩很好,行为习惯、思想品德等方面却存在问题。如果这个群体得不到科学的管理、及时的引导和正确的培养,那么就很可能适得其反,他们不仅不能起到榜样示范作用,还可能影响到良好集体的形成。

(一)优等生的总体特点

优等生的优点和长处是非常明显的,他们智力水平高,接受能力强;学习动机强,学习自觉性高;学习基础好,学习兴趣浓。另外,优等生往往还具有远大的理想,富有进取精神,也具有坚强的意志力,可以排除外界的干扰而较长时间地坚持学习,大多数优等生也有遵守纪律、讲文明礼貌等优点。优等生虽然具有诸多的优势,但并不意味着他们就完美无缺,由于他们身心发展还不成熟,再加上家长一些错误的教育思想和教育方法的误导,尤其是学校里一部分班主任对他们在思想上的偏信偏爱、管理上的忽视放松以及只看成绩、回避问题等因素,导致部分优等生身上还是存在诸多的问题。

1. 骄傲自负。有的优等生认为自己资质聪明,成绩好,有"资本",过高地估计"自我"作用,加上班主任和家长的宠爱,于是以"优"自居,自以为是,看不起别人,一般表扬和教育往往收效甚微,而稍加批评又会导致对立情绪。

2. 狭隘自私。有的优等生爱慕虚荣,争名好胜,一旦有人超过自己,往往流露出嫉妒心理,有时出言讥讽,有时不惜拆台。当同学向他请教时,显得非常保守,不愿帮助别人,既喜欢担任一些职务,又不愿付出相应的劳动,甚至还要求特别照顾。

3. 攀比摆阔。有的优等生以家庭条件优越而自诩,似乎高人一等。有的虽然家庭条件差一些,也要硬撑面子,"不甘人下"。这类优等生追求物质享受,讲攀比,显穿戴,摆阔气,至于勤劳俭朴对他们来说,都显得格格不入。

4. 表里不一。有的优等生从表面上看来什么都好,其实他们对各种

思想兼收并蓄,内心深处的矛盾和困惑并不少,只是由于"世故老成",因而从不轻易向班主任、父母吐露。即使有所表现,往往也显得比较隐晦、不易察觉,因而很难使教育者对他们有针对性地进行引导和教育。

5. 难经挫折。大凡优等生抱负水平都高,又长期处于"顺境",有的由于心理素质差,对待挫折和失败的承受力较差。如果一旦失去了"优"的条件,或者期望得不到满足,往往容易产生悲观失落的思想倾向,萎靡甚至一蹶不振。

6. 过于追求完美,焦虑心重。由于表现突出,成绩拔尖,从小在一片赞誉声中成长,导致有些优等生不能接受自己有丝毫的失误,做什么事情都追求完美,生怕落在别人的后面而失去原有的优势,一旦自己的表现不够完美,就会非常伤心失望。

(二)优等生的教育方法

1. 全面严格要求

教育者头脑清醒,提高认识是解决优等生中存在的问题的重要前提。这就必须坚持学校的培养目标,要教育学生坚持社会主义方向,培养他们坚定正确的政治方向,树立远大理想和为人民服务的人生观以及良好的道德品质。教育者应该端正教育思想,不能用片面追求升学率的错误思想来影响他们,不能只看到他们的 90 分、100 分,"一俊遮百丑",更要注意他们的政治思想方向和道德品质。对他们的缺点,不能姑息迁就,应该严肃对待,努力使他们德、智、体等得到全面发展。

2. 促进优等生正确认识"自我"

人贵有自知之明。因此解决优等生中存在的问题,要注意教育他们提高自我意识。教育要正确引导他们学会全面辩证地看待问题,正确评价自己、认识自己。要懂得天外有天,不能唯我独优,而致故步自封。要他们既不能在成绩面前睡大觉,又不能一经挫折就灰心气馁。要创造团结和谐、相互学习的班级环境,促进学生认识"自我",取长补短,不断提高。

3. 引导学生调整学习动机

班主任应当鼓励学生多一些内部的学习动机,少一些浮躁的外部动机。要让学生认识到排名只是认识和了解自身实力的一种手段,而非证明自我价值的终极目标,过分关注排名会束缚学生的思想而导致同学之间的恶性竞争。因此作为班主任不要过分强调名次的重要性,而应强调通过排名,学生能够更好地发现自己的问题,并有效地调整自己的学习策略和行为。

4. 对优等生的评价要褒贬适度

优等生由于长期生活在同学、班主任肯定的眼光中,慢慢地就容易产生高人一等的思想,对自我的评价也偏高。因此班主任对他们的评价要褒贬适度,把握分寸。既不能一味表扬,使之盲目自大、目中无人,又不能过分批评、损伤其自尊心。表扬要恰到好处,使优等生受到鼓舞继续前进,批评要合情合理,使之心悦诚服。班主任对优等生既不护短,又不夸大他们的长处,而是让他们通过与同学的平等相处,感受到别人身上的优点,让他们在为同学服务的过程中,体验一种奉献的幸福。

5. 注意加强对优等生的挫折教育

首先,班主任应让优等生意识到挫折是客观存在的,人生并非处处美好、舒适,从而在心理上应做好受挫准备。挫折的结果一般分两种:一是可能使人产生心里的痛苦,行为失措;二是它又可给人以教益与磨炼。班主任应让学生看到挫折的双重性,挫折既可成为弱者巨大的精神压力,也可成为强者勇往直前的动力,坚强的性格需要个人有意识地磨炼,正如歌德曾说过的那样:"倘不是就着眼泪吃过面包的人是不懂人生之味的。"教育优等生要以乐观的态度对待学习、生活中的挫折。其次要培养优等生对挫折的容忍力。优等生学习能力较强,给自己规定的目标和标准往往也较高,因而比其他同学体验到更多的挫折感而产生负面情绪,使自己陷入焦虑和紧张之中,一个难经挫折的人是难以适应社会生活的。因此,班主任一方面应教育他们客观看待自己,为自己树立恰当的奋斗目标;另一方面也要把优等生与其他同学一视同仁,不对优等生搞特殊化,犯错误有过失时该批评就批评,错误严重的还要给予相应处罚,让他们习惯于自己做了错事一样要受批评、惩罚。这样他们就会和普通同学一样,能够避免在特殊情况下出现的失落感。

6. 教育深入细致,方法艺术多样

优等生中存在的问题是一个复杂的问题。因此我们的教育必须深入细致,方法应该艺术多样。首先,班主任要与他们建立民主、平等的师生关系,克服由于角色身份带来的心理反差,求得共同语言,启迪他们敞开心扉、吐露真情。其次,教育工作要深入细致,注重调查研究见微知著,一经发现思想苗头,就要及时施教,防微杜渐。其三,多做个别引导工作,谈话目的要明确,内容不拘一格;不能千人一律要区别对待;或开诚布公寓理于情,或由远及近逐步深入;或先谈客观再谈主观;多用探讨的方式,不要搞"我说你听"的说教;要提供必要的条件给以在实践中克服缺点的机会。其四,调动家庭、社会的积极因素与学校共同配合,形成教育转化的

"大环境"。

一个自负的优秀生的心理辅导案例

一、个案情况

吴某是名非常优秀的学生,人长得俊秀,有一双会说话的大眼睛,能说会道,擅长书画,素质发展比较全面,在学校是名受欢迎的学生,学校领导看着喜欢,班主任老师更是视为心腹骨干,回到家里爸爸妈妈又把他捧为掌上明珠,宠爱有加。

有个这样能干的学生,作为班主任当然十分高兴,一直都很重用他,凡事都让他管,可渐渐地我发现他越来越自命不凡,和同学之间的矛盾也越来越大了。这学期开学初重新成立班委会,我征求他的意见,他说这个"太笨",那个"不会说话",不是摇头就是撇嘴,意思十分露骨:全班除了他没人能当班干部了!也许正是他的这种态度,引起了同学们的不满,班干部竞选时他以11票之差落选了,当时他就急哭了,中午以拒绝吃饭表示对竞选的不满。

二、存在问题

吴某从小就成绩好,能力强,备受家长、老师的宠爱,所以渐渐养成了自负心理,竞选失败后没有从自身找原因,而是以不吃饭等偏激行为来表达自己的不满,受挫能力极差!

三、辅导过程

面对这个孩子,我决定采用"极限催化"的方法,让他在生活中实实在在、心服口服地看到别人的优点,也看到自己的缺点。

在一次《假如我是……》的习作中,他写了《假如我是皇帝》,文章中处处表露出作为一个皇帝的骄傲,而班中有一名平时成绩很一般的学生,写了《假如我是一位母亲》,文章写得朴实感人,我就在讲评课上范读了他们的作文,让学生来评析,不少学生都指出了,吴某的文章太过骄傲,立意也不切实际,都称赞另一名学生的文章真实感人。我看出了他的不服气,课后我拉着他走在校园里,告诉他做人不可以太过骄傲,每个人都有自己的长处和缺点,今天这名同学的文章写得比你好并不稀奇,一个人不可能会十全十美,又帮他分析了班干部落选并不是因为他能力不够,而是他太过自负,把当班干部看成是一种炫耀,而不是为班级服务,所以同学们才会不信任你!他听后头埋得低低的,红着脸轻轻地说:"我懂了……"。接着,我又去他家进行了家访,把他最近的表现婉转地告诉了他的家长,并站在他们的立场真心地分析了利弊,家长听了很感动,也意识

到自己对孩子过分的宠爱给孩子带来了不利的一面。他们决定和我一起帮他改正缺点，成为更优秀的学生。

果然，从那以后在他家长的协助下，在我的一次次谈心下，他变了，变得乐于与同学交流了，变得能虚心地听同学们的建议了，变得更乐于助人了。在第二个月的班干部竞选中，全票通过选他为班长了！他高兴地跑到我身边在我耳边悄悄说了声："谢谢您！老师！"

四、案例分析

1. 消除"马太效应"，把每个人都看成"金矿"

身为教育者最大的心愿莫过于学生们都能健康地成长。但现实总不会那么尽如人意，也不会那样整齐划一，有聪明好学的优等生，也有反应慢、习惯差的困难生。在班级里难免会出现优生优待、差生差待的现象，这就是教育工作中的"马太效应"。"马太效应"使得少数学生成为"精神贵族"，而多数学生成为班级中的"陪衬品"、"附庸物"，从而形成少数与多数的隔阂、分化和对立。这种分化一旦开始必然导致班集体的分化瓦解，而使学生丧失最佳发展环境，这样少数优生由于受到过度的、甚至是不当的表扬变得自负自傲、孤芳自赏；而大多数中、后进生由于处于一种被忽视、甚至被歧视的境地，而造成心理的畸变，这是多么残忍的一幕！所以作为班主任我觉得首先要摒弃"马太效应"，不偏爱优秀生一视同仁，把每个人都看成"金矿"。

2. 教师要引导、激励学生发现内在的"大写的我"

骄傲自负、看不起别人，是许多能力突出的优秀生身上的通病。案例中的吴某身上典型地表现出了这种高傲的心理。他目中无人、唯我独尊，班上同学没一个在他眼里，以至于大家都不愿选他当班干部。像他这样怀有高傲心理、瞧不起别人的人往往既看不到自己的缺点，也看不到别人的优点，比来比去，自己总比别人强。这种学生最好要引导他们意识到自己的缺点，自己感到有改正缺点的必要。我对吴某采取的是"极限催化"的方法，即不是对他的缺点进行逆阻，而是采用一种对缺点顺推的方法，创造一定的条件和机会催化其缺点，从而促使学生反省自己的所作所为，产生羞愧难当的感觉，进而痛改前非。在他认识到自己错误以后，启发他明白"寸有所长，尺有所短"的道理。

3. 培养学生正确对待挫折的态度

很多像吴某这样优秀的学生长期生活在"糖水"中，很少受挫折缺乏心理承受能力，形成了外表光亮坚硬、实则不堪一击的"蛋壳心理"。只是一次班干部评选的落选他就急得掉眼泪，只是一次作文不如人家他就难受,这对他们将来的人生道路是很有影响的,谁能保证他将来永远一帆风顺? 如果生活中遇到更大的挫折又将如何? 在这种情况下我及时的进行教育,引导他正确地面对挫折,这对他今后的人生会有更大的意义!

五、反思

有些优秀生长期处在鲜花和掌声中,难免怀有高傲心理,瞧不起别人,他们往往既看不到自己的缺点,也看不到别人的优点,受挫能力比较差,作为老师应因势利导,采取行之有效的方法,培养学生健全的人格,使学生更好地融入生活。

班主任对中等生的教育

(一)中等生的总体特点

中等生是指在一个班级中学习处于中等水平,而品行等方面又表现平平的学生,这类学生因其人数一般可占到班级总人数的50% ~70%而构成班级学生的主体。中等生由于各方面都较普通,容易成为被疏忽的群体。在长期的中小学教育管理中存在"抓两头、带中间"的做法,使中等生成为不被人重视的教育"盲点"。中等生如果长期被漠视,容易出现以下问题:

1. 普遍缺乏自信

中等生处于一个不上不下的位置,他们也想像优等生那样风光,崭露头角,引人注目。也曾给自己制定一个个的奋斗目标,暗暗使劲,但由于各种原因却收效甚微。如果偶然失败还能挺住,但若连续多次都无法成功,就容易产生自卑、焦虑、抑郁等心理。另外,中等生由于在学习、思想等各方面表现平常,也容易被班主任和同学所忽视和冷落,缺乏他人的关注和激励,感到自己在班集体无足轻重,因而中等生容易产生自卑心理。

2. "默默无闻"心理

中等生既不能凭借优秀的成绩引起老师的关注,也不会违反校纪校规招致老师的"特殊照顾",他们总体上表现为成绩一般,安分守己,听话,默默无闻。由于老师在教育教学中无暇顾及他们,他们常常有被冷落和无人过问的感觉。若长此以往他们就不会轻易敞开自己的心扉示人,从而沉默寡言,喜怒哀乐不轻易表露,把心灵之门死死关闭。他们一般不愿和班主任接近,也不愿意主动和其他同学交往。

3. 甘于现状

中等生比上不足比下有余,甘居中游,安分守己、与世无争的心态较为突出。有的中等生对自己既没有高标准又缺乏严要求,不想"冒尖"也

不愿落后挨批评，容易满足于现状，习惯于原地踏步，无意去追求，也不会积极主动地去树立自己的奋斗目标，这都严重影响了其潜能的发挥以及个性特长的张扬。

（二）中等生的教育方法

1. 给予每一个学生平等的关注

班主任在关注"两头"学生的同时，要有计划地预先安排好关注的"中等生"名单。班主任要把爱和关心撒向每一个中等生，让他们沐浴在班主任爱的阳光下。班主任应从感情上亲近、兴趣上引导、学习上启发以及从生活上关心他们。在方方面面上都在意他们：课内多给他们回答问题、做"演员"的机会；课外多与他们交流、谈心，沟通思想，进行心理疏导；批改作业时多看一眼，多写一点批语；当他们有进步时不失时机地给予表扬、鼓励。班主任有目的、有分寸地对中等生的爱护，可以说是他们进步的催化剂。

2. 为中等生创造展示自己的机会

每一个学生都希望自己是成功者，都期待着肯定和赞誉，特别是中等生，他们虽然表面默默无闻，内心却强烈希望自己被赏识。班主任要善于发现每一个学生的禀赋、兴趣、爱好和特长，珍惜他们心灵深处的这种渴望，积极创造机会，不断地让他们取得"我能行"的成功体验。班主任应改革传统的班级管理制度，给中等生提供锻炼和为班级管理贡献力量的机会。班干部可以采用同学选举、学生自荐等方式，定期轮换。班主任也可以在班级中开展各种竞赛活动，让中等生在活动中有岗位、有职责，为他们的表现和发展创造机会，让他们参与活动的全过程，从中锻炼才能，发挥兴趣特长。还可设立"最佳创意奖"、"最佳合作奖"、"最佳组织奖"、"助人为乐奖"等各种奖项，让平时与获奖无缘的中等生也体验成功，享受成功所带来的喜悦，找回自尊自信，进而以更好的心态投入到学习中去。

3. 运用榜样力量

心理学认为用与学生年龄相近的先进人物或有教育意义的事例进行教育，易于为学生所接受，且更有说服力。中等生境况相似，情感易融，一旦他们中有人脱颖而出，对其他同学而言，说服力强，目标的可接近性大，能起到很好的激励作用。因此，班主任不能忽视中等生的榜样更具示范性这一特性，应时刻留心观察这部分学生，及时发现他们身上的闪光点，塑造正面典型，从而推动中等生这一群体的良好转变。班主任可以在班级里评选如"节俭标兵"、"诚信标兵"、"勤奋标兵"、"团结标兵"、"环卫标兵"、"体育标兵"、"文艺能手"、"劳动能手"、"进步典型"等。虽然中

等生综合起来并不是最好的,但他们往往在某一方面比较突出,因此很容易当选各种标兵或是典型,一旦有一部分中等生入选,在他们的示范下就可以带动其他学生的学习动力,让他们明白榜样并不是只有优等生才能做,任何人都可以,只要你努力就有机会,从而激起他们的求知欲望和学习内驱力,促使其积极上进。

4. 根据情况的不同因材施教

中等生一般可以分为三种类型,一类是不甘居中游,有强烈的进步愿望;二类是缺乏远大理想,得过且过;三类是认为自己天资差,缺乏前进的勇气和信心。一般是第一类占多数,但第二、三类的中等生也不能忽视。班主任应根据这三种类别的中等生给予不同的教育。对第一类学生可以采用对他们寄予热情希望的谈话,用前几届毕业同学的奋发进取的事例、努力进取的事迹以及提出较高的要求等方法,鼓励他们不断朝新的目标冲刺。班主任要多了解他们的学习和思想情况,征求他们的意见和要求,帮助他们克服学习上的困难。也要表扬他们争取进步的行为,并指出他们的学习潜力和努力的方向,鼓励他们"更上一层楼"。对第二类的学生,班主任要想方设法打破他们"甘居中游"的心理状态,激发他们积极进取的愿望,并以此为突破口,培养他们的毅力和意志。

班主任对后进生的教育

何谓"后进生",国内外教育界对其含义阐释很不统一,至今没有定论。但一般而言后进生通常是指那些学习不努力、成绩较差、思想上不求上进、品德水平较低的学生。"后进生"具有相对性,相对于"先进的学生"而存在。每个班都有相对的优等生和后进生。后进生往往让班主任头疼不已,但如果忽视或放弃对后进生的教育,任其发展下去,则很可能让这些学生在不良诱因的影响下走入歧途,最终给家庭和社会带来无穷后患。但如果班主任能够充分关心他们的发展,在他们身上倾注更多的心血,则可以化消极因素为积极因素,挽救和培养出更多的合格人才。

马希良提出的"木桶法则"道出了抓后进生教育的重要意义。"木桶法则"意指一只沿口不齐的木桶,它盛水的多少,不在于木桶上那块最长的木板,而在于木桶上最短的那块木板,要想使木桶多盛水——提高木桶的整体效应,不是去增加最长的那块木板的长度,而是下工夫依次补齐木桶上最短的那些木板。"木桶法则"给班主任开展班级管理的启示是:在班级管理中要下工夫狠抓学生管理中最薄弱的环节,比如对"后进生"的管理教育工作,否则整个班级管理工作都会受到影响。人们常说"取长补短",即取长的目的是为了补短,只取长而不补短,就很难提高管理教育工作的整体效果。换句话说,班级管理简而言之,就是"抓两头带中间"。抓优等生的目的之一,是带动和影响中等生和"后进生"。如果抓优等生仅仅只为了抓优等生,那么班级管理教育工作就很难收到整体推进的效果。

(一)后进生形成的原因

1. 家庭因素

现在的孩子大都是独生子女,有的家长对子女的要求,无论正当与否都会满足和迁就,使子女养成"衣来伸手,饭来张口"的不良习惯,却忽略了思想品德的教育和管理。对他们的缺点或错误则姑息、袒护甚至隐瞒,使他们养成高傲、自私自利等心理和性格。特别有爷爷奶奶的庇护政策,使有些孩子蛮横无理。

而且现在有的父母整天忙于工作,对于新事物的接受较慢、较少,而青少年接受新事物快,思想新潮,因此,两代人之间的沟通存在着许多障碍。做父母的对孩子了解很少,又不注重与他们进行内心的交流,甚至认为只要有钱给他们用就行了,但却不知道其实他们最需要的是心灵上的沟通。试问有这种思想的家长怎能教育好孩子,怎能对孩子的不足进行针对性的教育。

2. 学校原因

学生在学习上屡遭挫折后,他们是很需要得到同情和帮助的,但如果教师缺乏应有的耐心,挖苦、讽刺甚至责骂他们,必然会使学生怀疑自己的学习能力,在不断打击中失去信心,仅有的一点学习兴趣也消失了,就会从学习上的困难者变成学习上的落后者。时间一长在他们的意识中就会出现偏离集体的倾向,在行为上就会出现失控的现象,最终发展成具有不良行为和习惯的学生,甚至会做出各种反常的行为与班集体抗衡,少数的后进生就会离开学校到社会上去结交一些不良的朋友。

而且每个学生都有自己的兴趣、特长和爱好,后进生也不例外。但如果班主任因为他是后进生,便从潜意识上排斥他们,不让他们参加一些活动,不让他们的特长得到充分的发挥,甚至于处处都鄙视他们。那么久而久之,后进生自己也会认为自己什么都不行,丧失对自我价值的肯定,以至于逐渐对他人对集体失去信心,并在一些诱惑面前失去理智而无法控制自己,就干脆"破罐子破摔"了。

(1)片面追求升学率。这不仅是教育领域的问题,还是社会的综合性问题。片面追求升学率导致了一些地方、学校和教育工作者的重智育、轻德育,重视少数尖子生的培养、而忽视广大学生的教育。与之相关的一

切措施:如频繁测验,题海战术,超负荷补课,分数排队及按名次调班等,这会挫伤很多学生的学习积极性,使之产生畏难情绪及厌学心理。同时,由于片面抓的智育并非真正的智育,而使德育、体育、美育、劳动技术教育削弱了,学生的在校生活枯燥乏味,能够参加的活动寥寥无几,更谈不上丰富多彩了。这样迫使一些学习差的学生,另寻自己的"活动天地",助长了后进生的产生和扩大。

(2)施教"求同",忽视因材施教。大纲相同,教材相同,又在一个班级上课,往往忽视或难以做到因材施教。这样,学生之间本来就有的差距,越拉越大。因材施教是一个重要课题,只有因材施教才能使每个学生尝到甜头,产生学习积极性,也才有可能缩小学生之间的差距。

(3)教育方法失当。在我们的学校里,有些教师教育思想不正确,教育方法失当,没有强有力的德育工作,不重视非智力因素的教育培养,缺乏防止学生分化和减少后进生的有力措施。教师对后进生有偏见,把他们当成班级进步的包袱,这也是后进生形成的重要原因。

(4)课堂教学公平。既然每个儿童都是带着想好好学习的愿望来上学的,为什么在日后的学习过程中会有这么大的差异呢?其中课堂教学公平就是原因之一。所谓课堂教学公平是指教师在课堂教学中是否使家庭背景,智力水平,教养程度不同的学生享有平等的待遇。如果存在差别对待,是否在平等的基础上以不同的方式对待不同的对象,这种平等或不平等的待遇是否切合平等的对象学生及其利益。在平时的教学过程中如果教师对聪明灵活、家庭地位高和自己关系比较好的学生更关心,态度更好,而对其他学生态度平平,甚至还有不喜欢。这样一段时间后很容易引发学生的不满情绪,导致他们厌学,不喜欢课堂教学甚至于学校老师。这样学生间的差距就逐渐拉大,后者便成为教师眼中的后进生。

(5)高度自尊而得不到满足。每个学生都有自尊心,而有些后进生的自尊心特别强,特别敏感,别人有时无意中的一句话,也会引起他们内心强烈的波动。他们自尊心很强,但又由于他们不优秀得不到别人足够的注视,所以又得不到他们所认为的尊重,他们对表扬和批评无动于衷,学习情绪低落,不思进取。

有的老师认为,这些学生软硬不吃,无自尊心可言。这种说法是完全不对的。其实不管对学生如何,其目的都是要他们努力学习,提高学习成绩。如果学生软硬不吃,那是一种消极的抵抗。一般人认为,后进生普遍都很自卑。其实自卑是自尊的另一种表现,是自尊心受到伤害的表现。他们不喜欢被人看不起、被忽视,因此会做一些出格的事来引起老师和家

长的注意,久而久之便被人认为是问题学生了。

3. 社会因素

随着生活观念的变化,离婚家庭日益增多,形成许多单亲孩子。失去母爱或父爱的孩子心灵受到极大的创伤。这种学生在学校通常表现为性格孤僻、自卑,对学习丧失信心,对生活失去信心,内心空虚,这时他们很容易沾染上社会上的一些不良风气。致使他们学习情绪更加低落,对学习更没有兴趣。

现在的社会充满了各种诱惑,影视、计算机及网络的普及,给部分青少年的虚拟情感走向极端创造了可能。商家为了商业利润竭尽手段吸引人们消费。在商业行为中不适度的夸张其说,使得一些青少年注重享受而逃避劳动;暴力、色情的内容也使得青少年往不良的方向发展。而有些青少年在辨别是非的能力方面相对较弱,那些不良风气潜移默化地影响着他们。致使家长苦口婆心的劝导、老师孜孜不倦的教诲都失去了作用,他们为了讲"哥们"义气,做出一些违法犯纪的事。

4. 后进生自身的原因

后进生之所以成为后进,自身的原因也必须进行具体分析,有心理障碍方面的原因,也有学习基础、学习方法等方面的原因。

(1)缺乏强烈的求知欲。求知是学生的正常需要,兴趣与责任感是求知的动力,学习生活中兴趣的满足和一个个目标的实现,是学生保持强烈求知欲的重要前提。苏霍姆林斯基曾说过:"兴趣的源泉还在于运用知识,在于体会到智慧能统帅事实和现象,人的内心里有一种根深蒂固的需求——总想感到自己是发现者、研究者和探寻者。在儿童的精神世界中,这种需求特别强烈。但如果不向这种需求提供养料,即不积极接触事实和现象,缺乏认识的乐趣,这种需求就会逐渐消失,求知兴趣也与之一道熄灭。"(《给教师的一百条建议》第70页)。这使我们认识到求知欲表现在学生身上,而教育者包括教师和家长的施教情况直接关系到学生求知欲的强弱。学生年龄越小越明显。

(2)道德无知,是非模糊。自尊心强而性格敏感容易流于自卑,意志力薄弱,缺乏自我控制的能力,做事情往往会半途而废。在生活中会禁不起种种诱惑而做出违背公德和纪律的事情,容易被社会上的不良行为误导,加入流氓团伙,被人利用反认为是讲义气、够朋友。一旦犯错往往流于惯性,难以改正。

(3)学习基础差,学习方法不适应。有的学生上了几年学,虽然学习也很努力,但基本的学习方法没有掌握,造成学习效率低、成绩差。他们

找不到成绩差的真正原因,未能归纳出正确的学习方法,却归因为自己笨,付出努力却得不到回报,从而自暴自弃,沦为后进生。最终导致厌学、逃学,甚至放弃自己的学业,找不到人生的正确方向。

(二)后进生的总体特点

1. 是非观念模糊,无追求目标

由于长期放松对自己的严格要求,后进生往往自暴自弃,破罐子破摔。有的消极悲观,苦闷不乐;有的由于逆反心理的作用,对抗班主任、家长或是其他权威。他们对个人与集体、光荣与耻辱、美与丑、公和私等,常常作出与正确要求截然相反的结论。他们把尊敬班主任认为是"拍马屁",把同学向班主任反映情况说成是"告状",把违反纪律、恶作剧看成是勇敢,把为同学隐瞒缺点、抄作业视为友谊。另外,后进生对自己的前途没有明确的目标,有的学习成绩不好,升学无望;有的个人兴趣和爱好(如体育活动、文艺活动、绘画等)又得不到认可和支持,常受到过多的限制和责备,对于自己将来能做什么,他们心中一片茫然。

2. 自卑感强

后进生由于各方面较差,受到批评较多。父母的训斥、怒骂,同学的讽刺、挖苦,加上某些班主任的"另眼相看",使他们感觉低人一等,进而自暴自弃。

3. 不喜欢学习

后进生不把学习当回事,纪律松懈,上课注意力不集中、不用心听讲,下课贪玩不复习功课,不完成作业,考试成绩差。但他们往往只是对学习书本上的知识不感兴趣,其他方面则兴趣广泛,特别是对体育运动、文艺活动等颇感兴趣。

4. 义气观念重,易感情用事

后进生虽然成绩不好,行为上不拘小节,但他们的内心也有着朴实和细腻的情感。后进生无论在学校还是在家里都经常遭到指责和冷遇,他们在成长过程中失去了爱,一旦有人真正去关心、帮助、爱护他们,他们往往就愿意与这个人交朋友。他们重友情,讲义气,凡是朋友的要求,他们会竭尽全力;凡是心眼里敬佩的班主任,他们会无条件地执行他的命令、听从他的劝告。班主任发现一种很矛盾的现象,就是那些毕业后的学生中,曾经让班主任引以为傲的优等生往往对自己视而不见,躲着自己,但那些曾经常被自己批评惩罚的后进生却在毕业后对自己有很深的感情,对自己很亲切非常的尊敬。这是什么原因呢? 一方面是这些后进生长大懂事了,觉得班主任过去的教育是对的,因此感激班主任;另一方面因为

他们的问题多,班主任与他们接触多,建立了一定的感情。

5. 坚持性较差

后进生再差都有愿意积极向上进取的一面,都有想改正错误、迎头赶上、符合班主任和家长期望的时候。但由差到好是个艰苦的、反复的、漫长的过程,好些后进生由于长期已经形成了自由散漫、学习时注意力不集中、意志力薄弱等缺点,因此在争取上进、改正错误的道路上就会走得很艰辛,很多时候会由于遭受一些失败或其他打击而放弃,不能长期坚持积极进取的道路。

(三)后进生的教育方法

1. 正确认识后进生的问题

班主任应认识到后进生问题具有普遍性和严重性,后进生是世界范围内的问题。曾任联合国教科文组织国际教育局主任、法国教育总督等职的法国教育家让·托马斯在《世界重大教育问题》一文中指出不及格和留级是初等教育也是高等教育的创伤,发展中国家受创最重,后进生问题是个世界性的问题。另外,不能低估后进生的数量。就一般的中小学而言,在各个班级都有一定比例的后进生,少则一两个,多则三五个。全国有多少一般的中小学,把后进生统计出来那将是一个庞大惊人的数目。长期的教育管理中许多班主任把后进生称为差生,而差生这个概念是不科学的,因为差生这个概念是静态,而不是动态的。班主任应以发展的眼光、辩证的观点去看待差生。青少年的可塑性强,今日的差生过一些时候,转化和发展了也就不是差生了。科学家牛顿、发明家爱迪生小时候不是都一度被认为是差生吗?大诗人海涅还曾经被他的班主任斥为"对诗一窍不通"呢!但后来他们都以自己的卓越成就,否定了那些人的偏见。由此可见,把差生看成为动态的概念,用辩证的发展的观点去认识差生、对待差生才是科学的。

2. 平等地对待后进生

有的班主任一提起后进生就摇头、叹气;态度上冷淡的多,热情的少;歧视的多,关心的少。特别是在片面追求升学率的学校,他们往往把后进生看作是升学率中百分比的分母,分母越大越不妙,分母越小越沾光。因此总是嫌他们不争气,厌他们拖后腿,把他们看成包袱。斥责讽刺有之,漫骂体罚有之,希望他们"自然减员",强制他们留级,把"祸水"推给别人有之,甚至寻找借口令其退学,推出校门的也有之。班主任的这些做法,大大地伤害了后进生。违背了《中小学班主任职业道德规范(2008 修订版)》第三条"关心爱护全体学生,尊重学生人格,平等、公正对待学生"。

教育家陶行知曾说过这样一句话:"你的教鞭下有瓦特,你的冷眼里有牛顿,你的讥笑声中有爱迪生。"这就要求班主任不能忽略任何一个学生,因为每一个学生都可能成为非常有作为的人。因此,班主任要意识到每个人都是有无限潜能的,尤其是后进生,他们往往被大家所忽略,甚至他们自己都不知道自己还有很大的发展空间。如果班主任能把后进生视为"潜能生",这不仅是教师教育管理观念的一大进步,更可以让后进生放下不该背的包袱;使师生见到"潜能生"的名称,便产生开掘欲、奋起心。

3. 正确引导后进生

班主任不仅仅是后进生的教育者、管理者,要使教育有效果,还应做他们的知心朋友,做他们可以"倾诉"的对象。班主任可以采取和后进生谈心的方式,和他们建立比较密切的关系,并进行及时引导和帮助。在理解、尊重、信任、平等的基础上,努力营造一种宽松和谐的气氛,增强学生的认同感,真正站在关心他们成长进步的立场上,和他们一起共渡难关,使得后进生放下包袱,倾吐真言,从而全面了解到他们的真实情况,找出原委。并对他们身上的积极因素加以肯定,鼓励、引导他们确立新的目标,在交流和沟通中,不断肯定后进生新的行为模式和进步表现。这样在不断交流中,后进生就会从班主任那里吸取力量,不断进步。

4. 激发后进生的自主求知欲望

后进生由于在学习上遇到的困难和挫折更多更大,所以更易产生厌倦感、自卑感和无助感,而这些感觉又会进一步影响学习,形成恶性循环。因此班主任应该经常深入到学生中去观察了解情况,对学习困难等现象进行调节和引导。班主任可以进行学习指导,教给他们怎样预习,怎样听课做笔记以及解题的思路、方法。在教学过程中班主任要开动脑筋,想方设法激发和培养学生对学习的兴趣。学生喜欢听什么知识、怎么讲效果好,要在实践中积极探索,除了按教材授课之外,还应根据他们的年龄特点,选择一些学生愿意听的知识穿插到教材之中,对学习成绩差的学生,班主任要在课余时间给他们加"小灶"进行补课,上课多提问后进生;课后多辅导后进生做作业以解决学习难题;也可以动员班级的优等生向后进生伸出友谊之手,结成帮对。

5. 教育转化后进生要做到的"四心"

第一,爱心。捷尔任斯基说过:"只有用爱才能教育孩子"。班主任要用爱心去浇灌后进生,主动接近他们,询问他们的家庭情况,了解他们的兴趣爱好,赢得他们的信任和爱戴,在课堂上用语言去激励、用表情去温暖、用行动去感化他们,向他们传送亲切、信任、尊重的情感信息,使后

进生乐于接受班主任的教育,恢复他们的理智和自尊,从而使他们养成良好的个性心理,转变成为人们期望的好学生。

第二,信心。班主任在教育后进生时,要坚信每个学生都是可以教育好的,都有潜能可以挖掘出来。班主任对他们的信心也会让学生对自己的成长充满信心。班主任可以从这几方面入手:一是对后进生要求要适度;二是让后进生充分发挥自己的才能,充分展示自己的长处;三是让后进生获得成功。

第三,诚心。"没有感情的教育是苍白无力的教育。"班主任应对后进生怀着真挚的关心之心,设身处地为他们着想,不能当着同学的面训斥、挖苦,而是了解情况后进行家访、分析根源,并要求家长配合班主任共同做好学生的思想转化工作。在经过反复的"动之以情,晓之以理"的谈话后,让后进生感受到班主任真诚的关爱,并慢慢地转变。

第四,恒心。后进生的转化不可能一蹴而就,一般要经历醒悟、转变、反复、稳定四个阶段。因此在转化过程中,后进生故态复萌、出现多次反复是一种正常现象。因此班主任在分析后进生为什么差的原因后,并在做好家长工作的同时,要抽出时间单独对他们指导,采取逐步帮助其改正错误的办法,一点一滴地提出要求,帮他们制定目标,然后落实;再制定,再落实。转化后进生不可能在短时间内完成,因为坏习惯的形成是渐进的,那么对他们的改进同样也是渐进的。学生在转变过程中肯定会出现一些反复,这就要求班主任尤其要有恒心,"反复抓,抓反复",当学生出现反复后,班主任要不厌其烦地和他们谈心,以增强其改正错误的勇气和信心,这样一步一步地提高要求,循序渐进,并及时指出努力方向,从而使他们不断进步。

"差生"的概念

曾几何时,"差生"帽子让无数花季孩子失去了天真的笑脸。如果我们教师在工作中多一分宽容,或许就不会有过激的行为发生。

一次,给一些来自各校的学生上习作兴趣课时,一个男孩交上的一份作业。可是这一篇作文令我读了又读,一时难以评价——

一件难忘的事

这件事发生在几天前的一节美术课上。

"叮铃铃——"上课铃响了,同学们争先恐后地冲进教室,脸上还带着笑容。可是我突然想起这节是美术课,就愁眉苦脸、心事重重,再也笑不起来了。因为我知道,今天我忘了带美术工具,这是要受到惩罚的。

我的同桌似乎看出了我的心事,便把他那块看上去依然崭新的画板推给了我,说:"小潘,画板你拿去吧!"我连忙说:"不,我不要,不能要!"

"没关系,还是你拿着吧!"

"你知道老师要批评的!"

"没关系,我是差生,你是好学生。我被老师批评几句没关系的,而你就不同了,或许你会被老师批评得哭起来呢!"说完,他轻轻地却是坚决地把画板按在了我的桌上。

这时,老师走了进来:"上节课我们说过,这次咱们去写生,全体同学到走廊排队!"

大家很快排好队,只有我和我的同桌落在了最后。

来到操场上,大家拿着带来的画板等工具开始写生。我的同桌被老师发现没带画板叫到了一边,然后就见他一个人静静地沿着操场周围的跑道,跑着跑着……

我真想走过去,走到老师身边对他说,没带画板的是我。可是又想到由此将受到老师的批评,我依然站在了原地。望着还在奔跑着的同桌,我想:"竟然有这样的差生,这样的'差生'还叫差生吗?"

文章就这样戛然而止了。可是,作文中有许多自然流露出来的含义不能不引发我们深深的思索。

你看,一个四五年级的学生居然会说"我是差生,你是好学生。我被老师批评几句没关系的,而你就不同了,或许你会被老师批评得哭起来呢",孩子的心中已经明确地打上烙印,知道谁是班级里的"差生",谁是班级中的"优生",这样的称呼或许是他们自己加的,也可能是老师平时有意无意间流露的。先不论怎么样产生的,试想当他们的心目中有了这样的想法,有了这样的一个评价,我们不能不想:平时我们在教育中做过些什么,说过些什么,这样的评价对孩子的一生将产生怎样的影响。

当看到孩子在文章结尾处发出"竟然有这样的差生,这样的'差生'还叫差生吗?"这耐人寻味的反问时,我们也情不自禁地反问:是啊,什么是"差生"?这样的"差生"是怎样的差生呢?回顾全文当"我"发现自己没带工具要被老师批评时,这样的"差生""似乎看出了我的心事",这让我们感觉他是一个多么细心、善解人意的孩子,并立即"把他那块看上去依然崭新的画板推给了我",同时还跟"我"讲道理,最后"轻轻地却是坚决地把画板按在了我的桌上",这又表明他是个关心他人、一心为同学着想的孩子。这让我们不能不问:什么是"差生"?难道成绩相对落后的孩子就是老师心目中的"差生"?我们的教育评价是否应仅仅着眼于成绩的高低?

看来,身为长辈的我们,在教育中不但经常要求多于鼓励,而且更习以为常狭窄地界定了成功的定义。而作为一线教师,本人也很清楚教师

的苦衷,工作中也经常会有这样那样棘手的问题,但是针对上述作文中的情况,作为教师还是应该做到三点:一是允许学生犯错,并给予学生一定的时间认识到自己的错误并改正。二是多一把尺子,工作中遇到问题,教师首先应该冷静下来,注重反思,然后采取用恰当的方法因材施教。

对这篇作文的评语,我最后是这样写的:你是一个诚实、善良的孩子。谢谢你写了一篇朴素、真实却发人深省的文章,让老师也受到了一次教育。建议你可以将这篇作文给你的班主任或者美术老师看看,相信他们也会理解的。

这个故事讲出来,我更希望给更多教师以启发:面对学生的不足或问题,教师要慎重自己的言行。

我们要怎么对待"问题生"

这节思品课,上第十课《自尊自爱》。我在黑板上写好课题之后,就让学生默读课文,思考课后问题。这时候,我发现遥遥的桌面上还是空空的,他缩着身子在对同桌叽里咕噜地说着什么,见我走近他又默不作声了。

我悄声问他:"你的思品书呢? 怎么不拿出来?"

"我……我忘在家里了……"他显得有些不安。

我知道就算在以往有书的时候,他也是看得心不在焉的,对于看书,他总是一副痛苦的样子,这是一个不喜欢读书的孩子。按惯例我本想对他说下次要注意,然后提醒他和同桌一起看的,但此刻有一个想法冒了出来,我转身从讲台上拿过自己的那本思品书递给他。

"你先看老师这本,替老师把重要的句子划出来!"

他听后愣了一下,为难地说:"老师,我不知道哪些是重要的句子……我划不来……"

"没关系,只要你自己觉得比较重要的或者你想划什么句子,你就划出来呀!"

听我这么一说,他终于接过书,拿出了笔,看了起来……

过了一会儿,他就喊我了:"老师,我划出来了!"

我拿过书一看,他只划了一句:"'威武不能屈,富贵不能淫,贫贱不能移。'这是古往今来许多中国人自尊自爱的座右铭"。

还真不错,他把古人的名句给找出来了,虽然有些出乎我的意料,但是这也让我想到,其实有些学生不想读书,并不表示他们的理解力就不好。不过,即便这句话是他无意间划到的,即便他划的不是这句,而是很平常甚至无关紧要的句子,我也会肯定他的。因为划出什么句子并不是最重要的,而他去划了并愿意同我交流,这才是我所期待和珍视的。

我把这句话轻声地念了出来，然后拍拍他的肩膀说："挺好的，你划的这句正是老师想划的。老师也喜欢这句，以前读中学时就学过。你再划一些句子，老师也想看看你还有没有和老师不一样的想法！"

他听了有些高兴，接着又看起了课文来。

不一会儿，他就向我招手了："老师，您看看，我又划了这几句……"他一边说一边指给我看：

"一天晚上，徐悲鸿从达仰先生家学画归来，这个洋学生就羞辱他说：'别以为进了达仰的门就能当画家。中国人愚昧无知，天生当亡国奴的料，就是把你们送到天堂去深造，也成不了材！'"

"决不允许洋人歧视和侮辱我们中国人，一定要为祖国争口气！"

"他向徐悲鸿鞠了一躬后说：'徐先生，在我们的竞赛中，你胜利了。我承认中国人是很有才能的。看来，我犯了一个错误，用你们中国人的话来说，那就是：有眼不识泰山。'"

我微笑着向遥遥竖了竖大拇指——此时，大家基本上已经默读好了课文，有些学生举起了手向我示意。我附在遥遥的耳边说："接下来，老师要用到思品书和你刚才划出来的句子，你先和同桌小鹃一起看吧！"

他点点头。

我走回讲台对大家说："同学们，在讨论课后问题之前，我们先来做一件事。起先老师把思品书借给遥遥看，他替老师划了一些比较'重要'的句子，老师看了感觉不错。下面老师要读给大家听，听完后请大家再浏览一下课文，也找找自己认为'重要'的句子，如果你找的和遥遥差不多的等一下就举手示意，告诉遥遥。当然，有不一样想法的也可以补充……"

我边说边注意着遥遥，他显得很高兴，又缩着身子向同桌嘟哝着什么，我知道这和先前的"叽里咕噜"已是不一样了。当我开始念句子时，他马上向前倾着身子专心地听起来，同时又转着脑袋下意识地环视着大家，一种在课堂上很少有过的兴奋和激动洋溢在他的脸上……

从有些学生的表情中，我也读出了一些惊讶和羡慕。是的，他们大概觉得有些意外，或许是因为我这次对遥遥的"这般"接触，或许是因为遥遥这次上课态度的"如此"变化，毕竟在平时，遥遥总是宛如课堂的局外人——等到一些学生汇报自己所找的"重要"句子时，遥遥也竖着耳朵听，当个别学生举手说自己找的和他一样时，他更是乐滋滋的。

这节课，遥遥非常认真而且很开心……

文章写到这里本该结束。然而，一位同事无意间看了我这篇文章的初稿说，虽然在我"随机应变"的努力下，这个学生对这节课有了一些兴

趣，也体会到了被重视的快乐，但这往往也只是暂时的，过后，教师既不大可能有足够的精力持久地专注于这个学生，也很难再遇到类似于这节课中的这种特殊情况。而学生呢，更可能又会回到老样子。

我承认这位同事说的这种可能性，说实话，我也预感到此类事例的后续情况也许多数会像她所说的这样，但是，就算是这样，我们同样还是可以去也应该去抓住每一次可能影响学生的机会，对他们进行潜移默化的教育，即便这种影响只是"当下"的，即便这种带给师生的愉悦只是"暂时"的，那也总比对此忽略不计、或视而不见、或见而不为要来得积极向上，来得有情有趣……

可为何有些教师就是做不到或不愿去做呢？究其原因在于他们像我的这位同事一样，以为教育的功能、教师的言行只有彻底地、至少是比较明显地"改变"了"问题生"的品行，而且这样的"改变"还应该或是他们看得见摸得着的，或是可以用上级的某种参照物进行量化的，或是能达到学校所构想的种种标准的才值得去做，才值得去付出，才是一种成功和收获，否则就是枉费心思，就是劳而无功，就是吃力不讨好，竹篮打水一场空——正是这种不符合教育实际的"理想化"的自我苛求，使得这些教师只会一直处在自我编织的烦恼与苦闷之中。可以说，他们当中极少有人能因此而"改变"了"问题生"，反而是越来越陷在上述的观念中难以自拔。原因很简单，那就是他们忘记了教育的复杂性和长期性，忘记了学生尤其是"问题生"品行变化的反复性，他们只看重"立竿见影"的那种效果，只是一厢情愿地遥望着"一劳永逸"的那个结果，而恰恰忽视乃至放弃了实实在在的教育过程，错过了体验"当下"、感受"现在"的乐趣。要知道教育的有些结果其实并不是我们现在所能控制和得到的，它常常是一个难以预测的未知数与不定数，追逐这个往往容易让我们陷在迷失方向的焦虑中，只有过程，只有我们和学生"接触"和"碰撞"的每一个"当下"，才是最应该被我们能动地去把握的。

我之所以能够乐此不疲地去试着洞悉和化解"问题生"的每一次"问题"，那也是因为我只想把握每一天中连绵不断的每一个"现在"，在每一个"现在"，捕捉着可能影响学生的每一个机会——不妨这样说：假如一名教师想要获得持久地快乐，在直面学生的教育生涯中，做到这点是非常必要的。

因此，我越来越认识到，教育，其实也交融着一种生活的观念和状态：过去已没法追回，将来是一份期待，唯有现在，我们才能抓住它，才能做我们该做的！

第四章

班级文化建设中的艺术

班级文化建设理论与实践

有一名青年班主任很为自己的威信而自豪,他说尽管他当班主任只有两三个星期,但是他已经把他的班级治理得服服贴贴。他班上的学生只要一见到他,就像老鼠见到猫一样,不管刚才班级里怎样闹哄哄,只要有一个学生说,"班主任来了",班级里立刻就会鸦雀无声。而他不在的时候,学生纪律很不好,他认为这是因为其他的老师没有能耐。

还有一名班主任,看起来班级工作似乎并没有让他操劳很多,他并不总是在班级里转悠,学生也不经常到办公室来找他。他班上的学生无论上哪一个老师的课,都能保持很好的纪律。他因为有比较多的学术交流活动,经常不在学校里。有时他可能离开班级十天半月,但是他班上的学生并不会因为他不在而出现纪律问题。

你如何看待以上两个班班级文化的差异?什么是班级文化?班级文化建设有什么意义?

班级文化含义

所谓"文化",是指人类在社会历史发展过程中制造的物质财富和精神财富的总和,比如文艺、天文、地理、教育、服饰等。而班级文化,则是指班级人为了实现班级的目标,在班级中通过教育、学习、管理、生活等各个领域的活动所创造出来的一切物质和精神的产物。

这个概念包括了五层意思:第一,班级文化的主体是班级人(班主任、班级学生及科任教师等)。第二,班级文化是在学校环境中的一种亚文化,有自己的独立个性与特质。它与社会文化和学校文化有着密切联系。社会文化通过大众传媒、人际交往和社会活动等方式影响班级文化。班级文化是校园文化的有机组成部分,班级文化建设的内容、特色、方法等必然要受到校园文化的制约。第三,班级文化的活动领域包括教育、学习、管理、生活等各个方面。第四,班级文化是班级人后天习得和创造的。第五,班级文化活动的开展,其目的在于实现班级的目标,建设良好的班集体。

班级文化的主要特点

班级文化是校园文化的一个方面,是班级全体师生共同创造的一种动态的、发展的个性文化,是一个班级的灵魂,代表着班级的形象,体现了班级的生命。作为一种亚文化,必然具有自己的特殊性。

（一）时代性

这是就班级文化的形成和发展而言的。任何文化都是时代的产物，都要反映时代的要求，班级文化也不例外。班级文化在其形成和发展过程中，无不受到一定时代政治、经济、文化的制约和影响，打上时代的印记，反映时代的风貌，具有时代的精神特点。班级文化的时代特征，决定了它必须紧跟时代的步伐，与时俱进，这是班级文化的根本生长点。

（二）多元性

这是就班级文化的内容而言的。班级文化的内容是丰富多彩的，既有物质的，又有精神的；既有制度的，又有行为的；既有个体的，又有群体的；既有移植外来的，又有自身生长的；既有继承传统的，又有发展创新的……班级文化的多元性体现了班级文化丰富的内容和深刻的内涵。

（三）规范性

这是就班级文化的可控性而言的。相对来说，社会文化由于影响因素、途径和方式较为复杂，不可控因素较多，具有较明显的随意性。而班级文化则不同，它必须为班级的目标服务，围绕目标而开展，受目标的调控。同时，班级文化的可控性还表现在受制度文化的影响方面，即班级的规章制度对班级人的行为具有严格的规定性和约束力。班级文化的这种规范性，指引着班级人朝着既定的目标明确而有序地开展活动。

（四）多样性

这是就班级文化的活动方式而言的。班级文化的活动方式，不是孤立的、单一的，而是丰富的、多样的。它既有班级人集体的活动，也有个体的活动；既有集中性的活动，也有经常性的活动；既有口头语言的活动，也有书面语言的活动；既有组织的正式活动，也有自发的非正式活动等。这种多样性的特征，使班级文化呈现出五彩缤纷的特色。

（五）动态性

这是就班级文化的发展过程而言的。任何一所学校的班级文化都不是静止不变的，而是动态发展的——都要经历一个从无到有、从少到多、从低级到高级的渐进过程，今天的班级文化是昨天班级文化的继承和发展。认识到班级文化的这一特征，我们才能用辩证的观点，时时处处审视班级文化变化发展的情况，从而促进其朝着预期的目标健康地发展。

（六）潜移性

这是就班级文化对学生发展的影响而言的。班级文化是学生所处的外在文化环境，它既直接影响学生对学习生活的感知、理解，又通过长期熏染，潜移默化地影响学生的人生观、世界观和价值观。

班级文化的主要类型

"横看成林侧成峰,远近高低各不同"。从不同的维度来认识班级文化,就会获得不同的认知。每一维度均为我们展现了班级文化的一个侧面,综合各个维度,就能对班级文化形成整体的认知。人们对维度的确定是随着班级文化建设理论和实践的发展而发展的。从不同的维度可以将班级文化划分为不同的类型。

(一)从建设的内容划分

班级建设主要涉及班级物质、班级制度和班级精神三大领域。在这三大领域的建设过程中,逐渐形成了相应的班级文化类型,即班级物质文化、班级制度文化和班级精神文化。

1. 物质文化

班级物质文化是班级文化中的实体部分,是班级文化的物质基础及其水平的外显标志,它主要包括班级的教室环境、教学设施、座位编排、班级卫生状况、各种墙报、宣传画、图书角、荣誉匾牌以及各种象征物等。

班级物质文化的具体形态展示出:不同类型的班级往往具有不同形态的物质文化。我们常常可以通过班级物质文化上的差异发现班级的特点,甚至发现班级风气的差异。如教室地面上不留一片纸屑往往意味着班级具有良好的运行机制、自控水平和团队精神。班级物质文化的建设需要一定的物质条件和一定的资金投入,但是,有一定的物质条件和经费投入也不一定就能形成育人的文化环境,它还有一个如何安排和布局的问题。因此,班主任要重视班级物质文化建设,充分利用班级物质文化熏陶和感染学生。

2. 制度文化

班级制度文化是班级文化中的制度部分,是实现班级目标的制度保障。在班集体中,我们把那些以规章制度、公约、纪律等为内容的、班级全体成员共同认可并自觉遵守的行为准则,以及监督机制所表现出来的文化形态称为班级制度文化。它不仅包括班级中各种条例和有形的规章制度、行为规范、纪律等,还包括班级中那些无形的习惯、约定俗成的规范等。

班级制度文化以有形和无形两种形态存在。有形的班级制度文化主要指那些正式的、成文的规章制度等,如《中小学生行为规范》《班级公约》《奖惩制度》等。无形的班级制度文化主要指那些不成文的,体现和反映班级传统、特色与习惯的非正式的制度文化。如某些有经验的班主

任尽管对学生的行为方式和具体的行为规范要求比较模糊和抽象,看起来"管"得不太紧,而长期积淀的那些习惯和传统却常常能够自主地约束和规范学生的行为,调整和协调各种关系。

3. 精神文化

班级精神文化是班级文化的观念部分,是实现班级目标的精神力量。它是指班级成员认同的特定的思想意识、价值观念、价值判断和价值取向、道德标准、行为方式等,它是一个班级的本质、个性和精神面貌的集中反映,并具体体现在教风、班风、学风、班集体舆论和班级人际关系等方面,是班级文化建设的核心内容。

在班集体中,精神文化常常是无形的,却又无处不在,它以"隐性"课程的方式对学生的世界观、人生观和价值观产生重要影响。班级的精神文化集中体现在教风、班风和学风上,因此,班级精神文化建设的重点就是"三风"建设。优良的班级教风、班风和学风对学生个性和品德具有陶冶和导向功能,是其他教育形式难以代替的。如"严谨"的品质在教室布置、组织管理、学习态度、教学要求等方面通常都能体现出来,学生在这样的班级文化陶冶下,就比较容易形成严谨的品格。因此,班主任在班级建设中一方面要致力于建设优良的班级教风、班风和学风,另一方面要充分利用已形成的良好班级教风、班风和学风这些"隐"性课程去影响和教育学生,发挥好班级精神文化的教育效能。

(二)从建设的主体划分

班级文化建设的主体是教师(班主任、科任教师等)和学生,由于这两类主体在班级文化建设中所处的地位、职责和任务以及发挥的作用不同,逐渐形成了相应的主体文化类型。

1. 教师文化

教师文化是指参与班级建设的教师集体在建设过程中所形成的、符合教师职责和行为规范的价值体系。它主要由本班全体教师的教育思想、管理理念、专业知识、教育与心理科学修养、职业道德、社会责任感、个性人格和奋斗目标、舆论、规范与教风,以及师生之间的交往风格、和谐平等的人际关系等组合而成,在班级文化的形成与发展进程中居于主导地位,对学生文化的构建具有表率、导向作用。

教师"教书育人"的职责决定着其行为方式常常与一定的道德要求和原则联系在一起。教师不仅需要用自己的知识影响学生,使他们了解自然和社会发展的基本规律,具备相应的、与自然和社会进行协调和交往的能力,而且需要通过自己的人格、品质和道德力量以及自己的行为去影响和感染学生。而学生在每一位教师那里学到的不仅仅是知识和技能，还在教师的身上，并通过教师的言行举止，接受世界观、人生观和价值观的感染和熏陶。教师应该是社会主流文化的承载者、认同者、实践者与传播者，既是学生的学业导师，又是其人生导师。

2. 学生文化

学生文化是学生在班级活动和生活中，逐渐形成的反映其思想和行为的价值体系。它主要由学生特有的价值理念、道德规范、思维方式、行为方式和精神面貌等组成，是班级文化中一种相对独立的文化形态。

学生文化具有自发性、多样性和互补性。自发性是指学生文化的形成和影响是自发产生的。它没有经过班主任和教师的组织或有意安排，通常是学生在日常交往中，由于有着共同的价值观念和行为方式而自然形成的。同时，它构成一种环境，影响着处于其中的每一名学生，使其在不知不觉中习得了这种文化。多样性是指学生文化的类型是多种多样的。共同的种族、民族特征、社会经济背景、地缘关系、学缘关系、年龄特征、性别特征、心理需要等因素都能使学生结成相对独立的文化群体。互补性是指各学生文化群体之间、学生文化与学校和班级主流文化之间，在形式、功能等方面相互补充，进而构成学生在学校的完整文化生活。学校和班级主流文化无法包容学生生活的全部内容，学生文化作为一种补充方式体现了学生生活的意义和价值。

班主任在班级管理中要十分重视对学生文化的了解、适应、引导和影响，倡导健康活泼、积极向上的学生文化，改变那些与学校主流文化相悖的学生文化，从而有效地引导和促进学生的发展。

(三) 从表现的形式划分

班级文化在表现形式上，有的是以人们直接可以看得见、摸得着的实物形式存在，有的是以隐性的精神、观念形式存在，据此，可以把班级文化分为显性文化和隐性文化。

1. 显性文化

显性文化是指可以摸得着、看得见的显性的环境文化，是班级文化建设的"硬件"，主要包括班级物质文化和有形的班级制度文化。比如摆成马蹄形、矩形、椭圆形的桌椅；展示学生书画艺术的书画长廊；激发学生探索未知世界的科普长廊；表露爱心的"小小地球村"；教室墙壁上的名言警句、英雄人物或世界名人的画像；悬挂在教室前面的班规、班训、班风等醒目图案和标语；师生良好的仪表仪态等。

显性文化对学生既可产生直接的教育作用，又可产生潜在的教育作

用。在良好的显性文化环境里学习、生活,会让学生产生强烈的归属感,喜欢学校生活,增添学习和生活的乐趣,同时也带来希望和活力。

2. 隐性文化

隐性文化是指班级中以隐性的精神、观念形式存在的文化,是班级文化建设的"软件",主要包括班级精神文化和无形的班级制度文化。如一个班级的教风、班风、学风、传统、班级舆论、人际关系,以及由制度文化所构成的一个制度化的法制文化环境等。

隐性文化虽然不能直接看到,却弥漫在班级的各个角落,对学生认识、判断和评价是非、善恶、荣辱,使他们对事物的爱憎、好恶的态度以及意志和道德行为等思想品德的形成起着潜移默化的作用,可以通过班级师生的言谈举止和精神面貌反映出来。

班主任要加强对班级文化"软件"建设的引导,使其向着积极健康的方向发展。

班级文化的主体功能

班级文化的功能是指班级文化的作用。积极的班级文化主要具有以下几方面的功能:

(一)文化导向功能

班级文化一旦形成,就有明显的价值导向功能。它通过文化因素的暗示,渗透于学生心里,可形成学生的价值观念,左右学生的思想和行为,影响和主导学生的价值取向。长期处在某一班级文化中的学生,在其熏陶下,必然形成相应的价值观念和思维方式。

(二)文化激励功能

班级文化作为一个客观现实的环境,能为每名班级成员提供文化享受和文化创造的空间,提供文化活动的背景以及必要的活动设施、模式与规范,从而有效地激发和调动每名成员参与班级活动的积极性、主动性和创造性,使其以高昂的情绪和奋发进取的精神投入到学习和生活中去。

(三)文化调控功能

班级文化所形成的规范体系,制约着学生的言行。这种规范一旦形成,就会成为一种强大的力量,使班级成员都能自觉地约束自己,让自己的行为符合班级规范。班级文化对成员的这种制约功能主要通过以下三条途径得以实现:氛围制约(环境、关系、风气等)、制度制约(规章、纪律、守则等)、观念制约(理念、道德、舆论等)。

(四)文化凝聚功能

班级文化是一个班级师生共同创造并实现的精神产品,是班级全体

成员思维与精神的集合,寄托着他们共同的理想和追求,体现着他们共同的心理意识、价值观念和文化习性,对班级成员来说,是一种精神纽带和心理"势场"。这种共同的心理意识、价值观念和文化习性会激发成员对班级目标、准则产生认同感和作为班级一员的使命感、自豪感和归属感,会使班级成员之间形成和谐、信任、友爱、理解和尊重的群体关系,并在共同目标的指导下统一思想,统一行动,从而激发起强烈的凝聚力和群体意识。

班级文化建设的基本程序

建设班级文化是学生全面发展的迫切需要,也是加强和改善学校教育工作的重要途径,因此,要从学校、班级和学生的实际出发,有目的、有计划、有组织地建设班级文化。

全面质量管理理论中关于全面质量管理的思想方法和工作步骤,即PDCA 循环,对我们建设良好的班级文化具有重要的指导意义。PDCA 循环又叫戴明环,是美国质量管理专家戴明博士首先提出的,它是全面质量管理所应遵循的科学程序。

PDCA 是英语单词 Plan(计划)、Do(执行)、Check(检查)和 Action(处理)的第一个字母。全面质量管理活动的全部过程,就是按照 PDCA 循环、周而复始地运转的过程。

第一阶段是计划,包括方针、目标、活动计划、管理项目等。

第二阶段是执行,即按照计划的要求去做。

第三阶段是检查,检查是否按规定的要求去做,哪些做对了,哪些没有做对,哪些有效果,哪些没有效果,并找出异常情况的原因。

第四阶段是处理,肯定成功的经验,将之变成标准,以后就按照这个标准去做。总结失败的教训,使它成为标准,防止以后再发生。没有解决的遗留问题反映到下一个循环中去。

在 PDCA 的循环中包含找出问题——找出原因——找出主要原因——制定计划——执行——检查——总结经验——提出新问题 8 个步骤。

PDCA 循环不是在同一水平上的循环,每循环一次就解决一部分问题,取得一部分成果,工作就前进一步,水平就提高一步。到了下一次循环,又有了新的目标和内容,工作就更上一层楼。

根据全面质量管理的工作原理,我们认为,班级文化建设应该按照科学决策、切实落实、评价反馈与持续改进的程序进行。

文化建设中的科学决策

(一)决策的内在含义

"决策"一词的意思就是做出决定或选择。时至今日,对决策概念的界定不下上百种,但仍未形成统一的看法。诸多界定归纳起来,基本有以下三种理解:一是把决策看作是一个包括提出问题、确立目标、设计和选择方案的过程,这是广义的理解。二是把决策看作是从几种备选的行动方案中做出最终抉择,是决策者拍板定案,这是狭义的理解。三是认为决策是对不确定条件下发生的偶发事件所做的处理决定,这是对决策概念最狭义的理解。这里是从广义上来理解"决策"含义的。

"凡事预则立,不预则废"。决策主要解决两个问题:一是干什么,二是怎么干。在班级文化建设中,只有通过科学决策,才能统筹兼顾、全面平衡,充分调动全班的积极性,有效地利用人力、物力和财力,指导班级文化建设的顺利进行,取得良好的建设效果。

(二)班级文化建设决策的主要内容

班级文化建设决策要涉及班级文化建设的方方面面,其主要内容可用"5W1H"来表示:

Why——为什么要做? 即明确计划工作的原因和目的。

What——做什么? 即明确所要进行的活动的内容及要求。

Who——谁去做? 即规定由哪些部门和人员负责实施计划。

When——何时做? 即规定计划中各项工作的起始时间和完成时间。

Where——何地做? 即规定计划的实施地点。

How——怎么做? 即制定实现计划的手段和措施。

但从宏观的层面上看,班级文化建设的决策主要包括班级文化特色的提炼、班级文化建设目标的制订和班级团队活动的设计三个方面。

1. 提炼班级文化特色

特色是事物所表现出的独特的色彩、风格等。它是一个事物或一种事物显著区别于其他事物的风格、形式,是由事物赖以产生和发展的特定的具体环境因素所决定的,是其所属事物独有的。班级文化特色是一个班的班级文化有别于其他班的班级文化的出色的方两,是其所特有的。

班级文化建设不能人云亦云,要有独创性,要有个性、有特色,要突出青春、朝气、活泼、健美等特点,要有较高的艺术品位和氛围。班级文化当然需要借鉴,需要学习,但这种借鉴、学习都是为我所用,不能完全照搬、照抄。否则,东抄一点,西凑一点,就成了"拼盘",或者成了僵硬的仿制,

因千人一面而失去独特的魅力。

2. 科学制定文化建设目标

目标是个人、部门或整个组织所期望的成果。班级文化建设目标就是一个班级文化建设所期望取得的成果。

制定科学的班级文化建设目标是科学决策的核心内容。班级文化建设目标对班级文化建设至关重要,目标就是动力,目标就是方向。具体来说,班级文化建设目标具有激励、导向和评价等功能。

班级文化建设目标功能的发挥不仅与目标本身有重要的关系,还与班级成员对目标的认知有重要关系。当班级成员认为某个目标很重要,具有很大的个人和社会意义时,这个目标就会对其心理和行为产生较大影响力,推动班级成员为实现这个目标而努力。相反,如果班级成员认为某个目标对其没有任何意义,实现它没有任何价值。这个目标对班级成员的心理和行为就没有影响力和推动力,班级成员也就不会为实现这个目标做出努力。因此,在制订班级文化建设目标时,应做到:

(1)目标定位要正确、具体、难度要适中。

(2)目标要符合自己的实际,体现自己的特色,要有实现目标的具体步骤。

(3)目标的设立要与社会发展目标相一致。

(4)各层次目标应有内在的一致性。

(5)目标的制定要尽可能多地征求班级人的意见,并接纳其合理建议。

3. 系统设计班级团体活动

良好的班级文化是班级成员在活动尤其是在团体活动过程中逐渐形成的,通过有计划有组织地开展团体活动,从中不断显现特定的文化价值,使班级成员在参与活动中受到陶冶和熏染,促使其在认识、情感和行动上逐渐趋同于班级文化的预定文化价值,从而达到形成良好班级文化的目标。因此,在班级文化建设目标制定后,必须设计出要通过哪些团体活动的开展来完成制订的目标。

在设计班级文化团体活动时要注意:①全员性——尽可能让全体同学都能参加活动,使每名学生都从中受益;②活泼性——活动符合学生的身心特点和兴趣爱好,使学生都乐于参加,勤于参加;③特色性——活动要有特色,有利于班级文化特色的形成和提升;④操作性——活动不宜过难或过易,要便于操作;⑤适度性——活动也不是越多越好,要精练。

文化建设中的落实与解决措施

切实落实就是把班级文化建设的各项科学策划付诸实践,使之变为现实。它是班级文化建设的关键环节,没有切实落实,再好的班级文化建设策划都只能是水中花、镜中月。就班级文化建设内容而言,就是要落实班级物质文化、制度文化和精神文化的建设。

(一)物质文化建设的落实

班级物质文化是班级文化建设的物质基础,主要是指教室的自然环境,包括教室墙壁布置、标语口号的拟定、桌椅的摆放、环境卫生的打扫与保持等。教室是学生学习、生活、交际的主要场所,是老师授业、育人的阵地,是师生情感交流的地方。优美的教室环境能给学生增添生活与学习的乐趣,消除学习后的疲劳。更重要的是,它有助于培养学生正确的审美观念,陶冶学生的情操,激发学生热爱班级、热爱学校的感情,促进学生奋发向上,增强班级的向心力、凝聚力。

(二)制度文化建设的落实

规范的班级管理制度有利于学生形成良好的行为习惯,建立良好的班集体必然需要相应的班纪班规来约束学生的行为。

首先,要建立健全班级规章制度。一个班级科学管理的前提是规章制度的规范化。俗话说"没有规矩,不成方圆",班级的规章制度是为了给学生提供参与班级活动及处理班级事务的行为标准。

其次,落实好规章制度执行情况的评比工作。一是向学生广泛宣传制度内容及含义,使学生掌握并理解制度的各项内容,明确遵守规章制度的作用,以使制度深入人心;二是积极创设条件,使规章制度能够更快、更好地实施;三是通过定期检查评比,营造出鼓励学生自觉执行规章制度的氛围,既可以强化制度的落实,又能使学生形成良好的行为习惯。

(三)精神文化建设的落实

班级精神文化是班级文化的核心和灵魂。班级精神文化建设要着重抓好以下几方面的建设:

1. 建设优良的班风

班风是班集体长期形成的在言论上、情绪上和行动上的共同倾向,是学生思想、道德、人际关系、舆论力量等方面的精神风貌的综合反映,是班级文化建设的核心和精髓所在。班风是在长期的教育教学实践中逐渐形成的,是一个班级历史的积淀。一旦形成往往不易消散,成为班级所有成员自觉行动的共同信念。优良班风像熔炉一样,对全班学生起着熏陶、感

染的作用,是一种巨大的教育力量。

2. 构建融洽的人际关系

人际关系指人与人之间的社会关系和心理关系,是在一定群体中,在人们相互交往过程中所形成的比较稳定而又持久的关系。班级人际关系主要包括教师与学生之间的关系和学生与学生之间的关系。融洽的人际环境,不仅可以使人奋发向上,还可以使班级形成良好的集体意识。要构建融洽的班级人际关系:首先,班主任和教师要有科学的教育观念,要热爱关心学生,尊重信任学生,对学生一视同仁。其次,要开展丰富多彩的集体活动。人际关系是在活动和交往中形成的,在活动和交往过程中,增进师生、生生之间的了解,升华他们之间的感情。

3. 形成正确的舆论

班集体舆论就是在班集体中占优势的、为多数人所赞同的言论和意见。班集体舆论是班级成员观念态度的集中体现,是班级深层次的精神文化。班集体的成长离不开健康的班集体舆论。要培养正确的班集体舆论:第一,要培养学生正确的认识,学生如果没有正确的认识,是不可能有正确舆论的。第二,要正确把握集体舆论,善于启发引导,以确保班集体舆论朝着积极、健康的方向发展。第三,要善于利用舆论工具,充分发挥它们的作用。第四,对好人好事,要不失时机地表扬,对学生的错误,也要立即指出,引导学生形成正确的是非观。

4. 注重诚信教育

诚信教育就是要引导学生说老实话、办老实事、做老实人。诚信是我们中华民族的美德,是个人立身之本。要使学生具有良好的诚信品质,班主任首先要以身作则。"其身正,不令而行;其身不正,虽令不从"。其次,形成班级诚信氛围,强化"诚信光荣,不诚信可耻"的道德观念。第三,使学生形成正确的诚信观念,要善于反思,要有独立自主的精神。

5. 培养学生创新精神

"创新是一个民族进步的灵魂,是一个国家兴旺发达的不竭动力"。创新是新时代的主旋律,班级精神文化建设要注重发掘学生的创造潜能,培养创新型人才。要培养学生的创新精神:第一,要具有正确的创新观念,陶行知在《创造宣言》中说:"处处是创造之地,天天是创造之时,人人是创造之才。"创新并不只是科学家等少数杰出人物的专利。第二,要搭建良好的平台,为每一名学生提供思考、创造、表现及成功的机会,从而发展学生的个性及特长。第三,关注学生成长与发展的每一点进步,帮助学生发现自己、肯定自己。第四,培养创新的班级氛围,培养学生形成不唯

师、不唯书、只唯实、敢说、敢想、敢于怀疑、敢于否定的意识。

班级文化的评价反馈与持续改进

评价是依据班级文化建设的目标,对已开展的班级文化建设活动进行价值判断,主要看建设成效与建设目标的吻合度。反馈是指班级文化建设评价者将有目的地采集的有关评价对象的信息,传递给评价对象,然后收集评价对象的反馈信息,以此来实现评价信息的循环,借此不断修正评价对象的行为,即班级文化建设评价者通过评价的反馈,对班级文化建设者的行为进行调节和控制。交流是指班级文化建设评价活动的参与者,包括评价者、被评价者及其他相关人员之间的相互信息交换。通过交流,能够促使人们自我反思、相互学习、取长补短、共同进步。

班级文化建设基本模式与思路的探讨

班级文化建设的基本模式

(一)班级文化建设的基本行为

依据西方经典的组织文化理论,创建和改造组织文化的行为,可以分为实质行为和符号行为。其中,实质行为指的是该行为能取得班级优势和特色,如学习、考试、文体竞赛等;符号行为则是对班级取得的这种优势和特色进行的表达和传播。二者是相辅相成的,实质行为是符号行为的前提和基础,符号行为又能促进实质行为的发展。班级文化作为一种组织文化,如果只是对班级价值观、班级精神以及班级个性等精神文化要素进行表达和传播的符号行为,而没有体现这些班级文化核心要素的实质行为,那么这种班级文化就很可能是空洞无力的,尽管从设计上看它有较为完整的体系结构。相反,只有实质行为创造优势和特色而没有符号行为进行提炼和表达,那么,这种班级文化很可能就是一种没有灵魂的班级文化。因此,健康的班级文化产生的条件是:取得优势和概念表达二者俱全,也就是实质行为和符号行为共同发挥作用,这样班级精神才能落到实处,班级文化的匹配作用才能真正发生。通俗地讲就是要处理好"做"与"说"的关系。"做"和"说"在班级文化建设具体操作的战术动作上是相辅相成的,不可偏废。

(二)班级文化建设的基本模式

1. 归纳模式

(1)归纳模式的基本内涵。归纳模式中的班级精神是在教书育人的实践中对特定主题的班级优势和特色进行长期积淀后逐渐形成的,并在

其定型之后由班主任提炼形成的,其公式可以概括为:突破——积淀——提炼。

"突破"发生在班级文化建设的启动阶段,它指的是班主任在深入了解班级特点的基础上,引导学生在学习和活动中取得优势,创造出与之相适应的班级特色,从而为班级文化建设找准切入点。在突破中创造出来的优势和特色,虽然不明显,但它包含了班级文化核心要素。"积淀"对应的是班级文化建设的发展阶段。它是在班级文化建设取得突破之后,班主任依据此前形成的班级文化核心要素的基因,引导学生在学习和活动中不断取得优势,不断积累和加强班级特色的过程。在这一过程中,班级不断取得优势的做法和作风会逐渐演变成为一种"传统"——一种已形成但尚未被明确表达的班级精神。接下来,就很自然地进入了提炼阶段。提炼阶段是班级精神定型的阶段,也是班级文化成熟的阶段。判断是否对班级精神进行提炼的标准是看这种"传统"是否能在班级取得优势的过程中模式化地发挥作用。如果是,班主任就应选准时机从这种班风传统中提炼出其核心内涵——班级精神。这种经过长期实践形成的班级精神一旦被恰当地提炼和表达出来并得到进一步强化,一种健康的、强势的班级文化就形成了,它必将对班级教书育人的目标产生良好的匹配作用。

(2)归纳模式分析。周勇在《班级文化建设操作纪实》中讲述的是较为典型的归纳模式。在突破阶段,该班班主任依据班级学生调皮、活跃、爱打排球的特点,引导学生在学校排球比赛中取得优势,并借机提出了"最调皮、最厉害、最可爱"的班级形象概念,为班级精神的形成提供了"最"字基因。其后,经过初一第二学期语、数、外三科统考全校第一名和初二第一学期"物理回回第一"两次大型的实现"最厉害"的形象诉求的操作。最后,该班主任因学生会考取全校第一名轻松自信,故而判断这种作风已在模式化地发挥作用。从而在一个恰当的时机将林依轮演唱的《步步高》教作班歌,以此为引子将歌词"世间自有公道,付出终有回报,说到不如做到,要做就做最好,步步高"中的"要做就做最好"概括为班级精神,并引导学生回顾该班不断取得以"最厉害"为内涵的班级优势的历程,概括了这种班级精神提炼的内涵。

2. 演绎模式

(1)演绎模式的基本内涵。演绎模式指的是班主任在深入了解班级特点的基础上,依据班级特定的教书育人目标,提出其预设的班级精神,然后通过引导获得学生的认同,并使学生在学习和活动中践行而发展成熟。其公式可以概括为:提出——认同——落实。

在提出阶段,班主任依据对班级目标和班级特点的理解提出自己预设的班级精神,从而设定班级文化建设的基本方向。这种提出的形式是多种多样的,可以是班主任直接提出的,也可以是班主任引导后学生自己提出的;可以利用已取得优势提出,也可以在没有取得优势的情况下依据班级情况和班级目标提出。总之,班主任要善于抓住有利时机提出自己的班级精神表达。此时,班级精神还是比较抽象的,其具体的表达方式也可能是不成熟的。在接下来的认同阶段,班主任要采取行动让学生认同这种班级精神,使其内涵系统化,并确定其最终的表达方式。最后是落实阶段,这是演绎模式操作中的重点和难点。

(2)演绎模式分析。周勇在《塑造班级品牌的灵魂——班级精神的提出及落实例说》中讲述的是较为典型的演绎模式的案例。在提出阶段,该班主任在确立学生个人成长目标的基础上,对班级精神有较明确的要求("要成为 NO. 1"),但未直接表达,而是学生在接受引导之后自发提出来的("We're the best")。从该班主任对这句贴在教室后墙上的班级口号的"暂时肯定"不难看出,这时的班级精神表达尚未定型。在认同阶段,该班主任针对男女生早恋这一普遍问题,又引导学生自发地提出了"留得青山在,不怕没柴烧"的班级价值主张,对班级精神在这一特定环境中的形成提供了很好的价值支撑。接着,利用在活动中取得的优势,使班级精神获得学生认同,并借机将其定格为"To be the best"的班级精神。在落实阶段,该班主任主要通过进一步激发学生的学习热情,培养学生良好的学习习惯,充分调动学生的积极性来践行"To be the best",在这一过程中,为该班提炼了"纯真可爱,积极上进"的班级品牌个性,丰富了班级文化的内涵,为班级精神提供了有力的支撑。

归纳模式与演绎模式各有各的特点,但二者的区别也不是绝对的,班主任在班级文化建设实践中应根据班级的实际情况,灵活选择班级文化建设模式,切忌生搬硬套。

班级文化建设的培育

文化是通过具体的文化载体来呈现、传播、继承和发展的。班级文化建设要充分利用好各种文化载体,通过不断开发、建设和利用文化载体,发挥其积极作用,促进良好班级文化的形成和发展。同时,班级文化也是在集体活动和交往中形成的,因此,要通过组织和开展大量的班级活动来建设班级文化。

（一）营造班级阅读氛围

苏霍姆林斯基曾说过"学校应当成为书籍的王国，要天天看书，终生以书籍为友，这是一天也不能断流的潺潺小溪，它充实着思想的江河"。而在我国目前的中小学中，由于"应试教育"状况还未得到根本性改变，学生的主要精力仍放在考试科目上，钻研教材、教参和习题占据了学生的绝大部分时间。调查发现，中小学生比较喜欢读影视、体育、时装和爱情婚姻类报纸杂志，以及言情、武侠、卡通漫画和科幻小说等文学作品。很多学生讲起金庸、古龙、琼瑶、韩寒和郭敬明来如数家珍，但认真读过中外文学经典名著的，或是熟悉现当代名家名作的却寥寥无几，娱乐和消遣成了阅读的主要目的。

1. 向学生推荐优秀书目

向学生推荐优秀读物，使他们能够及时接触经典名著，引导他们走上正确的人生道路。向学生推荐健康、积极向上的著作，展示人类生活的美好前景，能够鼓励他们热爱生活，激发他们的创造力和想象力。

2. 引导学生自主阅读

开展文学经典名著阅读，教师的引导至关重要。班主任应与语文教师商议，将课外名著阅读纳入教学计划当中，不能随意和草率。每学期开始，师生共同商讨、制定阅读计划，规定阅读书目的范围和数量。计划的制订要考虑学生的个体差异，制定最低的阅读标准，当然还要考虑到对学生阅读效果的考核和评估，对完成好的要给予奖励和表彰。

3. 定期召开读书汇报

《学记》云："独学而无友，则孤陋而寡闻。"孔子说："三人行，必有我师焉。"同学之间经常交流阅读内容和心得，对激发阅读兴趣，提高阅读效率大有好处。让学生用简明扼要的语言把自己近期的读物介绍给同学，谈谈自己的读书体会，或复述或背诵部分精彩的片断。让学生在和谐、宽松的氛围中尝试着用属于自己的语言来评说作品，畅谈读书体会，让读者与作品的情感自由碰撞，让读者与作者的心灵直接对话，让学生在获得对作品更深层次理解的同时，精神境界得到提升。

（二）营造班内艺术氛围

艺术是人类文明的重要组成部分。随着信息时代的到来，艺术不再局限于传统的剧场、戏院、音乐厅、美术馆，而是更为广泛地进入电视、电脑、网络等大众媒体，成为现代人日常生活和学习不可分割的部分。越来越多的人文学者、科学工作者和工程技术人员尝试从艺术中吸取灵感，将艺术的思维方式渗透到自己的工作和研究当中。艺术的感受、想象、创造

等能力,已成为现代社会需要的综合型人才所不可缺少的素质。

1. 艺术活动的现实价值

艺术活动主要包括音乐、美术、戏剧、舞蹈以及影视、书法、篆刻等艺术形式和表现手段。通过开展各种艺术活动,使学生不断获得基本的艺术知识以及艺术的感知与欣赏、表现与创造、反思与评价、交流与合作等方面的艺术能力,提高生活情趣,形成尊重、关怀、友善、分享等品质,塑造健全人格,使艺术能力和人文素养得到综合发展。

具体来说,开展艺术活动对学生的健康成长主要具有以下几方面的价值:

(1)审美价值。艺术活动是学生在学习过程中鉴赏美和创造美的实践,通过音乐、美术、戏剧、舞蹈、影视等艺术形式和表现手段,使学生的艺术经验不断得到丰富和升华,获得感受美、鉴赏美、创造美的能力和健康的审美情趣。

(2)情感价值。艺术活动为学生提供多角度、多方面、多渠道的情感体验,学生有机会选择自己喜爱的方式进行自我表达和交流,使情感得到丰富,达到人格的提升和心灵的净化。

(3)智能价值。通过开展各种艺术活动,能全面培养学生的视觉能力、听觉能力、动作协调能力、语言表达能力、认识自我和适应环境的能力。在艺术涉及的联想、推理、分析、综合等活动中,学生的形象思维和科学思维得到协调发展,创新能力得到不断提高。

(4)文化价值。艺术活动使学生有机会接触丰富的艺术信息,认识和理解本民族与世界各地艺术的历史、文化意蕴,感受其特色,形成对本民族文化的认同、热爱和对多元文化的尊重,参与文化的传承与发展。

(5)应用价值。学生在艺术活动中获得的艺术能力和经验,使学生毕生受益,使他们的生活变得丰富多彩、富有情趣,使他们的工作和学习变得更有效率和更富创造性。

2. 如何营造班级艺术氛围

(1)转变教育观念。在"应试教育"下,很多班主任最关心的是学生的"升学率",认为开展班级艺术活动占据了学生大量的学习时间,会影响"升学率"的提高,是得不偿失、不务正业的事情,他们不支持甚至阻止学生开展相关的活动。这严重影响了学生艺术修养的提高,阻碍了学生身心全面健康和谐地发展。在全面实施"素质教育"的今天,班主任必须与时俱进,转变教育观念,在班级文化建设中,结合班级学生的实际,组织学生开展丰富多彩的班级艺术活动,丰富学生的班级生活,提升学生的艺

术修养。

（2）积极开展丰富多彩的班级艺术活动。在班级文化建设中,班主任要结合艺术课程的学习,充分利用和创造各种有利条件,并结合学生的生活经验和社会文化资源,为学生提供生动有趣、丰富多彩的内容和信息,开展诸如经典歌曲传唱、绘画、舞蹈、戏曲、书法、经典作品赏析、地方传统手工艺等艺术活动,鼓励学生开展体验性、探究性和反思性艺术活动,营造艺术氛围,拓展艺术视野,培养艺术才能,提高学生的综合素质。

（3）加强对班级艺术活动的指导。艺术活动不论从活动内容还是从表现形式上看,都存在高雅与庸俗、健康与不健康之分,学生往往由于知识经验的局限,不能做出正确选择。因此,班主任必须与艺术课程的教师一道,加强对班级艺术活动的指导。班级艺术活动开展要做到:

适合学生身心发展水平,从其兴趣、需要、情感表达、人际交流等方面进行考虑,不同年龄阶段选择不同的内容和形式,以激发学生的激情。

选择积极、健康、向上的内容,激励斗志,催人奋进,丰富学生的精神生活,形成健康的审美情趣,进而使学生建立正确的人生观、世界观和价值观。

（4）为班级艺术活动的开展提供便利条件。为班级艺术活动提供人力、物力、时间、空间等方面的便利条件,使之得到有效开展。

（5）充分利用家长和社区资源。营造班级艺术氛围不能闭门造车,而要对家长和社区开放,形成艺术教育的合力。利用有艺术专长的家长和社区人士为学生做专题讲座、示范,甚至直接指导学生的艺术活动开展。

(三)培育班内健康网络文化

1. 网络对学生的影响

网络被誉为 20 世纪最伟大的发明,是体现时代特色的重要标志,它具有高科技性、自由性、时尚性、超越时空性、虚拟性、实时性、交互性、全球性等八大特点。网络的高科技性,表现在网络上提供的精美的主页、丰富的内容、详实的文字资料、悦耳的音乐、生动的影视图像,以及友好的界面形象、多样的网络游戏,对学生产生了新颖的刺激和魅力无穷的诱惑,牢牢地俘获了青少年的注意力和好奇心。网络的自由性为青少年创造出自我实现的新空间,使之个性得到最大的张扬,追求一种自我的理想。网络的时尚性符合青少年追逐时尚的心理,青少年如果不上网就会被视为老土,跟不上时代,他们在某种程度上可以概括为上网的一代。而超越时空性、虚拟性、实时性和交互性使青少年扩大交往面。网上交友已成为青少年人际交往的一种重要形式,处于发育期的青少年的生理和心理正发

生着剧烈变化,他们渴望友谊、理解和交流,但是由于性格、文化及教育制度等原因,和亲人、朋友及老师之间的交流并不顺畅。在网络上,青少年可以在匿名的状态下自由选择交流的对象,可以无所顾忌地吐露心声,彼此倾诉在成长中遭遇的烦恼、困惑、孤独和痛苦,找到共鸣和理解。

但是,也正是因为网络具有这些特点,同时也带来色情、暴力、迷信等不良信息的泛滥。若缺乏科学指导,青少年使用网络的目的不明确,对信息不能进行正确分析,就容易导致青少年的思想混乱,有的沉溺于网络游戏、网络聊天、网络恋爱;有的上网成瘾而不能自拔;有的甚至浏览黄色暴力网站,进而发生违法违纪行为等。网络已成为一把名副其实的"双刃剑"。据全国人民代表大会常务委员会执法检查组关于检查《中华人民共和国未成年人保护法》实施情况的报告称,据有关方面调查,目前,我国约有 4 000 万未成年网民,其中"网瘾少年"约占 10%。导致未成年人沉迷网络的主要原因是不良网络游戏。

2. 青少年"网虫"的类型

青少年网络成瘾现象大体上分为六种类型:

(1)网络游戏成瘾——根据对青少年上网目的的调查数据,玩游戏成为青少年上网的首选目的,所占比例高达 40% 以上。

(2)网络交友成瘾——通过 OICQ 等聊天工具、网站聊天室进行人际交流,沉迷于网络聊天交友而不能自拔,将网络上的朋友看得比现实生活中的亲人和朋友更重要,追求浪漫故事,包括"网恋"。

(3)网络色情成瘾——指沉湎于网络上的色情内容,包括色情文字、图片、电影和色情聊天等。

(4)网上信息收集成瘾——总是不能自制地在网上搜索或下载过多的没有多大意义的资料或数据。

(5)计算机成瘾——对计算机知识特别感兴趣,沉迷于电脑程序,对那些新鲜的软件有强烈的兴趣,迷恋网络技术包括黑客技术,热衷于自建和发布个人网页或网站等。

(6)其他强迫行为,如不可抑制地参与网上讨论,在 BBS 上发表文章,开展购物、拍卖等活动。

3. 班主任如何有效利用网络的引导

班主任对学生使用网络不应采取简单的堵截,而应充分满足学生使用网络的需要,对学生使用网络进行积极引导,把学生的求知欲引向正确轨道,提高学生收集、分析、辨别、处理信息的能力,拓宽学生的知识面。班主任要与信息技术课教师一道,提高学生的信息技术素养。

（1）获取信息——有收集和重新获取信息的意识,并知道如何收集和检索信息;

（2）管理信息——能够应用现有组织或分类明细表对信息进行管理;

（3）整合信息——能够解释和描述信息,包括概括、比较和对比各种信息;

（4）评价信息——能够判断信息的质量、适用性、有效性和效率;

（5）创造信息——通过组合、应用、设计、创造或加工信息来生成新的信息。

4. 班主任预防青少年网络成瘾的具体办法

（1）认识导向。给学生讲清楚电脑与网络的用途,利用生动事例阐明沉迷电子游戏的危害。

（2）培养自律自控能力。

（3）有限制地让学生使用网络,要限时间、限网站、限用途。

（4）做好家长工作,家长做出示范,并对孩子进行监督。

（四）提高学生的社会责任感

广义的中小学生社会实践是指学生参加的一切实践活动,狭义的中小学生社会实践是指由学校（班级）组织学生参加的各种具有教育价值的,面向社会、理论联系实际的实践活动。在班级文化建设过程中,班主任要有意识地组织学生走出校园,走向社会,关心社会发展,关注社会问题,参加社会公益劳动等社会实践活动,使学生形成正确的劳动观点,获得劳动技能,树立为集体、为家乡、为社会服务的思想,进而提高学生的社会责任感。

1. 中小学生社会实践活动的根本目标

（1）情感目标。①对劳动的体验,包括培养尊重劳动的态度;养成劳动的习惯;培养吃苦耐劳的精神以及克服困难的毅力;品尝劳动成果、收获的成就感及喜悦心情。②对人的体验,包括认识自身的价值;学会自立;关心同情他人的情感与品格;师生间的相互接触和了解、信赖;同学之间的友情;了解对社区作出贡献的人并尊重他们;切身体会他人的不幸和痛苦。③对自然的体验,包括通过触、听、看、嗅等感官感受大自然的美景;崇敬自然,萌发对自然的热爱进而产生保护自然的强烈意识。④对社会的体验,包括培养社会责任感和公民责任感、使命感、团体意识、合作意识;培养守纪、协作、友爱的精神;自主地构筑美好生活的态度与实践精神;培养建立良好生活环境、社区文化艺术的感情和态度;维护和发展社

136

区和福利文化事业;培养服务公共事业、社会互帮意识等道德品质。

（2）认知目标。①对人的认知,对人格尊严的理解;理解由于贫富、职业、性别、种族等因素造成的素质差别,正确地看待自己、对待别人。②对生活的认知,掌握基本生活常识和生活习惯。③对工作的认知,掌握有关服饰、饮食、看护、福利的知识。④对自然与社会的认知,掌握本国历史、文化、环境及环境问题,自然乡土、动植物的生态和分布等知识;了解社区文化和传统艺术;认识和了解他国的语言、生活习惯、饮食、气候风土、文学艺术等异国文化;掌握出于特殊的地理位置而造成的自然灾害及如何躲避灾害的相关知识。⑤对某些活动必备知识的认知,了解和掌握志愿服务活动及其对象(社会福利、国际合作、文化活动)的相关知识。

（3）技能目标。学习农作物的栽培、种植、护理、收割、试验等;学习捕捉并收集动物标本;对工业生产更加了解并掌握实际操作技能;获得交际能力;锻炼经营的本领;调查、评价、解决有争议问题的能力。

2. 中小学生开展社会实践活动的基本原则

（1）本土性原则。活动大体都立足本土,利用本社区、本学校制定活动项目。如学校临近山区,就安排学生学习植物与果树栽培劳动;如在城市,则可让学生到工厂学习简单的工业劳动。

（2）实践性原则。活动要注重培养学生的实际动手操作能力及独立思考能力,让学生深入农村、工厂、公司、商店,直接与现实社会和群体接触。

（3）生活性原则。活动大都应比较贴近学生的日常生活,或是与现实人类生活密切相关的人生问题,如生与死、家庭、性、老人福利、大众文化等。

（4）全面性原则。活动过程中不仅要让学生学到许多直接经验。同时也要培养学生认识社会问题的经验,从事劳动和技术活动的经验等。

（5）文化性原则。了解本国的传统文化、传统艺术、民间艺术,家乡的名胜古迹、文化遗址、历史以及近代以来本地社会、经济、文化、生活变迁等。

3. 中小学生常用的社会实践形式

（1）社会调查式:组织学生对本地社会、经济、文化、生活等方面的发展状况进行调查研究,如关于生活用水状况的调查研究,关于生活垃圾分类处理的可行性调查,市区白色污染的调查研究,市区交通安全问题研究,市区农民工子女入学状况的调查研究,中小学生的饮食与营养问题研究等。

(2)生产劳动式:组织学生到工矿企业或农村等生产第一线,直接参加生产劳动,了解生产劳动的过程,掌握一些基本的劳动技能。

(3)勤工助学式:学生利用寒暑假等闲暇时间,进行一些适当的有偿劳动。

(4)志愿服务式:在体育赛事、重大庆祝活动及其他一些重大事件发生时,参加志愿者组织,为社会提供志愿服务。如举办北京奥运会时,就需要大量的志愿者。

(5)公益活动式:组织学生参加诸如打扫街道、植树造林、清理白色污染、动植物保护等社会公益活动。

(6)社区服务式:社区服务主要包括社区保洁活动、社区护绿活动、社区综合宣传活动、社区"陋习"纠察活动、社区敬老爱老活动、社区帮困助残活动、社区读书辅导活动、交通服务活动、环保志愿者活动、社区公益劳动等。

(7)参观考察式:参观(访问)考察革命遗址、科技馆、英雄模范人物、杰出人物、现代化建设成果、市政工程、著名高校、工厂、高新技术产业运作情况等。

第五章

班主任工作管理与评价中的艺术

班主任工作管理的涵义

班主任工作的管理是学校工作的重要组成部分,这种管理的成效,能使班主任工作井然有序,能使班主任素质得到提高,能使整个学校面貌不断发生积极的变化,能使教学工作顺利开展,能使学生进取向上、健康成长。班主任工作管理的重要性是否有足够的认识、管理是否得当、班主任精神面貌是否焕发,是一所学校办学水平的体现。班主任工作局限在维持秩序的范围,只在学生的日常活动中使用班主任,恰恰是对班主任工作管理的意义和内容认识模糊的一种反映。对班主任工作的管理,基本点应着眼于使学校的班主任工作形成客观的运行机制,使班主任工作有序、有为、有力、有绩。从这一认识出发,班主任工作的管理,有以下的意义:

学校工作发展的需要

学校工作是在统一的目标前提下全方位的工作。其作用是多方面的,呈多元的状态,而各项工作又都有着密切的联系,即为了一个目标,各自发挥着应有的作用。当这些作用都能够积极发挥的时候,学校工作就能够稳步地、健康地向前发展。学校班主任工作本身就在学校中占据重要的地位,它与教务工作、思想教育工作、校外工作、学校建设工作、课外工作、文体卫生工作、总务工作,以至与学校教育的改革都有密切的关系。班主任工作既是学校整体工作的基础,又是学校工作的保证。班主任工作的科学管理,能使这种"基础"更稳固,也能使这种"保证"更有力,因而也能使学校工作更好地发展。

保证学校工作的协调和有序

学校工作是以班级为单位的,而学校各个班级又是在统一的目标下,各自活动的。由于学生的状况、班主任的状况以及其他因素,在学校中班级活动的发展水平、发展状态会有所不同,而学校对学生的要求却是统一的、协调一致的。班主任工作的管理,能够起到调整、督导、激励的作用,使每个班级的活动正常、实现教育目标的轨迹清晰、学生的表现状况良好。这样学校的整体工作才能够做到协调、有序和共同前进。学校的班主任工作管理是对班级工作正常运作的有力的督导、调控手段,不论是出于主观或客观原因,班级工作总会出现这样或那样的问题,有与学校工作目标或学校整体工作相偏离之处。对这种偏离,只能靠科学的、严格的管理手段加以调节。学校对班主任工作的管理,在日常工作中这种意义是很明显的。

促进班主任素质的完善和提高

班主任所承担的工作任务,最终完成的质量如何,取决于班主任整体素质。如何使班主任充分发挥主动性、积极性,如何使班主任真正尽到责任,如何使班主任提高工作质量,如何使班主任提高理论修养与师德修养,这些都要靠班主任工作管理去解决。班主任整体素质的提高,意味着班主任工作水平的提高,当然也意味着班主任工作管理水平的提高。通过对班主任思想教育,使班主任提高思想水平,这样班主任才能热爱本职工作,竭尽全力去搞好班主任工作。通过对班主任的培训,使班主任提高教育理论水平,就能使班主任工作具有科学性,能使班主任按教育科学规律教书育人。通过对班主任工作激励和调控,又能使班主任积极进取,发挥创造性,使班级工作正常发展。通过对班主任工作的评价和各方面对班级工作的反馈,能使班级工作把握正确的方向,使班主任能认真总结经验教训,不断地推进工作。

培养合格人才有直接作用

一个学校是否被社会所认可,有没有生命力,关键在于其培养出的学生是否合乎质量规格。培养出合格的学生,既需要学校其他方面工作的正常运行,也要有班主任工作过程的质量管理。这种"质量管理"既是对班主任的工作的直接要求,也是对学生的质量分析、检查和评价。因此,班主任工作的管理,又是通过学生的质量反映出来的。当然,学生的质量取决于学校多方面的工作,也取决于班级任课教师。但这各方面的因素,都要有班主任工作的保证并在班级面貌中得到反映。通过班主任工作的管理,学校领导可以把握学生的质量状况,直接对学生提高质量给予指导。所以学校对班主任工作管理科学化、制度化程度越高,越容易对学生实现合格的质量标准起到更大的作用。

加强班主任工作的管理,既是学校领导理论修养水平的体现,也是学校领导领导艺术水平的体现。优秀的学校领导者,不仅善于抓好教务工作的管理,同时也善于抓好班主任工作的管理,使二者相辅相成、相得益彰。班主任工作不到位,班级集体松散,学生精神状态不佳,也很难使教务工作顺利进行。

班主任工作管理的重要原则

班主任工作管理的原则,是由学校班主任工作的性质、目的、任务规定的,是由班主任工作的地位与作用决定的,是现代管理科学的基本原理

在班主任管理中的具体运用,也是学校对班主任管理工作的经验总结。

班主任工作管理的原则,主要有以下几条:

方向性原则

班主任工作的管理,首要确保班主任工作的方向不发生偏离,同时又要明确具体管理工作中的目的性。班主任工作的方向性就是按社会的要求,按国家的教育方针,把学生培养成为合格的人才。班主任的一切努力都要围绕这一总体方向,班主任工作管理就是要以此为目标提出要求、进行工作部署、适度督导检查、激励和进行正确及思想和业务的培训等。班主任工作面对的是复杂的社会背景和众多的学生,加之,班主任自身的修养的不同,因此在具体工作中很可能发生方向的偏离和教育学生的失误。这就要通过管理给予班主任以正确的认识和方向要求,以防止班主任工作偏离方向和发生失误。

整体性原则

学校的工作是一个整体,它是有目的、有组织的有机整体。这个整体内部又有若干个部门,如把学校看做是一个系统,它的内部又有各种分系统。班主任工作是学校工作的一个分系统,有其特定的功能,并且有其内部的结构与其相关的因素。所谓班主任工作管理的整体性原则,是指班主任工作管理中既要从学校整体工作出发,使班主任工作与学校其他工作相互协调并发挥独自的效能,同时也要从整体上使班主任工作的内部结构保持协调共进的态势。

班主任工作与学校其他工作都在各自运行,总体协调就是要使班主任工作与学校其他工作保持一致性。他们之间既不是无机的拼合,也不是独立的存在,而是在相互联系中。这种有机体你中有我,我中有你,实际上是分不开的,而且它的力度远远大于各种分力的相加。对学校管理者的基本要求就是有这种整体观念和把握整体性的措施和手段。所以要把班主任工作的管理,放在学校整体工作中去,使其成为学校整体工作的有机部分。

班主任工作既是学校整体系统中的子系统,又是由多种因素和内容构成的一个整体。从教育内容上讲,它是多种的;从活动方式上讲,它是多面的;从作用因素上讲,它是多元的;从工作对象上讲,它还是多头的(学生、家庭、社会、其他教师等,都是班主任直接或间接的工作对象)……这些因素构成了班主任工作的整体。在班主任工作的管理中,这都是要顾及的因素,而且必须使这些因素具有整体的一致性,并能协调

发展。

体现整体性的原则,是班主任工作的管理形成系统的管理责任和管理层次。系统的管理责任和管理层次,就是各层次的管理者都要有明确的责任,每个层次管理者都有具体的职责和权限,并要对班主任工作的"结果"负责。层层领导、各有责任,就能够使班主任工作整体协调,井然有序。具体讲,应该形成"分管校长——德育主任——班主任组长"的三级管理层次,各层次都要有具体的职责。这样就能避免班主任工作管理的混乱,避免来自多方面的指挥,也能避免无人负责的现象。体现整体性原则,也要分清学校工作的主次,并使其协调发展。学校工作应以教学为中心,以育人为目的,不能强调教学工作而使班主任工作无所作为,更不能把班主任工作仅仅当作是事务性的工作。

规范性原则

班主任工作的管理的规范性原则是指班主任工作的规范化。所谓规范化一是对班主任工作的要求规范;二是班主任工作有严格的规章制度;三是要求班主任的职业行为、职业道德规范。学校领导必须按国家的要求实施班主任工作管理。班主任工作规定的主要文件是《中小学班主任工作暂行规定》(试行草案)和《中学班主任工作的暂行规定》。这两个文件是对中小学班主任管理的依据,是学校领导者必须遵照执行的。另外,还有一些与班主任工作有直接和间接关系的有关文件,也是在班主任工作管理所要遵循的,学校领导者要熟知这些文件的要求和主要精神。

在班主任工作的管理中,要体现规范化原则,还要求学校领导者制订必要的有关班主任工作的规章制度。要能够把涉及班主任工作的重大要求和活动都尽量制度化,这样不但管理规范,能形成统一的要求,也便于评估班主任的工作。建立学校班主任工作制度,使班主任工作管理有具体要求可循,更有益于形成班主任工作的运作机制。建立健全规章制度还有益于班主任工作形成稳定的工作秩序,规章制度的严格和健全,也能使班主任工作阵地得到加强,能使班主任更加自觉地遵守规章制度、遵守纪律,当然更有利于学校领导的指挥和调控。班主任规章制度要体现对班主任工作大的方面的要求,要全面、具体、可操作,但要给班主任发挥的余地,不要拘泥和过于琐细。

班主任的管理工作的规范,也必然包括班主任职业道德要求的规范。这些方面国家有相应的规定要求,学校可以根据本校实际情况使其具体化,并以此来考核和评价班主任的工作。班主任的整体素质要求、班主任

的职业道德要求,常常是学校管理工作中被忽视的部分。特别是由于强调教师的辛苦和困难的一面,容易放松对教师提高素质的要求。更有的学校对班主任只"使用"而不教育培养,使得班主任队伍的整体状态不尽如人意,班主任只"凭良心"做事,这样就难以形成一个良好的班主任队伍。所以学校领导既要关注班主任的困难(这也是管理的内容),又要严格要求班主任,使他们的表现符合班主任职业道德的要求。

动态性原则

班主任工作管理是一种动态性很强的工作。这是因为社会在"动"、在发展变化、在日新月异、并"泥沙俱下",这都影响和制约着班主任的工作。这还因为学生在"动",他们在成长中、变化中,自身发展是动态。同时生活在社会大环境中的学生,不可能置身世外,必然表现出社会的烙印。学校教育是在不断的深化中,不断的改革中,不断的创造性的过程中体现"动"的特点的。所以,在对班主任工作的管理中,必须遵循动态的原则,即注重班主任工作的发展和创新,注重适应社会和学生的动态变化,以求在动态环境中保持管理水平。

体现动态性的原则,在对班主任工作的管理中,要以社会大环境为背景,不能因循、守旧、刻板和拘泥于某些"框框"。同时,要接受新信息,重视班主任工作的发展和创新,要帮助班主任增强社会敏感性。要注意动态与稳定的关系,中小学教育要有稳定的基础和基本的工作秩序,"动态"并不意味着班主任工作的应时应潮,随风转舵。是以不变——给学生做人的基本营养和掌握基本知识技能——应万变——对社会变化的适应,作为对班主任工作的基本要求。

当社会形势变化比较急剧,社会状态比较活跃的时候,学生也会比较活跃,甚至出现某种躁动状态。这时候班主任工作比较复杂,会出现许多意想不到的问题。因此,体现动态性的管理原则,既要把握住社会,也要把握住班主任。把握住社会,即是要看到社会的大方向,善于识别社会中根本性的东西,不为一时一事一个热点所左右。把握住班主任,即是提高班主任的理论水平和师德修养。要鼓励班主任以积极的态度去认识社会和认识学生,努力学习,以更强的责任感去教育学生,并发扬奉献精神。班主任工作所面对的各种新变化却是不容忽视的。班主任工作天天应该有新的"教案",所以班主任天天应该得到提高,做到这一点,学校领导者必须加强对班主任的培训工作和教育工作,以有力的要求和措施,保证班主任的学习活动,使班主任适应外界条件变化和学生的变化,并做好班主

任工作。

民主性原则

班主任工作管理的民主性原则,是指把班主任既作为管理的客体,又作为管理的主体。即把广大班主任视作学校班主任工作的主人,尊重他们对班主任工作参与管理的民主权利。尊重班主任,切实使班主任成为学校班主任工作管理的主体,有益于增强班主任的主人翁责任感,有益于发挥班主任的积极性,也有益于形成班主任的自觉性。体现民主性原则,使班主任成为管理的主体,对于学校班主任工作,会是有力的推动。因为这样可以集思广益、调动广大班主任的智慧,可使学校班主任工作更加完善。体现民主性原则,能够使学校领导者与班主任增加共同的语言,增加相互的了解,这无疑会对班主任工作起到良好的推动作用。对班主任管理的民主性原则,归根结底就是要调动广大班主任的积极性、创造性和工作责任感。或是说,使广大班主任由"被动"到"主动",既能增强管理的力量,又能使管理工作取得更好的效益。

体现对班主任工作的民主管理,对学校领导者是更高的要求。要真正做到对班主任工作的民主管理,既要领导者熟悉班主任工作,又要领导者熟悉班主任。对班主任工作的规律和对班主任工作的艺术缺乏研究的领导者,很难领导班主任工作,更难以在管理中遵循民主性的原则。所以,学校领导者,要虚心地学习:一是向书本学习,二是向班主任学习,这样才能真正理解和遵循班主任管理中的民主性原则。

班主任工作管理的基本内容与方法

对班主任工作的管理,内容涉及方方面面,我们把它归纳为两个方面:对"人"的管理和对"事"的管理。

对"人"的管理方面问题

对班主任的使用聘任、教育培训、评价考核,都属于对"人"的管理。

(一)班主任的任用

班主任的任命或聘任权由校长行使。聘任班主任应该把握班主任任职条件,并征得被任命教师个人的同意。把握任职条件,要全面按"条件"考查,当然也要考虑年龄状况和性别状况。采用学校教师轮流担任班主任或以年龄划界任聘班主任,都是不合适的。如果学校领导要培养缺乏班主任工作经验的教师担任班主任工作,可采用副班主任制,使他们在工作实践中学习经验。另外,班主任不宜调换过频,一般要带一个班级的完整的学段(中学三年,小学低年级或高年级)。频繁地调换班主任无益于师生相互了解,也无益于深入开展班主任工作。对班主任解除聘任要特别慎重,这种"慎重"在聘任时就要注意到,对没有充分"把握"的教师,不能轻易去聘任。解除班主任的聘任,不应是校长的"个人行为",也要按"条件"办事。

解除聘任班主任的条件是:

(1)身体条件差,较长时间难以适应班主任工作的。

(2)与学生形成较严重的僵持的关系,不能继续领导管理班级的。

(3)工作不负责任,已形成后果或学生与家长强烈不满的。

(4)违反班主任职业道德,影响很大,或经常违反职业道德要求,经教育后效果不显著的。

(5)在工作实践中确实缺乏班主任工作能力,一时难以提高的。

(6)其他较严重的过失,不宜于继续担任班主任工作的。

解除聘任班主任,校长一定要做切实的了解,听取各方面的反映,必要时经过一定会议研究方可宣布,并要做好学生与被解聘的班主任的教育工作。

(二)班主任队伍的建设和培养

学校领导者要充分认识班主任队伍建设的重要意义,同时也必须采取有力的管理措施,加强班主任队伍的建设。这些措施是:

第一,增强班主任的荣誉感,在学校内形成热爱班主任工作,争当班主任的气氛。学校能够出现这种气氛,对班主任工作队伍的建设,对增强班主任的工作责任感都有重要意义。

第二,坚持对班主任的培养提高,加强对班主任的培训,形成班主任的学习培训制度。这种学习、培训越深入,班主任队伍越强,班主任工作效果越好。对班主任的培养提高应是全面的内容,包括班主任的思想、职业道德、工作方法以及系统的理论学习。班主任的理论学习,不仅要有教育理论的内容,而且还要有涉及班主任工作的其他理论内容,如政治、经济、社会、伦理、管理、人才、审美等方面的理论。对班主任的理论学习,应该形成学习管理机制,并进行认真的考核。班主任的学习内容,不仅限于书本,要给班主任开辟和创造广泛的学习机会,如看一定范围的文件、外出参观学习(包括去外地)、提供开阔视野的机会,以及与外校班主任定期交流等。总之,班主任的学习要着眼于理论的提高、信息的增加、眼界的开阔、知识的更新和充实。

第三,改善班主任的工作条件,给他们提供开展班级活动的必要的经

费和条件。对班级开展较大的活动,学校要予以支持;对班主任开展的有创意的活动,学校要予以鼓励;对班主任工作中,因缺乏经验出现的失误,学校要予以理解,并帮助汲取教训。这样,班主任才能放手工作,才能受到鼓舞,才能不断地进行创造性的工作。

第四,严格要求班主任,加强对班主任的督导并深入了解班主任的工作。对班主任的严格要求,就是对学生负责的表现。为了使学生能更好地成长,为了使学生能从班主任的工作中得到更多的教益和影响,学校领导必须严格要求班主任,使他们的工作不仅到位,而且要发挥创造性。主管班主任工作的学校领导要深入到班级,不仅要宏观上把握学校整个班主任状况,也要对具体的班级工作状况有清楚的了解,甚至掌握一些典型学生的情况,以便更好地了解班主任的工作,同时也利于对班主任的个别指导。否则就会陷入督导检查的表面性和盲目性。

第五,切实关心班主任的生活待遇和困难问题,并尽力帮助班主任排忧解难。班主任比起其他教师工作时间要更多一些,工作任务要更重一些,因此相对来讲,他们的生活困难,会更为明显。学校领导要在可能的条件下关注班主任的生活情况,尽可能为班主任创造些生活条件和必要的福利。这样不仅可以使班主任感到温暖,也能使班主任解除后顾之忧。

第六,培育成就感,使班主任有更强的专家意识。教师是专业人员,其发展目标应该是教育艺术家和教育实践家,对班主任理应更突出这一要求。

(三)指导班主任的科学研究和总结经验

把指导班主任科学研究和进行经验总结,归结为对"人"的管理,其意义在于科学研究是提高班主任素质的极为重要的一个方面,这也是对班主任工作管理的重要内容。班主任的科学研究工作,能够使班主任深入地思考问题,并使班主任自觉地阅读有关书刊,还能够使班主任联系工作实际,从现象到本质去摸索规律,也能够使班主任相互切磋,取人之长。管理好班主任的科研工作,对班主任的各方面的提高大有裨益。有些学校在对班主任的工作管理中,还不够重视这项工作,既缺乏这种意识,也没有这方面的措施,有时候也缺乏这种信心。

对班主任的科研工作,应该在组织班主任学习的基础上,逐步深入开展,可以从总结工作经验做起,但不停留在经验的总结上。管理班主任的科研工作,首先要调动班主任的科研意识和积极性;其次要结合工作出题目,给予必要的辅导;再次是组织课题组,从组织上予以保证,并提供必要的条件;最后是建立鼓励机制,促进科研工作。

班主任工作经验总结可随时进行,也可在一定的时间内进行。发现班主任工作中有创意,值得推广和研究的内容,可以随时要求班主任总结,以提高和推动班主任工作。在一定的时间内。如期末、年终,也可以要求班主任进行经验总结。通过总结,要提出问题,引发对某个问题的思考和探讨,这样的总结才有意义。

(四)协调班主任与各环节之间的关系

学校工作的各个部门、各个班级、各个教师之间,必然发生各种关系,也必然会因工作和其他问题产生各种矛盾。这种状况要通过学校的管理工作来协调,以使整个学校步伐一致,共同取得教育效果。这既涉及对"事"的管理,也涉及对"人"的管理。处理班主任与其他教师的关系,学校领导者要善于使整个学校的活动有章法,即能够通过健全的管理手段,使学校工作井然有序,这样就能够避免很多矛盾的发生。同时,学校领导对各个教师(包括班主任)要同样严格要求,要一视同仁,同等对待,这样就可减少产生矛盾的条件。更重要的是学校领导人,要教育全校员工树立整体意识和育人意识,当大家都明确了共同目的,有一致的方向和行动时,自然就会减少不必要的矛盾和分歧,减少人与人之间的内耗。

对事的管理方面问题

所谓对"事"的管理就是对班主任的"工作"进行管理,其内容很多,主要有以下几个方面:

(一)制订和实施班主任计划

这是使班主任工作正常运作的根本保证。组织制订和实施班主任计划,是学校在管理班主任工作中始终要抓住不放的。学校领导者组织班主任制订合适的工作计划之后,就必须视其为管理班主任工作的基本依据。学校管理者不能把"计划"和"工作"分开对待,或者把"计划"搁置一边来抓工作,这样就会冲淡班主任对计划的重视,以致使计划"形同虚设"。

(二)班级大活动的设计和执行

所谓班级大活动,一般是指有突出的中心和主题,对学生进行比较"集中"教育的活动。这样的活动,如组织实施得当,会对学生影响教育深刻,会使学生印象牢固,效果比较突出。这样的活动,往往能够产生对其他班级的影响,有典型意义。学校领导,应该有选择地参与班级的大活动,帮助和指导班主任设计和实施。这样做既能深入到班级,掌握第一手材料,也能抓住典型,指导全校的班主任活动。学校领导应把这项工作列

入自己的工作计划内,把对班主任工作的管理,真正落到实处。

(三)部署和检查评比班级的工作

学校领导要定期召开班主任会议,通过会议听取班主任工作汇报和工作意见,通过班主任会议部署班主任工作。这种工作部署的内容主要是:①学校要统一开展的工作或临时性工作;②对学校班主任工作计划内的工作进行具体部署和提出实施意见;③对校内外重大活动和重大社会问题的指导性意见。

除工作部署外,学校对班主任工作管理的一项经常性的活动是对班级工作进行检查评比。这种检查评比对班级工作是一种评价的态度,也是考核班主任工作业绩的一种手段。一般来说,班级工作情况可以表明班主任工作的业绩,所以这种检查评比应做到:①要有章可依,使班主任与学生都心中有数,不能是模糊的、随意的;②要公正、全面、一视同仁,不能以偏概全;③要对"情况"把握准确,不能浮光掠影;④要以发挥班级积极性为目的,多予以鼓励,不能压抑学生和压抑班主任的积极性;⑤要增加透明度,大的检查评比要说明检查评比情况。使大家心服口服。评比指数如果是能够量化的,要尽量量化。

(四)建立和健全班主任工作的各项制度

建立和健全班主任工作的各项制度,是学校对班主任工作管理的客观要求,也是使学校班主任工作科学化的条件。班主任工作的规章制度是在一定目标前提下,班主任共同遵守的规则、法规,是班主任按一定程序工作的规程,也是班主任必须遵守的行为准则。制订班主任工作制度是为了管理的有序和调整班主任与其他有关人(包括学生)的相互关系。这就说明,建立和健全班主任工作制度,既体现了管理的需要,也是管理职能的具体化。从这一认识出发,建立和健全班主任制度,就有利于班主任工作的实施,有利于调动班主任的积极性,有利于形成班主任的责任感,有利于形成班主任工作秩序,最终就是有利于学校目标的实现。建立和健全班主任工作制度,应该符合国家政策的要求,应该有助于班主任工作的实施,应该体现班主任工作的特点,应该有较强的可行性和严肃性,应该保持相对的稳定。

建立班主任工作制度,应该经过班主任的认真讨论和学习。要做到使班主任感到制度不是对自己的束缚和限制,而是做好班主任工作的自觉要求。当然,学校领导者必须带头严格遵守制度,始终以严肃、认真的态度对待制度的要求,对违反制度的行为要按章处理,并且经常检查执行制度的情况。在执行制度的过程中,要特别注意不能徇私情,不能搞"下

不为例",不能失去公正。学校管理者应该认识到,制度一旦不能起到约束和规范作用,就会失去意义或失去存在价值。但凡这样的学校,班主任工作就会出现无序状态,甚至形成班主任各行其是的局面。学校管理者还要认识到,当制度对某些班主任有约束作用,而对另外一些班主任不起作用时,不仅班主任工作的管理会出现混乱,还会造成班主任之间的矛盾以及班主任与学校领导的矛盾。这两种情况是应该极力避免的。

建立健全班主任工作制度,应该在工作发展中、在形势变化中、在目标调整中,采取既适当保持制度的稳定,又相对灵活性的态度。就是说,制度不是一成不变的,在客观条件发生变化时是可以进行适当调整或改动的。但这种调整或改动,一定要取慎重的态度,一是要注意学校基本要求的稳定,二是要适应客观形势的变化,也要班主任予以认同。在建立和健全制度中,要防止"朝令夕改",要防止短期行为,要防止应"时"应"潮"、追求热点。同时,也要防止对待制度的"保守"行为,对一些已经不能适应班主任工作的制度不肯调整,以致使某些制度或某些制度的条款成为妨碍班主任工作的一种阻力条件。学校领导者要敢于坚持行之有效的制度,也要敢于调整不适应新情况的制度。

班主任工作管理案例分析

作为班主任,最重要的工作是引导班级文化建设。这就要求塑造良好的班级氛围,构建起和谐班级,以此熏陶、影响、改造学生,形成一种较固定的班级集体模式,产生良好班风、学风,从而达到学习和心理等多方面的提高。

一、班主任工作误区

误区1:认为班级文化的建设就是班级环境的建设。

班级的环境建设仅是班级文化建设的一部分,是班级文化建设的外围特征,就如同一个人的文化素养与他的衣着爱好一样不能等同。可是在具体操作上,我们常停留在对班级的布置与维持上。我们应在精神层面上有所改善。

误区2:在应试教育的前提下,认为班级文化建设是多余的。

现在,一个学校的声誉如何,社会与家长看的是这个学校的升学率如何。学校评价老师用的还是这一套。那么,在这样大的气候环境下,很多老师在乎的是班级在考核中会不会丢分,学生只要不惹事就好,只要学习好就对得起家长。这样看来,班级的文化建设是可有可无的了。

误区3:教师不是参与主体。

首先是老师的参与不足。作为老师不能只制订一些方案和措施就行了。因为老师也是班级的一分子，也是主人，因此，必须参加到建设中去，身体力行。这不单是班主任的责任，更是每一名科任老师也必须承担起的相应的责任。如果没有了老师的参与，学生的积极性必然会受到打击，也会产生一种消极的态度。

误区4：缺乏落实措施，只注重内容。

认为班级文化是一种自然而然就可以形成的，并不需要任何的方法和措施就可以实现的。"无为而治"是管理的一种最高境界，然而要做到这一点必须先有所作为。俗话说"无规矩不成方圆"，一种精神的存在并不是自然而然地自生自灭的，它需要创设机会和提供生存的空间，然后把经验和意识进行提炼形成共识，最后要通过宣传来倡导和发扬。

二、工作案例

今年我接手的班，全班有55名学生，男生将近占全班人数的三分之二。按理说，这样一个班级，管理起来有一定难度，十几名男同学都是班级的活跃分子，而且经常打闹。

如何解决这样的问题呢？

1. 先找到调皮的小头目天泽。

2. 与天泽谈话，从中我了解到，他很有活力，而且比较有号召力。班里的新鲜事儿他基本都要参与一下，从而成为很多矛盾的根源和促成者。仔细想来，一方面这名学生本来就很调皮，另一方面或许他想通过这种方式引起同学和老师的注意，弥补学习上受到打击的自尊心。所以我想，如果把他的精力转向其他方面，并且让他感到有所成就，我们把他的成就扩大化到更多的方面和领域，是不是会对现状有所改变？

于是我给他布置了一个任务，在第二天的大扫除中，女同学休息，由他带领男生进行大扫除。他开始有点犹豫，后来在我"糖衣炮弹"的轮番轰炸下，他欣然答应，并且许诺一定完成任务。第二天，我跟天泽一起给男生布置了劳动任务，当然。主要还是天泽布置，我只是参谋。劳动过程中，男生在天泽的带领下，干得特别卖力，有几名男生拿起扫帚刚要吵闹，就被他制止住了。看到这样的情况，我暗自高兴，看来这个方法奏效了。

3. 跟他讨论管理班级卫生的方法，也跟他说了当班主任的苦恼。他很懂事，还答应做我的小助手，跟我一起管理好班级卫生方面，并给我提供了一些建议。我教他如何才能当好一名真正的管理者，如何才能在同学当中提高威信。经过一段时间的努力，我发现同学来报告的次数明显减少了，班风班貌明显改进。

通过这件事情,我深深地感觉到:要当好一名优秀的班主任,必须要了解学生,相信学生和尊重学生。老师尊重学生,才能赢得学生的尊敬;学生尊重老师,老师的教育活动才会卓有成效。

班主任工作虽然繁杂,但也有很多快乐。在工作中,只要你细心去观察,认真去探讨,任何问题都不能成为问题,都有其突破口,找到了突破口,问题自然就迎刃而解。

三、经验总结

1. 利用网络,建设班级文化

可以开放班主任QQ,在网上五相了解,交流思想,这样能及时沟通师生心灵,及时解决问题。

2. 作为班级文化建设的构建者应该在理论上有明确的认识

作为班主任,既要有满腔的热情热爱学生,又要有扎实的班级管理的理论与实践的知识。教师自己应尽自己最大的努力,利用一切可以利用的时间来学习补充自己,利用一切机会给自己充电。

3. 班级文化建设中,环境建设要与人文精神相结合

要让人文的关怀与人文的精神渗透在班级的每一个角落。这个美好的计划实施起来并不容易。班级的环境建设好搞,一切具有文化气息与人文精神的布置都是好搞的,但是要让每一名学生都切切实实从中得到熏陶,得到教益,并且把他作为自己的内在品德的标准来欣赏,却不是件容易事。要让人文精神渗透在班级的每一个角落。

班主任工作评价的根本目的与作用

班主任工作评价的内容是评价班主任对工作任务的履行情况。班主任工作的评价是由学校领导、学生、学生家长、其他教师及学校有关部门进行的。这些评价"方面"从各自的角度来评定班主任工作任务的履行情况,而形成总体评价的结果是学校领导者。忽视这些评价"方面",会影响对班主任的全面了解与评定。而这些评价"方面"又往往是局部的,缺乏全面性,所以学校领导者依据各个方面的评价作出的评定才是科学的评价。对班主任工作的评价的目的是为了对班主任工作实行科学的管理和统一的要求;也是为了总结和推广班主任工作的经验和及时发现班主任工作中的问题;又是为了调控班主任工作,使班主任工作不断达到新水平。评价班主任工作另一目的是对班主任工作进行考核、评定优劣。这一切总归起来,评价班主任工作就是为了调动班主任工作的责任心,促进班主任工作取得更完好的效果。

班主任工作的评价,对学校班主任工作具有重要的意义和作用,主要体现在以下几个方面:

导向作用

学校评价班主任工作是按着学校既定的目标,以学校班主任工作计划为依据的。因此肯定的评价具有导向作用,否定的评价具有匡正的作用。实际上通过评价能够引导班主任树立正确的教育思想和质量观念,也使班主任明确班级工作的目标及应该采用的教育手段。

调节作用

对班主任工作的评价,必然要以目标和规范为准绳,诊断班主任工作的成功和不足,也会发现班主任工作中的问题。这种工作中的问题和不足是任何班主任都可能有的。这就需要加以调节和解决。在班主任工作评价中,又会发现属于学校管理方面的问题,或者是管理失当、或者是制度失准、或者是协调不够,这也需要加以调节和解决。所以通过评价能够发现问题,能够为调节班主任工作找出依据,从而使班主任工作能够更顺利地开展。

激励作用

在学校班主任工作中,每一名班主任负责一个班级的工作,各个班级又是"独立"活动的,看似各不相干,其实存在着竞争的因素。这种竞争常常是推动班级工作的一种驱动力,对于每一名班主任这都是必要的,要引导强化的。评价班主任工作,会对这种竞争起到"助燃"的作用,而且有时候这种燃烧力还是很强的。在评价中受到肯定的班主任,能够引发其他班主任的赶超意识,这就推动了竞争。在评价中受到肯定的班主任又会为保持领先而再作努力,能够引发出更强的内驱力。通过评价使班主任内在的活力得到激发,工作积极性得到调动,竞争的意识得到增强,这样就达到了评价的激励目的,起到了评价的激励作用。

鉴定作用

对班主任工作的评价,是对班主任工作做全面的考核评定,它既是对班主任工作的概括性描述,也是对班主任工作的鉴定。这种鉴定是对班主任工作态度、业绩、失误及其他方面的"总结性"的评价。因此,它不仅能使班主任正确全面地认识自己的工作,更重要的是,这种鉴定是对班主任考核、奖励、聘任、职称评定、晋升等的依据,也是处分、解聘等的依据。

班主任工作评价的基本内容

任何评价都要把握一定的内容并以此为基础制订评价标准,把不准内容,没有标准,评价就成为随意性的行为。班主任评价标准,应该体现班主任工作的准则、规范和学校对班主任工作的要求。这种标准是对班主任工作目标进行分类分解之后,制订的符合评价原则的规定。评价标准的规定,一般都具有评价的可行性,即能测量或比较,可依此作出评价的结论。

教育评价的标准,一般由三部分组成,对班主任工作的评价,也可由以下三个主要部分组成:

第一是班主任工作的效能标准。效能标准由效果标准和效率标准构成,前者是指班主任工作成果,如班级集体的面貌、学生的表现状况、班级管理的成效、班主任其他工作成果等。后者是指班主任办事效率,即在一定时间内的工作任务完成的情况。

第二是班主任的职责标准。即班主任的职业态度、工作计划实施、对班级各项工作是否尽职尽责、各项工作业绩等。

第三是班主任的素质标准,即班主任是否具有承担班主任工作应具备的素质,其具体内容是班主任政治思想、职业道德、业务能力、心理品质、身体状况等。

评价班主任工作的这三方面的标准,是班主任在整个工作中体现出来的具有可见性、可测性、可比性的表现。三方面是相对独立存在的,但又是相互统一的,因此在评价班主任过程中这些内容往往是相互渗透、相互依存、不可分割的。班主任工作的评价标准要有一定的高度和深度,从主旨上要体现时代的要求,要有符合社会发展要求的新精神;从与整个学校工作的关系上要体现学校工作目标、体现班主任工作的目标和方向;从内容范围上要体现有利和保证促进学生健康和谐发展的各方面的要求;从精神上要有激励作用,体现调动班主任积极性的要求;从操作上要有可行性、体现具体实在的要求。

制订班主任工作评价标准,总的精神应是成熟的、先进的、引发班主任积极向上的。或是说,评价标准就是班主任的奋斗方向,就是做一名优秀班主任的要求。制订班主任评价标准,不能是空泛的、无法测量和无法比较的,也不能过于具体、项项都追求所谓量化。

校际间班主任工作职责的评价

评价班主任履行工作职责,主要在以下几个方面:

（1）班主任要对学生进行思想教育、政治教育、道德教育、心理健康教育。评价这些教育的内容、实施状况、教育的措施、教育的频度、教育的效果和教育的创新。

（2）班主任指导学生学习。考查指导学习的内容、指导学习的状况、指导学习的措施、学生提高学习质量的表现。

（3）班主任对学生进行体育、卫生、劳动教育。考查教育的内容、活动的安排、教育的措施、学生这几方面的表现。

（4）班主任指导学生课外活动；指导学生发展爱好、特长；指导学生参加社会实践活动及公益活动。考查指导的具体内容、活动的安排、指导的措施、学生的表现。

（5）班主任对班级的管理，指导班级集体的活动和社团活动。考查班级是否团结友爱、朝气蓬勃、积极向上，班级集体的面貌，班级集体在各项活动中的表现，班级内团、队及班委会活动的开展及威望等。

（6）班主任与科任教师与学校其他部门的协调。考查协调状况，听取科任教师与其他部门的反映。

（7）班主任的工作计划、工作总结，学生的操行评定及班主任为学生服务的工作。考查班主任工作计划、班级工作总结的质量、履行计划情况，学生操行评定准确与规范情况，关心学生、为学生服务的情况等。

（8）班主任对问题学生的教育和转化工作。考查班级问题学生的现实状态及以前的表现、班主任转化问题学生的方式和渠道。

（9）班主任对学生进行社会信息教育和适应社会能力的教育。考查教育的内容、活动渠道和方式，学生对待重要社会信息的反应以及社会活动的能力。

（10）班主任联系家长、联系社会、形成"教育合力"的工作。考查联系的方式、教育合力的形成、社会对班级工作的协调与支持等。

校际间对班主任工作业绩的评价

对班主任工作业绩的评价内容，主要是从以下三个方面来设定。

第一，班级集体的建设。这是班主任业绩体现的一个重要方面。主要考查：

（1）班级集体是否有明确的奋斗目标，班主任与学生是否都有明确的目标意识和实践目标的作为。

（2）班级集体是否形成舆论队伍、正面舆论的强弱。

（3）班级集体是否形成领导核心和骨干队伍，团、队与班委会的关系

是否正常。

（4）班级集体的活动是否丰富多彩，学生参加活动的积极性与主动性。

（5）班级集体是否形成良好的班风，学生能否自觉遵守"学生守则"和"行为规范"。

（6）班级集体是否团结友爱，令行禁止。

（7）班主任在班级集体中的威望。

第二，班级学生德、智、体、美、劳等方面的表现。主要考查学生德、智、体、美、劳等方面的表现及发展水平。也要考查学生这五方面的发展是否平衡，有无偏颇以及发展过程和状况，是否达到应有的水平。学生这些方面的表现是班主任工作的核心问题，也是评价班主任业绩的主要方面和重要标志。学生的这些方面的表现，有的是通过量化表现出来的，如考试成绩、体育达标等；有的是通过观察、比较，通过学生行为反映出来的。对后者的评价，应该更仔细、更全面，要做更多的观察、听取更多方面的反映。

第三，班主任围绕班主任工作取得的其他突出成绩。这也能体现班主任工作的业绩，应列为对班主任工作业绩评价的标准。如班级获得的荣誉称号、班主任获得的荣誉称号、班主任在某种会议上的经验交流、班主任发表在一定级别的刊物上的科研论文和出版的著述等。

校际间对班主任素质的评价

班主任素质决定班主任工作的业绩，是做好班主任工作的基础和条件。班主任素质对班主任工作是一种持续性的"作用"因素，也是班主任工作创造性的潜在因素。班主任素质评价标准很难量化，因此评价班主任素质，主要是从工作业绩、尽职尽责的态度、工作能力和水平来考查和判定。评价班主任素质，往往评价者的主观因素起很重要的作用，所以评价者必须力求客观、公正、实事求是。评价班主任基本素质，应从以下几方面来把握标准。

（1）班主任的敬业精神。考查班主任对担任班主任工作的态度，是否主动、积极；对学生的态度，考查是否热爱学生，是否按正确的教育方向培养和教育学生；对工作的态度，考查是否认真负责，是否不断开拓进取、兢兢业业。

（2）班主任的新型智能结构。既具有深厚的专业知识，又具有广博知识面，并要有教育理论的修养和较为娴熟的育人能力和艺术。考查班

主任的专业知识,考查班主任的知识面,特别是接受新的社会信息的状况;考查班主任教育理论的程度(对教育学、心理学和班主任理论的掌握和运用);考查班主任的科学研究的能力;考查班主任从事班主任工作的能力(观察能力、表达能力、分析解决问题的能力、文字能力、创造性工作的能力、人际交往、社会活动的能力、把握学生的能力、教学能力)等。

(3)班主任的社会觉悟与职业道德。考查班主任的社会责任感、政治思想觉悟、遵守职业道德的表现、团结同事善于做好各方面协调工作等。

(4)班主任的心理素质。考查班主任的意志品质、自我心理调控能力、良好的道德感、正确的审美意识、稳定的情绪、克服困难的勇气、自觉的行为目的和动机、朝气蓬勃和高尚的人格等。

班主任工作评价的具体方法与步骤

班主任工作评价中常用的方式和方法

(一)工作考查评价法

这种方法是由主管班主任工作的学校领导掌握的。即根据班主任工作计划要求、根据学校部署的班主任工作、根据班主任职责表现、根据学生的表现等,考查班主任的日常工作。这种考查是针对班主任工作的全部内容并随时进行的,因此基本可以反映班主任工作的状况,能比较客观地评价班主任工作。对班主任的工作考查又是有目的进行的,有时是针对某项活动,考查班主任的工作;有时是针对日常工作,考查班主任的平时工作情况。这种考查可以预先告知班主任,也可由主管领导在不通知班主任的情况下进行。考查要有重点记载,并写明考查的方式、时间、地点、考查对象等。

(二)他人评价法

除了班主任自我评价之外,其他评价均可列为他人评价。上级对班主任的检查评价、鉴定性评价、认可性评价、专家评价、同行评价、社会评价(社会有关部门)、家长评价、学生评价等,都属于他人评价。其特点是比较客观,如能综合运用以上各种评价,又能比较全面和深入。他人评价一般又有两种内容,一种是广泛的评价,一种是针对性的评价,二者均可为学校领导者提供评价的材料和依据。

他人评价是班主任工作评价的重要部分,也是在评价班主任工作中不可缺少的。但领导者要注意他人评价的"主观"成分、"从众"成分、"成

见"成分。对此要加以引导和使参与评价者真正把握评价标准,真正能体现公道。并且在重大的关键问题上,领导者要深入下去,以求得出公正的结论。

（三）分析评价法

分析评价法有两个含义:一是把事物分解,分别予以考查;二是对事物进行分析比较,求根溯源,以求得出正确的结论。把事物分解是依据评价的标准对评价内容分解为几个方面、几个项目,分别予以评定,以求得出比较客观的评价。比如对学生的质量进行分析,就可以把学生质量分解为德、智、体、美、劳几个方面,再逐一进行分析,甚至可以把这些方面再分解为若干个项目,进行更细致的分析,这样的分析结论往往是很客观和准确的。

（四）综合评价法

对事物的认识离不开"综合"。假如"分析"是把事物"分解"的话,那么"综合"就是把事物各个部分、各个因素、各个方面统一起来考查。所以说"综合"是分析的深入和继续,是分析的结果。对班主任工作综合评价,一是对班主任各方面的情况,如工作态度、工作业绩、工作成果等"综合"起来,以此来评价班主任;二是对班级某一个活动,从学生的表现状态、进行的方式、教育影响的程度等来对班主任的工作进行"综合"评价。这两种综合评价的方式,在评价班主任工作中都是要运用的,其特点是从大量的信息中得出评价的结论。另外,"综合"与"分析"是分不开的,综合离不开分析,分析的归宿点是"综合",否则就难以得到应有的评价结论。

（五）自我评价法

自我评价是由班主任"自我"进行的,这种评价依然是依据"标准"进行。其特点是,班主任自身既是进行评价的主体,又是被评价的客体。自我评价能调动班主任的自我完善的能动性,自我评价的过程也是班主任加强自我认识、自我教育的过程。班主任进行自我评价,能够较全面地利用信息,对自己工作中的动机效果,成败得失,都能有较准确地把握。同时,班主任自我评价有利于系统地反思自己,有利于对自己的重新认识,所以又能够形成一种推动自己的动力。自我评价也有利于减少评价活动中不正常的干扰因素,压力小,也能够减轻紧张感。自我评价的缺点是,主观因素多,受个人整体水平制约,可能使评价欠深刻。

班主任工作评价的具体步骤

班主任工作评价的步骤是指评价班主任过程中实施的程序,一般用

于对班主任工作的阶段性评价和总体评价。评价的实施要理解为是一个过程,而不是孤立的工作。这样才能保证评价的准确、客观、有说服力。这项工作首先是搜集信息,其步骤是:

第一,要建立评价班主任工作的档案(其中包括对学生的考核情况),按规定的内容,由专人搜集填写,这也是对班主任工作考查的记载。

第二,定期检查班主任计划的执行情况,并要有检查记载。

第三,对班级活动的不定期检查,由领导者在深入班级工作中获得。如参加班级的主题班会,参加班级的某项活动,了解班级管理情况、活动的情况、班主任的工作能力等。

第四,定期和不定期地召开学生座谈会、家长座谈会、任课教师座谈会等。

第五,班主任的汇报材料及各种总结材料,以及有关班主任的资料(经验交流、科研论文等)。

班主任工作评价的具体实施步骤是:

第一,在评价班主任时,要求班主任进行实事求是的自我评价,内容要求有观点、有材料、有分析、有自我评价结论。对这种自我评价,学校领导者不但要有具体要求,还要进行具体指导,不仅要把这一步骤看做评定的一个环节,更要看做是教育提高班主任的具体活动。

第二,学校领导阅读班主任工作档案,以及平时搜集的班级工作的各种信息,对班主任进行一次深入的认识和了解。这就要求平时的各种资料齐备、完整,也要求领导者认真阅读并分析综合评价意向。

第三,学校有关领导人,在掌握材料的基础上,依据标准给予班主任合适的评价。

第四,有必要的话,可把学校领导的评定意见,在一定范围内征求意见,包括向本人征求意见。

第五,确定评价结论。这种结论最好是描述性的,这样有益于反映班主任的比较具体的情况和评价的结论。

一生做好一件事

今年是我走上教师岗位的 31 周年,这期间担任班主任是 29 年。说起班主任的酸甜苦辣,老师们一定都有许多感慨。而我要说的是,班主任这份工作带给我更多的是甜,因为和孩子们在一起,我会永远保持一颗年轻的心,尽管 30 年的岁月流逝,已将我由学生们的姐姐变成阿姨又变成奶奶辈了。也许有人会说:一个省示范初中,学生优秀,班组容易管理。

不,在这之前,我曾在另两个中学分别工作过 10 年和 5 年,可都是家长学生欢迎、领导放心的班主任哟。

苏联教育学家苏霍姆林斯基有句名言:教育艺术技巧的全部奥秘就在于向孩子们奉献爱。我也常说,一个缺乏爱心的人是当不好班主任的。既然我坚定地信奉一生做好一件事,那么只有用心、只有热爱才能达到目的。

下面我想用四个细节来阐述一生做好一件事。

一句承诺

十多年前。

开学没多久,一名小组长向我报告说刚收齐的十几元班费放在课桌抽屉里不见了,她估计是本班同学拿了。我大为惊讶且很愤怒:考入四中的都是各小学优秀生,怎么还会有这样的事?我这个人脾气急躁且眼里揉不得沙子,我想:若查出来果真是我班学生干的,我绝轻饶不了他。于是找来几名学生旁敲侧击地询问当时现场情况,很快,视线就停留在一名小女孩身上,因为只有她具备一个人在教室里逗留的时间。可我再打量她:矮矮的个子、瘦弱的身材、高度近视的眼睛、极为内向的性格,我心里"咯噔"一声,小偷、偷钱在校园里是多么可恶的罪名,这件事处理不好会毁掉孩子一生的。主意打定后,我不动声色地将几个毫不相干的同学找出来分别谈话,最后又故作随意的样子把这个小女孩喊出教室。我问她:小组长收的班费掉了,她很着急,你知道是谁拿的吗?她当然说不知道,可她颤抖的嘴唇和极力回避的眼神更坚定了我的判断。我轻轻地将双手握住她的肩膀,语气尽量和缓地说:孩子,看着我的眼睛。那名小女孩慢慢抬起头来,怯生生地看着我,眼泪止不住了,哽咽着说:老师,我错了。那一刻我的眼睛也湿润了,我安慰她说:你承认了错误就是好孩子。老师不会把这件事说出去,我向你承诺,绝不告诉你母亲以外的任何人。后来我将她母亲找来,告诉那位母亲要关爱孩子,平时买点零食放在家里,也给孩子少许零花钱。那位母亲欣然答应。这件事我再没有在班上提起,这成了我和她之间永远的秘密。这名女孩后来考取大学读了研究生,如今有一份很好的职业呢。

一份资助

1995 年 5 月,我校有两名初三学生在省数学竞赛中获得满分,因而拥有国家理科实验班招生考试的资格,校领导抽调了十几名老师对他们辅导培训,我作为语文辅导老师认识了陈同学。他考取北师大实验中学国家理科实验班以后,有一天,我经过他家楼下去看看他的父母,走进他家两口子正在吃饭,让我万万没想到的是下饭的菜只是一块豆腐乳。陈母患有严重的心脏病,在家休息好几年了;父亲是普通工人,微薄的收入很难支撑一个家庭,况且还有一个在北京读书的儿子呢。回家以后我说了这件事,我那正上初二的女儿说:妈妈,我们帮助他,不能让这么好的学生没书读。我爱人也极力支持。全家人商议,每年拿出1000元资助陈同学。每年寒暑假,我们还为他准备一点日用品和食品,有时还为他准备送人的礼品。我就是不忍心看着贫穷毁掉了一个有为少年的前途。这份资助坚持了四年,直到我们一个江姓朋友听说了这件事大为感动。主动接过了这副担子,资助的力度更大。陈同学没有了经济上的后顾之忧,学习的劲头更足了,学习天赋充分发挥出来,他从北京大学数学系毕业之后,由于成绩优异,被香港科技大学录取为计算机专业硕博连读研究生,专攻计算机人工智能化问题,当然,香港科技大学给了他丰厚的奖学金。陈同学以及他的父母早已顺利度过了那段最困难的日子。

一节课

校门口贴出通知:体育老师去市运动会担任裁判,各班体育课改为自习。自习好呀!学生既不用出教室,又能写作业,学生安全老师省心。可我不这样想,一周两节体育课,学生盼星星、盼月亮似的等着去操场放松出汗打闹嬉戏,你却把他们关在教室,学生能安心吗?他们能没有怨言吗?我就从来不占用音、体、美这些课时,即使其他老师想打这些课的主意,我也赶快劝阻:别,这是学生喜欢的课,你实在要上课我让给你,我是班主任,容易找时间补上。而我怎么上体育课呢?提前告诉学生下午体育课照上,你们家里有体育用品尽管带。同学们那是欢呼呀,下午有带篮球的、羽毛球的,有带滑板的、溜冰鞋的,孩子们玩得特别开心。这个喊着:左老师,我们俩打羽毛球……那个喊着:左老师,看我溜冰技术怎么样……我也开心呀!我带着一帮女生甩大绳,好多女孩子胆小,看着甩起来的长绳往回退,我带头跳进去,于是后面排起了一长溜,连男生也忍不住参加了这支队伍。我得意地说:跟着左老师你们都变成勇敢者了吧!师生玩在一起,乐在一起,你说再回到教室上课,他们能不安安心心听课吗?学生能和你这个班主任离心离德吗?

一场家长会

班主任少不了每届召开几次家长会,尤其初一和初三更是要求全班学生家长都要参加。而说起家长会呀,许多学生谈虎色变,家长开会受了气回家打孩子、骂孩子的不在少数,第二天孩子来到学校,看见你这个班主任心里有好气吗?家长会本来是寻求教师与家长沟通的渠道,搭建学校与家庭沟通的桥梁,什么时候成了告状会、挨批会了呢?我要改变这种状况,我开家长会就要让家长屁股坐得住,脸上笑容挂得住,学生赶有方向、追有目标。我是怎么做的呢?家长走进教室,第一眼看见的是黑板报专栏:爸爸、妈妈,请听我说。每名学生都写一句话献给爸爸妈妈。这些话温馨煽情,家长感动了。然后坐在教室里开大会,听校长、教导主任的报告。以下一个环节我称做是"小鸡找老鸡",全班学生早已在校门外集合,大会散了,家长走出教室,孩子们涌上前找到自己的家长,然后一起走向阶梯教室,我们班上的小会这才正式开始。就以去年11月我们三(9)班的一场家长会为例吧。会后一名史同学在作文中写到:黑板上写着:感恩·理解·拼搏·收获;主持人是同窗,总结发言是同窗;家长会更名为"师生家长互动会",更是邀请不少学生和家长来讲话;期间还请本班有名的"小百灵"唱歌,如同联欢会一般热闹活跃……家长会原来还可以这么开啊!

家长会结束时,当我看见学生和他们的父母高高兴兴、亲亲热热、说说笑笑地离开学校,我的胸中涌起的只有快乐,只有开心呀!

30年来,我头上的白发渐渐增多,额上的皱纹渐渐加深,而我的初衷未变,那就是当一名好老师,当一名好班主任。今年秋季开学,我又接下了一个班主任。海尔集团的总裁张瑞敏先生说过:把每一件简单的事做好就是不简单,把每一件不平凡的事做好就是不平凡。我不追求不简单,我也不追求不平凡,我追求的是不负家长,不负学生,不负领导和同事。

我这一生就喜欢当老师、当班主任。我希望自己把这一件事做得更好、更完美。

第六章

班主任做好"后进生"的
转化工作的艺术

怎样分析研究后进生

分析研究后进生,首先应当对其有一个总的估计和认识,这是分析研究的基础。要看到后进生的长处和优点,哪怕是一点一滴的成绩和优点,也要充分地加以肯定,这是后进生前进的动力。在肯定成绩的基础上,分析后进生后进的现状和原因,因材施教,激发他们的积极性,启发他们的上进心,使他们逐步向好的方面转化。其次,在分析研究差生时,要特别注意用发展的观点来看待后进生。既要看到后进生的过去,又要看到后进生的现在,还要看到后进生的发展变化。

分析研究后进生,必须掌握正确的方法。下面介绍几种常用方法:

1. 比较分析研究法

比较分析研究法是班主任工作中常用的一种方法。分为纵比和横比两种。

纵比可以使我们发现后进生在某一段时间内是停滞不前还是有所变化,是进步了还是落后了,是向好的方面转化了还是向坏的方面转化了。例如,某同学在期末考试中各门成绩平均分为 50 分,期中各门成绩平均分为 43 分,虽然期末考试平均分仍不及格,但和期中成绩比较起来有进步。通过纵比,我们发现这位同学是在不断进步的。

横比一般是把某一事物和其他事物进行比较,以发现它们之间的异同。仍拿上面的例子为例,如果全班同学各门成绩的平均分为 67 分,该同学在班上的名次是倒数第五,通过横比,我们发现虽然该同学有进步,但他在班级仍属后进生之类。

2. 因果分析研究法

班主任采用因果分析法分析研究后进生,是指对后进生所表现出来的言行从原因结果的联系方面进行分析研究。

一般来说,形成后进生的原因主要有社会原因,学校原因,家庭原因,自身原因。找准了原因,教育才会有的放矢。

在一些具体的事物上,班主任也要用因果方法来分析。如某位后进生迟到了,对这件事也许有两种处理方式,一种是不问青红皂白就加以处罚一顿,一种是先问明情况再加以处理。显然后面一种方式是可取的,后进生迟到,总会有迟到的原因,也许是睡懒觉了,也许是路上玩耍去了,也许是在路上做了好事了。不同的原因,班主任处理的方法也会不同。

运用因果分析法还可以对后进生未来情况加以预测。如某位后进生的父母离婚了,对这位同学是一个沉重的打击,心灵会受到很大的伤害,

这件事很可能引起这位同学学习上的滑坡。

教师在做了这些分析之后,就可以有意识地多给这位同学些关怀、照顾,弥补其心灵的创伤,使其学习上不会滑坡。

3. 系统分析研究法

这种方法要求班主任对后进生的具体情况进行有时间性、专题性、层次性的系统归纳和科学分析、研究,得出正确的结论,制定有力的措施,搞好班主任工作。这种方法是在广泛系统地了解后进生情况下进行的。为此要弄清每个后进生的优点、缺点和特点,充分掌握后进生的兴趣爱好、思想品德、学习情况、身体情况、个性和交往等情况。特别是要从后进生的成长过程、教育过程、学习过程、世界观形成过程中,系统地客观地进行分析,掌握后进生每一个方面的系统情况,从中总结出后进生成长的规律等。系统分析中,要防止就事论事,更不能就后进生的一时一事的表现而肯定一切或否定一切。这样,才能做到情况明了,指导思想明确,工作方法得当。

4. 趋势分析研究法

趋势分析研究法是根据事物发展的动向,在思想(头脑)中经过反复的思考,对事物各个方面进行具体分析,再综合起来把握矛盾的总体,深入到事物的本质,抓住事物发展规律的一种科学方法。这是一种把握苗头、分析动向、研究因果,及时育人的好方法。为此,班主任首先要注意后进生的某些"苗头",观察是向好的方面发展还是向坏的方面转化,如果是向好的方面发展,就应加以引导和指导。反之,就应及时进行制止和教育。由于后进生自制能力差,又缺乏认识和识别能力,很容易受到外界的影响。班主任要注意观察、分析、要有超前的预见性,随时随地注意分析研究后进生的发展趋势,从而拟订出工作部署、教育计划,确定工作的内容、要求和做法,以便引导后进生向好的方面发展,使班主任工作适应新的情况,解决后进生中出现的新问题。

对后进生评价的七条策略

1. 给后进生创造得到肯定的机会,及时注意他们的点滴进步

对后进生评价的目的,不在于否定他们,而在于调动他们的积极性,调节他们的行为。后进生如果总是受到否定评价,他们就会丧失希望。

我们必须善于捕捉和发现,并及时通过评价,使他们的进步得到肯定,使他们的成功成为有形的实物。在成绩评价中设立"进步分",对后进生设立"后进生进步奖"等等,都是很有效的办法。除了捕捉后进生的成功外,还要为后进生创造成功的机会,一旦成功,要及时给予鼓励性的评价。如特意为他们设置一些较容易的问题进行解答,让他们从事一些有益的工作等。

2. 克服简单化,寻找内在原因,及早发现障碍

很多教师习惯以分数作为评价的手段,对后进生的评价也只不过是"坏"、"差"或"不及格"而已。这种简单化的做法,不仅不能全面的评价后进生,而且也难提供有效的信息。

教育评价必须为教师教学和学生学习的改进提供充分的信息。因此,在对后进生进行评价时,必须对后进生做全面细致的分析。分析他们后进的原因,分析他们的心理状况,分析他们的知识缺陷,分析他们的学习方法。

3. 确定合理的评价目标

在实际的教育工作中,对学生应有一致的高要求。但在评价时必须考虑学生差异,不能用统一的目标来衡量学生,要为后进生确定出适合于他们的评价标准。为了逐步调节,使他们向统一的高要求看齐,还要为他们确定短期目标、中期目标和长远目标。这样,他们在低目标达到的情况下,才有可能向更高目标看齐。一定要避免操之过急。否则,只能适得其反。

4. 慎重使用否定评价

在教育工作中,为了慎重使用否定评价,必须注意使用否定评价的时机和场合,必须避免使用让学生感到绝望的斥责方法及喋喋不休的斥责方法。另外,教师在使用否定评价时,要尽量附有必要的解释:怎么和为什么不成功——在必要的情况下,还要考虑给予帮助。

5. 建立良好的评价环境

教师对某学生有好感,那么,学生就容易接受他的评价,这就是评价环境因素的作用。为了建立良好的评价环境,教师首先要树立自己的形象,以身作则。这样,学生才能对你有好感,愿意信服。其次,在感情上,对后进生要有爱心和责任心。在现实中,很多教师"爱优嫌差",对后进生不是挖苦、讽刺,就是不抱期望,采取放任态度,不能主动满足他们需要,不重视他们的合理意见,不尊重他们的情感。教师与后进生的关系十分紧张。在这种环境之下进行评价,评价只能起到相反的效果。

6. 引导自我评价和相互评价

教师的评价最终要通过学生的自我评价而起作用。有的教师不注意引导学生形成自我认识,总习惯劝导和说服。虽然有时也能改变学生的

行为,但是,由于学生把自己行为的改变当成被说服的结果,而不是归因于自己的选择,因此这个新的行为很难持久。我们要想真正改变学生的思想和行为,就必须把他人的认识转化成学生自己的认识。一般来说,后进生的自我评价能力较低,这就需要我们善于引导他们,使他们能够进行自我分析、自我解剖,正确地评价自己。每开展一次评价活动,都要有自我评价阶段。提高了后进生的自我评价能力,就可以缩小教师评价与学生自我评价之间的差距,从而提高评价的效果。有实验证明,中小学生非常重视同伴对自己的评价,对他们来说,同伴的评价甚至比教师的评价更能影响行为。所以我们还要注意引导学生进行相互评价。这样不仅可以提高学生的自我评价能力,而且也有利于评价功能的充分发挥。

7. 重视评价的整体性和动态性

在教育工作中,教师总愿意根据考试成绩将学生分类。不少教师把眼睛只盯在考试成绩上,如果一个学生成绩不好,他就被视为一无是处,这种做法对后进生特别不利。对后进生的评价不能只看考试成绩,必须全面衡量各方面的情况。既要考查学习结果,也要考查学习过程;既要考查知识、能力,也要考查思想、情感、态度、习惯;既要考查坏的方面,也要考查好的方面。只有通过这种整体性的评价,才能促进后进生的学习,引导他们向健康的方向发展。

后进生五种类型的特点及教育策略

1. 品优、学优、智劣型后进生的特点及教育策略

这类后进生的主要特点是:思想进步,学习踏实认真,自尊心强。但是,他们以往优秀的学习成绩,完全是靠勤学苦练得来的,而不是靠聪明才智得来的。因此,随着年级的增高、知识难度的增加,学习就越来越感到吃力。对待这类后进生,应注意促进他们智力的发展,注意教给他们学习的技巧和方法,多做一些综合性的智能训练,提高他们思维的敏捷度。

2. 品优、学劣、智优型后进生的特点及教育策略

这类后进生的主要特点是:对学习不感兴趣,甚至把学习视为负担,而对人和对工作则表现出极大的热情和责任心,并有较高的组织、活动能力。他们的学习成绩不好,并不是由于智力因素引起的,而是由于不能正确处理工作与学习的关系所致。因此,对这类后进生主要是帮助他们真正理解为四化建设而努力学好文化知识的道理,激发他们的学习兴趣,使他们端正学习态度。明确学习目的;对他们学习中遇到的问题和困难,要及时加以具体指导和热情帮助,使他们很快地赶上去。

3. 品劣、学优、智优型后进生的特点及教育策略

这类后进生的特点是：头脑聪明，反应迅速，学习成绩好，并善于应酬，能说善道，在一部分同学中有一定威信，然而这类后进生常表现出对集体的不满情绪，有对抗教师权威的心理。对待这类后进生，一定要大力加强思想教育，最好能以他们的优点逐步克服他们的缺点，也最好能从集体主义教育入手，以集体的荣誉感来克服他们的缺点，如通过参加集体劳动和智力竞赛等发挥他们的才能专长，引导他们为集体做好事，逐渐培养他们的集体荣誉感，但对他们决不能苟且迁就，更不能以学习好来掩盖品质不好的方面，否则是很危险的。

4. 品优、学劣、智劣型后进生的特点及教育策略

这类后进生的特点是：反应迟钝，学习成绩差，有较强的自卑感，但他们都是品行端正、踏实肯干的"实干型"学生。对这类后进生，在学习上应多做鼓励，经常创造条件和机会，使他们感到学习在进步和前进，而不是在落后和退步。教师对他们的要求，也不能操之过急，一味要求他们像尖子学生那样学习，要注意使他们感到，他们在学习上没有受到歧视和冷遇，而是每时每日都有变化和进步，纵使这种进步和变化是微小的，也要充分及时给予肯定。

5. 品劣、学优、智劣型后进生的特点及教育策略

这类后进生的特点是：一天到晚埋头于读书，对学习抓得很紧，因此学习成绩较好，但对其他一切事不感兴趣，不愿参加集体活动，缺乏组织观念，学习目标狭窄，缺少系统、长远和计划性，把分数和名利看得过重，爱妒嫉他人取得的成绩和进步，不善交际，个性孤僻，以自我为中心，不愿与别人交流学习经验和方法。对这类后进生，主要的教育策略是思想教育，让他们端正学习态度，树立远大的理想和抱负，注意使他们虚心地向别人学习经验，改进学习方法，多参加集体活动，培养集体荣誉感。

如何针对后进生特点改进教学方法

根据后进生的特点，教师在教学中应当做到：

1. 要克服方法和要求的单一化，使之多样化和层次化

为使课堂教学真正面向中后进生，这里提供两种值得注意的方法。

第一，改变课堂训练的结构，变单纯的整体训练为分层次训练和个别训练，主要指课堂教学从讲授、提问、练习到作业诸环节要设计出不同层次的内容和要求。例如在一节课上，给一些学生布置三至四道习题，而给

另一些学生布置一道习题;给一些学生布置一道较复杂的习题,而给另一些学生布置一道较简单的习题;对一个学生提出较难的问题,而对另一个学生提出较容易的问题,等等。

第二,建立序列训练程度。序列训练,就是将所学知识由易到难,由简到繁,由低级到高级,根据知识的内在联系,有不同形式设计出一个题目序列,让学生按序列要求训练。这种训练使后进生每前进一步都有较坚实的基础,都有一个小小的突破。序列训练有口答、填写、改错、选择判断等形式。

2. 提高教学艺术,力求做到教学生动有趣

课堂的教学效率取决于学生的参与程度,后进生缺乏学习的主动性和持久性,呆板的教学会使他们丧失兴趣乃至产生厌烦情绪,降低收效。教师课堂教学的教态、语言、板书对学生起着潜移默化的作用,教师讲课是否生动有趣,不仅起到调节课堂教学的作用,而且起到使学生精力集中、记忆深刻的作用。

3. 抓反复、反复抓,解决后进生遗忘率高的问题

后进生反映在教学中的另一个问题是"一听就会、一做就错、一问就忘"。简言之,也就是遗忘率高。为此,教学中应注意抓好以下几个问题:

①教学中要逐步克服后进生依赖心理和思维定势,有意识地培养他们的记忆品格和方法,使记忆逐渐由机械型转化到理解型。

②教学中要注意对知识体系、结构和规律的研究,使单一的知识融会在知识的整体之中,形成知识的点、链、网的结构,给学生以整体的观念,因为整体化和规律化了的记忆才是高效的和深刻的。

③抓反复、反复抓。抓反复是可通过多次再现已学知识的方法。对一般好学生一次可接受的知识,对后进生可多次反复,通过连续强化,在后进生的头脑中打深记忆的烙印。对后进生出现的反复,教师应持以理解和关怀的态度,注意通过感情渠道的沟通,了解后进生反复的原因,对症下药,采取补救措施。切忌对反复次数较多的学生产生厌烦情绪。同时也应注意,反复并不等于单纯的补课、重复,而应是在全面掌握重点内容的同时,注意旧知识在新知识中的应用和联系,寓反复于课堂教学内容的机体中。

优待后进生学习六法

多给后进生提供"优待"条件,是转化后进生的重要方法之一。

1. 让后进生坐前面

排座位时,让后进生坐前面,以便授课教师直接看到学生的笔记、演算、作业情况,直接了解差的原因:是不愿学,还是不会学;是知识缺漏,还是学习习惯差。了解了原因,有利于采用有针对性的措施提高后进生成绩。另外,让后进生坐前面,有利于听清、看清;处于教师眼皮底下,还有利于后进生集中注意力。

2. 多让后进生回答问题

多让后进生回答问题不仅能促进后进生的思考,教师还能及时发现问题,及时得到信息反馈,在课内或课外就能有针对性地补缺补差。

3. 多板演

后进生基础差,教师上课时如果只是语文讲授,而不配合比较具体细致的板演,后进生就很难理解和接受新的知识。所以教师上课一定要多板演,必要时还可单独给后进生板演。

4. 多面批

后进生的作业一般都较差,教师当面给后进生批作业,边批边指出错误之处,再当面指导订正,直至做对为止。

5. 多写鼓励性批语

后进生学习成绩无论是进步了还是没有进步,教师都可针对实际,在作业本上写些鼓励性批语,如:"你这阶段学习成绩进步了","成功属于不怕困难的人","贵在坚持","真高兴,你改对了"等。

6. 多给奖励分

给后进生作业打分,教师可采取期效式的激励,多给奖励分。平时只要能完成教学基本要求的,教师应当给高分,在规定时间内,后进生能独立完成作业,答案正确,虽然少做一两题,可照样给满分,若不及格,可暂不打分,教师划出作业错处,发还后重新更正,然后再打分。

后进生心理八种

1. 逆反心理

这是一种与教育作用相斥的心理。表现为:你越是这样,他偏要那样,故意"对着干"。

2. 称霸心理

这是一种为了过分展示自我的变态心理。表现是:企图通过某种手段确立自己在群体中的中心地位,叫他人"俯首称臣"。

3. 猎奇心理

这是一种与生理发展协调的心理。表现为:求知欲的异化,好奇心的变态。

4. 模仿心理

特别是对他们所崇敬的人,更是一言一行都要仿效;也喜欢模仿影片中的打斗、抢劫杀人、侮辱妇女等行为。

5. 报复心理

这是虚荣心受到损害后所产生的一种病态心理。

6. 模糊心理

这是由于思想不成熟而导致的一种心理。表现为:良莠不分,好坏不辨,是非不清。往往把冒险当勇敢,把轻率当果断,把亡命之徒的行为当作英雄行为。

7. 相容心理

这是由于共同的思想基础而导致的一种心理。表现为:同"类"相容,同"病"相怜,"交叉"感染。后进生与好同学难得玩起来,相反,后进生与差生容易结成团。

8. 虚荣心理

这是一种自尊心发生异化后所产生的心理。如:爱面子,讲排场,摆阔气。

对后进生的十种谈话方式

1. 接近式谈话

在与学生个别谈话时,对学生的错误不是"和盘托出",而是逐步提出,由浅入深,先谈双方共同的话题,使师生变得亲近,不至于一下子"谈崩",这种谈话法常对那些缺点较多、自尊心较强、谈话前持有防御心理的人比较合适。

2. 直接式谈话

开门见山、一针见血的谈话法常常适用于那些勤奋好学、成绩优良、尊敬老师、团结同学、能正确认识自己,但又不大正视自己缺点错误,持有揣测心理的优等生。教师对这样的学生直截了当地指出问题,有理有据地严肃批评,往往会冲破其心理防线,促使其承认错误,从而达到严格要求的目的。

3. 参照式谈话

运用对比的方式烘托出谈话内容,使学生在参照物的对比下,感到客观上的某种压力,促成自我认识。它常适用于那些盲目性大、变动性大、忽冷忽热、易受感化的学生。

4. 触动式谈话

主要适用于那些长期形成了惰性、行动散漫、自我意识浅薄、抱无所谓的态度、不正视自己所犯错误的学生。运用这种方法,应立足于以"情"触动,真诚地通过谈话内容和语调的强刺激,促其醒悟。这种方法要慎用,用得不好,往往会产生负作用,形成师生的对抗性。

5. 商讨式谈话

这种谈话主要是教师以商讨问题的口气将学生的不良行为变换角度提出来传递给学生,造成一种平等商讨问题的气氛。这种方法适用于那些犯错误尚无悔改之意,认为教师是在"整自己"的反应迅速而脾气暴躁的后进生。

6. 发问式谈话

把谈话的内容用提问的方式表达出来,让学生自己思考,在思考中达到自我醒悟、自我认识。这种方法一般适用于各方面比较成熟、有一定思考接受能力、性格内向的优等生,同时也适用于那些脑筋机灵、敏感好动而又爱做坏事的后进生。

7. 布置式谈话

这是一种传达某些信息、交待某项任务的谈话。这种方法适用于品学兼优而又听话的优等生,也适用于那些既顽皮又热爱劳动、有一定自尊心的后进生。使用这种方法常常是先鼓励或表扬,使学生产生喜悦心理,然后再布置任务,使学生在完成某项任务的过程中受到教育、受到启发、得以转变。

8. 鼓励式谈话

这是对学生的成绩、优点、长处给予肯定和表扬,或者对学生克服了缺点错误、有了进步及时给予鼓励、表扬的一种谈话。使用这种方法一定要注意扬抑结合,在表扬鼓励之后,要指出其存在的问题或缺点,鼓励其加以克服,从而达到教育的目的。

9. 启发式谈话

针对学生的某一问题,在谈话中加以点明,进行启发诱导,使学生在思想认识上提高一步。这种谈话适用于那些不善言词,与老师见面后动作拘谨、词不达意、有紧张心理的学生。

10. 慰问式谈话

当学生遇到困难、疾病、灾祸等时,老师给予安慰问候和予以帮助所

进行的谈话。这种方法常常能够消除某种误解、隔阂、疑虑，使学生产生悔悟心理，感到教师亲切可敬，自己应该对得起老师，从而对自己的缺点有正确的认识并加以改正。

后进生的学习习惯培养四法

1. 培养认真做作业的习惯

要求学生作业干净整齐，作业时看清想好才下笔写，特别注意不要抄错数字和运算符号，尽量避免因粗心造成的错误，尽量少涂改，做到少用或不用橡皮擦。

2. 培养有错必纠的习惯

作业本发下去以后，要求学生首先看看作业中有无错题，对错题要寻找分析错误原因，及时纠正，避免错误对新学知识的影响。

3. 培养按时完成作业的习惯

有的后进生不能很好地利用时间，课堂作业布置后不马上动笔，东摸西看，浪费时间，别人已经做了几题，他还在找笔找纸，一点紧迫感也没有。往往时间到了，还有好几题未做，因此，成绩总上不去。为了使他们克服这个坏习惯，要严格训练他们作好课前准备工作。要求他们作业一布置，立即动笔做。经过反复的重点指导训练后，有这种毛病的后进生逐渐加快了作业速度。形成习惯后，他们在测验、考试中也能按时完成。成绩跟着提高了。

4. 培养独立思考的学习习惯

有些学生往往是因贪玩或不懂，为了应付而抄袭作业。针对这些情况，除了要他们重新做作业外，还教育他们正确处理好作业和玩耍的关系，同时，每节课都注意掌握他们学习的情况，及时辅导，并鼓励他们不懂要敢问，对有进步的，在班上进行表扬。

做好后进生转化工作的九条规则

1. 相信每个学生的能力，并力求让学生感受到这种信任。

2. 对学习后进生来说，必须有一个熟悉材料的过程。不要催促他，要学会等待，直至学生取得成功。

3. 必须根据学习后进生原有水平开展工作。要知道，经过一段时间，他们也将分化，分成能力较强、一般和较差三种。学习能力较强的接受得最快，学习开始很快进步；中等程度的则会努力追赶能力较强的；较

差的则需要不断给予帮助。

4. 反复复习基础教材,是做好后进生转化工作的一种方法。每堂课都是前次学习的延续,都对学习的深入起一定作用。如果教师从15—20节课所包含的课题中能选出主要的问题,那么,随着每天的复习,所有学生最终均能掌握这些问题。

5. 不要追求庞杂的教学内容,要善于选择主要的东西,讲述它,复习并巩固之。

6. 交往,乃是任何一种教学方法的重要组成内容。如不与学习后进生开展交往,就不可能收到教学效果。

7. 要学会管理班级。教师讲述教学内容时,学生都应注意听讲,不要书写。叙述一部分材料后,立即着手巩固,让学生记下,然后再转入后一部分学习材料。学生在课堂的活动形式应该丰富多彩,譬如,用3~4分钟时间让学生认真听说;2~3分钟巩固、复述已讲的主要内容;3~4分钟从黑板上抄写等等。这一切可用全班展示和独立作业等方式加以充实。

8. 学会引导能力强的学生去教能力差的学生学习。在这种情况下,三个方面均能得益:优秀生能巩固已学过的知识,后进生能真正从事学习,而教师则取得了帮助学得最差的学生的时机。让一个学生到黑板上练习,这种做法收效最差。要学会将全班教学的组织形式与个别帮助每个学生有机结合起来,并以此方式展开教学过程。

9. 由于学习后进生的抽象思维能力发展迟缓,最好从发展直观形象思维入手。应当从业已学过的材料中去寻求这种直观形象。要把引人入胜的教学方法(包括音乐、诗歌、图画、滑板、形象化表演等)引进授课之中,它们将有效地影响学生的情绪、情感、学习兴趣。

后进生转化中的三个关系

1. 表扬与批评的关系

后进生经常处于"被告"地位,他们经常看到的是老师和同学的白眼,感受不到集体的温暖,丧失了进取心,对批评特别是公开批评产生逆反心理。因此,对后进生应以表扬为主,表扬他们的闪光点和点滴进步,以激起他们希望与进取的火花。要以批评为辅,尽量避免在公开场合的批评。在批评时应慎重,做到适时,适度。适时:应在后进生具有正常心态的情况下进行,切忌不要在他们失去理智的情况下"火上浇油";适度:批评应循序渐进,切忌批评的失真。

2. 严格要求与耐心说明的关系

后进生的缺点与不足较多,没有严格要求就没有后进生的转变。但严格要求应考虑后进生的心理承受能力,即根据后进生的具体情况,采取区别对待的办法;不断提高对后进生的要求,逐步到位。切不可操之过急。两者关系应是耐心说服基础上的严格要求,在严格要求指导下的耐心说服。

3. 惩前与毖后的关系

教育后进生应始终立足于教育,转化的基点上。要转化后进生,就应使他们对以前的缺点与不足有正确的认识,引以为鉴,以防止重蹈覆辙。所以,惩前不是目的,只是为了毖后;毖后才是惩前的出发点和归宿。只有惩前,才有利于毖后,只有毖后,惩前才有实际意义。惩前要力求使后进生心悦诚服,这就容易取得良好的毖后效果。

转变后进生的"六要六不要"

1. 要爱不要恨

对待后进生,教师要利用自身的人格威望及其对学生的真挚热爱和期望进行潜移默化的熏陶,感情的温度提高到后进生思想的"熔点",使师生的感情熔炼在一起,促使后进生转变。憎恨、厌弃、冷若冰霜只能使后进生愈益走向歧途。

2. 要教不要训

对后进生要从正面教育入手,以理服人,讲究教育过程中的艺术性,把耐心说服和必要的纪律约束结合起来,培养他们自我控制能力,矫正不良行为习惯。训斥、谩骂、讽刺、挖苦的简单方法只能使效果适得其反。

3. 要严不要罚 严,不是苛刻。

在尊重和信任学生的基础上,提出合理的严格要求;对其缺点错误进行严肃的批评和教育。严格与尊重相结合,激起学生的自尊心。上进心和自信心,使其成为一种积极的鼓舞力量。用变相体罚方法来整治学生,即使你有恨铁不成钢之心学生也不会有丝毫感激之情。其结果学生只会以逆反心理相报。

4. 要拉不要推

后进生的转变不是做一、二次工作就能见效的,而是要经过长期、反复、耐心的教育。要善于发现后进生、细微进步、反复抓、抓反复。切忌不闻不问,听之任之。拉一把"回头是岸",推一把"万丈深渊"。

5. 要正不要斜

老师要站在公正的立场上,对任何学生一视同仁。不偏爱"得意门生",不轻视后进生,懂得人总是在发展变化,后进生中也可能出人才的哲理。

6. 要和不要凶

平易近人,满腔热情易被学生接受,也易激起学生情感上的共鸣,产生强烈的感化作用。有些老师可亲不足,可畏有余,摆老师的架子,居高临下,用高压的方法制服对方。这种方法极易伤害学生的自尊心,激化矛盾。

后进生转化"四忌"

1. 认识上忌偏见

有的班主任对后进生常存在偏见,总认为他们"一无是处",甚至"不可救药"。这样,很容易使后进生感到前途渺茫,因而自暴自弃。因为当他们发觉老师对自己存在偏见,总是用老眼光来看待自己时,就往往丧失自尊心和上进心,有的甚至出现逆反心理。其实,后进生虽然毛病多些,但只要我们用"一分为二"的观点去看待他们,善于发掘他们身上闪光的火花,并满腔热忱地帮助他们刷掉身上的污垢,那么,后进学生是可以转化为先进学生的。

2. 态度上忌冷漠

一般来说,后进生特别是有较严重缺点错误的后进生,由于曾多次受到批评(甚至处分),因此往往精神不振作,犹如伤了元气的病人。这样的后进生更需要得到别人的新生、理解、信任、温暖和友谊。如果对他们态度冷漠,或爱理不理,或放任自流,或多方歧视,这就犹如在快熄灭的火上再烧上一勺水,使后进生心灵受到更深的创伤。如果班主任有父母心、兄长情,关心爱护他们,主动接近他们,同他们说心里话,给他们以温暖、信任和鼓励,那么,后进生就会打开闭锁的心灵,倾听老师的教诲,从而逐步树立起自信心,焕发出积极向上的进取精神。

3. 语言上忌讽刺 "良言一句三冬暖,恶语伤人六月寒。"

后进生有了进步,即使是小小进步,都应当给以真诚的赞扬和鼓励;对他们的缺点和错误,则应当以诚恳的态度,满腔热情,循循善诱,耐心说理,点燃其心灵的火花。否则,只能使问题复杂化,把事情弄得更棘手。

4. 情绪上忌急躁

后进生的思想转变是个复杂过程,有的后进生往往改正了一个缺点,

接着又出现一个毛病,所以,做后进生的转化工作不可能毕其功于一役。

前苏联著名教育家苏霍姆林斯基说过:"教育,这首先是关怀备至地、深思熟虑地、小心翼翼地触及年轻的心灵,在这里谁有细致和耐心,谁就能获得成功。"印度诗人泰戈尔也有句至理名言:"不是槌的打击,乃是水的载歌载舞,使鹅卵石臻于完善。"同样的道理,班主任如果给后进生以深情的关注,贴心的爱抚,有趣的引导,不倦的教诲,就像"水的载歌载舞"一样,那么,后进生的思想是会转化过来的。

后进生七大批评艺术

1. 抑扬兼用

美国著名女企业家玛丽·凯认为赞美"是鼓励下属的最佳方式",而"将批评像三明治似的隐藏在两个大大的赞美之间。"转化后进生的大量实践证明,后进生对教师的褒扬之辞十分渴求,对后进生一味地进行批评,必然会导致其逆反效应,即心理上的不信任、厌恶和对抗情绪。贬抑与褒扬相结合,体现了对后进生的一分为二的态度,容易使后进生感到批评者的通情达理和实事求是,从而在心理上较乐于接受批评。

2. 情理交融

情感作为一种潜移默化的感召力量,已成为广大教育工作者的共鸣,情不通,理不达,感情相悖,即使是"金玉良言",也免不了会"好雨落在荒田里"。但是,在重视对后进生"感情投资"时候,也不可过于迷信"爱的效应"。

教育工作者的任务是要疗治后进生心灵的创伤,驱除其心灵的阴影,挽救其被污染扭曲的灵魂,而要达到这一目的,非真理的力量不可。

3. 冷热相间

一般地说,对后进生的批评要把握时机,趁热打铁,这样做一方面是防止和控制后进生过错行为蔓延和继续恶化,造成学校、班集体以及个人更大的损失,另一方面是因为时过境迁,后进生的心理波动和过错感受已经淡化,容易把批评者的批评当作是"算陈账",而加以拒绝;但是,教师对后进生的批评教育有时也要"冷处理",即当后进生情绪不够冷静之时,要稍作等待,搁一搁再处理,这样既可以避免师生间不必要的正面冲突,减少师生之间紧张对立的情绪,同时也可以使批评者在处理问题少一点"感情用事",多一点"理智介入。"

4. 点面结合

由于后进生与后进生之间在感情上相互吸引而"同病相怜",有时候

就形成了一个非正式群体,他们之间彼此制约,相互影响,教师要冷静地对待这个"面",切不可低估这个"面"的消极作用。要通过各种良好的舆论规范,紧密联系实际,使后进生对"哥儿们义气"产生切肤之痛,培养他们正确的是非观念,形成他们正确的道德评价意识。对非正式群体中的"领袖人物",要做好重点突破工作,要借助于学校、家庭、社会各方面的力量,促使"点"的转化和"面"的瓦解。做"点"工作切忌采用粗暴、生硬和"杀鸡儆猴"的简单化办法。

5. 刚柔相济

对后进生的批评有时要像烈火一样刚气激烈,有时又应如流水一样柔情一片。刚柔相济,体现了教育转化艺术的多样性,批评的刚柔与后进生的个性心理有密切关系,顺应后进生的个性差异,或以刚制柔、或以柔克刚、或外柔内刚、或刚中寓柔,都可以收到批评教育的预期效应。教育的实践表明,对那些性情机敏、疑虑心理较重,自我防卫能力较强的后进生,则应刚柔相济,灵活多变,以便迅速冲破对方的心理防线,使他们较快地意识到批评者的意图,倘若,对他们轻率地采取"正面交锋",非但他们不愿敞开心扉,与教师进行情感的交流,甚至很可能会造成他们精神负担,从而人为地增加转化工作的难度。对于那些反映速度快,脾气暴躁,否定性心理表现明显,行为常为情绪所左右的后进生,最好采用"春风化雨,点滴入土"的以柔克刚的方式,以商讨的口吻,平心静气地把批评的信息传递给被批评者,改变被批评者可能存在的对抗动机,稳定他们的情绪。而对那些消沉颓废,行动散漫,或自我意识淡薄,被动性强,或不正视过失,且爱察言观色、怀有侥幸心理的后进生,批评者则应当"投猛剂、起沉疴",对之猛击一掌,通过语言、内容、语调的强刺激,以"刚"促使其从昏迷中震醒。

6. "跟""放"统一

"跟",即对后进生实施批评后的跟踪随访。教师要善于观察后进生在被批评后各种行为反映,透过他们行动倾向的表象,把握其悔过认错的深层本质。跟踪过程中,如果发现后进生确有改正之意,应及时鼓励,如果发现后进生对教师的批评当作"耳边风",则要考虑更为有效的改变其行为的策略。跟踪差生,不是监督后进生,这就有一个"放"的问题。即放手让后进生完成某种任务,甚至委以重任,要为后进生的成长提供、创造一个良好的环境,使其个性沿着正确健康的方向充分自由和谐地发展,让后进生体察到教师的关怀和信任。

7. "批评"互补

"批",即教师要指出后进生的偏态行为,使后进生了解自己,但"批"必须要"评"来补充,即教师要帮助后进生分析产生偏态行为的原因及其危害,使后进生正确地认识自己,心悦诚服地明确纠偏方向,只要"批"得正确,"评"得在理,"批评"互补,才能使转化教育工作相得益彰。

后进生的课内外辅导五法

后进生的理解、思维、表达、记忆等能力一般都比较低,许多知识都需要经过多次反复教才能接受,因此加强对后进生的辅导尤为重要。对这些学生,重要的是发展他们的智力,也就是培养和发展他们的观察力、思考力、记忆力、想像力。就教师来说,主要是教会学生学。例如,培养学生学会读书,就在培养学生读书的具体指导中,使学生学会对书本的知识内容进行分析、概括,学会发现问题,指出问题,学会检阅工具书独立地解决难题;特别是随着学生年龄的增长,注重培养学生善于总结自己的学习过程,自觉地调整自己的学习方式,改进自己的学习方法。

1. 在课堂教学中适当照顾后进生

对他们采取"四优"措施:优先提问,通过让他们多回答问题,促进他们思维能力的发展;优先板演,使他们得到多练的机会;优先批改,优先辅导,使他们及时发现问题,及时纠正,达到当堂学习,当堂消化的目的,避免把问题积累起来,力争新课不"欠账"。

2. 对后进生进行有的放矢的课外辅导

后进生学习上"欠债"多,他们的知识就难以衔接。要注意在课前对后进生补好与本节教学内容有关的基础知识,为他们扫清接受新知识的障碍,减少学习上的困难。

3. 及时掌握后进生的反馈信息,及时辅导

教学中注意抓好每上完一部分内容即进行综合练习这一环节,及时了解学生掌握知识的程度,获得反馈信息,然后按题类分别记下那些尚未弄懂这类题的学生的名字,及时分组进行辅导,并在以后的教学中注意多让这些学生解答此类题目,通过强化练习,使他们掌握和巩固所学知识。

4. 让学习好的学生帮助学习差的学生

要注意发挥"小老师"的作用,指定一个成绩好的学生和一个后进生组成学习互助组,让前者督促后者完成当天作业,帮助他理解没有学透的知识和巩固所学知识。

5. 搞好家校联系,争取家长支持,共同提高后进生成绩

提高后进生的学习成绩,是一项艰苦、细致的工作,但是不改变这部分学生的状况就不能大面积提高教学质量。因此,即使在困难的情况下,也要满腔热情地关心他们,爱护他们。只要使他们树立起自信心和激发起学习兴趣。

同时采用适当的教学方法,是能够提高他们的学习成绩的。

后进生非正式小群体心理扫描

在工作实践中,我们常常见到一些后进中学生,他们少则三五个,多则十个八个经常凑在一起聊天、嬉戏,组成了相对稳定的带有较强感情色彩的非正式小群体。这种小群体大致分为三种类型:消极型非正式小群体、波动型非正式小群体和破坏型非正式小群体。

消极型非正式小群体的目标与班集体共同奋斗目标在总体上是不一致的,所起的作用往往也是消极的,但他们的活动并没有超出法律许可的范围,也没有很严重的违反校规校纪的行为。

所以,这类后进生非正式小群体是班集体加以引导和教育的对象。

波动型非正式小群体的目标与班集体目标时而一致,时而不一致,对班集体目标时而关心协作,时而挑剔发难。这类小群体既有积极作用,又有消极作用,处于一种波动状态。

破坏型非正式小群体常常无视校规校纪,其成员有严重的打架斗殴、偷盗、敲诈勒索等恶劣行为,是一批害群之马,一旦事发,往往受到勒令退学、开除学籍,甚至劳教等处分处罚。后进生非正式小群体之所以能形成,主要由如下心理所致:

1. "同病相怜"心理

后进生非正式小群体绝大多数成员,一是学习成绩差,对学习失去信心,缺乏积极性;二是不遵规守纪,经常挨批受训。共同的"遭遇",很容易使他们产生一种"同病相怜"的心理,很自然地凑在一起。

2. 求同心理

后进生尽管差,但同样很要强,很希望在班级中显出自己的存在和价值,要是从学习成绩上来表现,即使再刻苦学习,一时也很难"立竿见影"、"出人头地";要是从遵规守纪上来表现,即使再好,也难以得到教师的肯定,况且这又是他们不愿做的。所以,要表现自己,只有靠言行上与众不同。在文体活动中,他们积极参加,而且尽力表现自己,主观上为自己脸上增光。客观上为班集体添彩,可惜这类活动对他们来说太少了;在

平时的课上课下,他们喜欢出风头。课堂上好嘀咕,自习课上好逗趣儿打闹;在玩的方式上,他们平时好缺课,出去逛大街,出入游艺室、录像厅、电影院,或是打架斗殴,寻衅滋事;在不遵规守纪方面,单个人这样做,太显眼,怕老师"枪打出头鸟",受到校规校纪处分,因此,他们盼望不遵规守纪的学生越多越好,这样他们就可以互相"壮胆",造成"法不责众"的局面,从而逃避惩罚。这种消极成分较多的求同心理,使后进生无形中凑在一起,无需明确的组织纪律要求,他们之间都会默契配合,来对付老师、对付学校。被动或主动告密者,都会受到疏远,甚至惩罚。

    3. 互补心理。

后进生中个头有高有矮,身体有强有弱。矮的弱的为避免受别人欺负,增加安全感,就寻求保护,而这种愿望要求往往能从身强力壮的同学那里得到满足,所以,这部分后进生很容易听命于身强力壮的同学;而身强力壮的后进生支使弱小的比较容易,能产生一种满足感、自豪感,所以,他们也乐于做弱小后进生的后盾。

在这三种后进生非正式小群体中,消极型的和破坏型的是少数,尤其是破坏型的更为少见,波动型的占大多数。班主任老师应着重疏导转化消极型和波动型的非正式小群体,促其转变。一是要正视它的存在,切忌采取粗暴、生硬的办法,如"禁止其活动""禁止其接近"等,因为这不仅收不到预期的效果,反而会扩大这些后进生的不满情绪,增强其与班集体对抗的凝聚力。二是采取疏而导之的方法,具体来说就是:

    1. 鼓励为主、批评为辅

要善于发现和肯定后进生的优点,甚至不惜用"放大镜"去找他们的优点,对其有益的言行应及时表扬鼓励。该批评的,还要进行批评,但应注意批评的方式:不讽刺挖苦,不伤其自尊心,要留有余地,给其悔过自省的机会。

    2. 满足其正当的心理需求

针对后进生渴望实现"自我"的心理,班主任应进行积极正确的引导,尽量满足其正当的心理需求。平时不妨多开展一些文体活动,多举行一些主题班会,为后进生提供更多的参与机会,以发挥他们各自的爱好特长,显示其能力和价值。同时应结合各种活动渗透正确的人生观教育和集体主义思想教育,鼓励他们多为班集体着想。班主任平时还应多接近后进生,及时了解他们的愿望和要求,关心他们的学习和生活,多同他们交换思想、交流感情,教育引导他们理解父母、尊重老师。

3. 加强"纪律、友谊、义气"三者关系的教育

这两类非正式小群体的后进生之间,很讲哥们儿"义气",为朋友可以两肋插刀,唯恐说他不讲"义气",不够"哥们儿"。他们常常片面地把讲哥们儿义气视为友谊,在很多事情的处理上,不讲原则,不顾纪律,不知道讲了"义气"却帮了倒忙,误了别人,也害了自己。因此,应重视和针对后进生的这一心理,对其进行正确的"纪律、友谊、义气"及其三者关系的教育,让学生明白讲哥们儿义气不等于是友谊,讲"义气"不能不讲学校纪律,要积极引导他们在同坏人坏事作斗争上和在做好人好事上讲义气、讲友谊。

4. 做好核心人物的工作

这两类非正式小群体的核心人物在小群体中"威信"较高,有较强的号召力和影响力,因此,做好核心人物的工作对做好这类小群体的工作是至关重要的。对待这样的"核心"学生,班主任老师在关心的基础上,应讲究策略,对班级有关规章制度的制定和事情的处理,可多征求他们的意见,必要时可任命他们担任班干部,通过他们来了解后进生的思想和行为,帮助做好后进生的思想工作。任用后进生负责班级部分工作,班主任老师务必摸清他们的思想,关注他们的行为表现。这是因为,他们往往管了别人,却管不住自己;干好事的有他们,干坏事的也有他们;起积极作用的有他们,起消极作用的也有他们。所以,在关心爱护的基础上,更要严格要求,规范他们的日常行为,使其扬长避短,不断进步。

双后进生的心理特点与教育

双后进生不但学习成绩差,思想品德也差。做双后进生的工作确实是一项艰巨、细致、复杂的工作。只要我们能够深入了解双后进生产生的原因和心理特点,对症下药,做好转化工作,就可以产生春风化雨、点石成金的效果。

双后进生是以他们的年龄特征、生理和心理矛盾为内因,并在一定的家庭环境和社会环境中形成的。其中,家庭环境不好、家庭教育缺乏科学性是重要原因之一。

影响学生学习成绩和思想品德的家庭类型主要有:

(1)破裂型家庭。这种家庭父母大多离异或再婚,没有处理好家庭与子女的感情问题,造成孩子与家庭的隔阂,使孩子心理发展畸形。

(2)不完全家庭。这种家庭大多父母一方死亡,或是父母分居两地,这种家庭缺乏对孩子必要的关心和疼爱,使孩子受到一定的精神刺激而

玩世不恭,放任自己。

(3)溺爱型家庭。这种家庭大多不重视教育或教育无方,对孩子过分溺爱、护短,有时孩子犯了错误家长不但不严加管教,反而为孩子撒谎。其结果促成孩子放任自己,对什么都无所谓。

(4)苛求型家庭。这种家庭望子成龙、望女成凤心切,对孩子提出过高要求,若孩子达不到要求,家长就进行责骂,甚至殴打,孩子因此背上沉重的思想包袱而产生了强烈的逆反心理。

再者,社会环境的影响也是一个重要原因。随着改革开放、商品经济的发展,一些不健康的思想渗透到校园,特别是"多读书不如早挣钱"等新的"读书无用"论冲击着学生的思想,使学生失去了学习兴趣,影响了学生学习的积极性。

此外,学校教育方面,也存在某些不足之处,如思想教育不够得力,有些教育方法不能适应新形势的要求,学生的学业负担过重,其中少数学生由于基础差,学习目的不明确,对学习不重视,不听课也听不懂课,不做作业也不会做作业,不守纪律而错误不断,常挨批评遂产生破罐子破摔的思想。

这时教师如果不深入了解情况,不及时给予帮助,而是放任自流,或是采取惩罚的办法,动辄训斥,或向家长"告状",任意停课等,都将会加速双差生不良品德的蔓延和滋长,也会使一部分本来可以转变的学生因贻误了教育时机或教育方法不当而变成双后进生。

双后进生具有这样一些心理特征:

(1)贪玩、不愿学、意志薄弱。双后进生意志薄弱,上课注意力不集中,不认真听课,学习成绩差,随之产生厌学心理。他们精力充沛,活泼好动,但是非不清,不能用正确的道德观念战胜不合理的要求和不良的思想行为。有时,他们想变好,特别是老师找他们谈心后能"好"几天,但由于意志薄弱,过几天又会恢复原状。

(2)自卑与自尊共存。双后进生和其他学生一样都有强烈的自尊心和好胜心,他们希望得到别人的尊重和理解,但他们成绩差又经常犯错误,往往遭到讽刺和冷落。所以,自尊心受到严重伤害,便产生自卑心理。但是,他们为了满足自己的自尊,故意和老师对着干,顶撞老师,表现自己有"能耐",并把打架、破坏纪律当成英雄行为,以此为资本炫耀自己,以达到矛盾心理的平衡。

(3)用"对立"保护心中的疑惧。双后进生看起来无法无天,其实,他们犯错误后心虚,怕老师、家长。有时,老师的一个眼神,一个动作,甚至

无意中的一句话都会引起他们的冲动与憎恨。他们还常常错误地认为老师的教育是故意找麻烦，家长的教育是嫌弃他们，同学的帮助是嘲讽他们，从而采取疏远、回避、警惕的态度，如果谁"触犯"了他们，他们就会采取粗暴无礼的行动。

（4）感情用事，服软不服硬。平时，我们看到，双后进生对他们所佩服的人很讲义气。他们在学校和家庭经常遭到指责和冷遇，他们在成长过程中很少得到爱，一旦有人给他们爱护、帮助和支持，便会很快与这个人交上朋友（但常因分不清是非而交上不三不四的朋友），他们对教育的态度是服软不服硬。

那么，如何对双后进生进行教育呢？

（1）早抓，从小抓，防微杜渐。双后进生的形成和转化有一个量变到质变的过程。双后进生一般在小学四五年级开始形成，初中阶段开始恶化，所以，要早抓，从小抓，防微杜渐。

（2）抓基础，帮学习。双后进生经常犯错误与他们自身知识贫乏有关，仅抓思想教育不能解决根本问题。在做双后进生的工作时，一定要帮他们把学习搞上去，这是转变双后进生的根本措施。

（3）正面教育，循循善诱。双后进生自尊心强，爱面子。他们做错了事，不要不问青红皂白，开口训斥，讽刺挖苦，更不要揭老底算"旧账"，也不要随便当着众人面批评他们，防止产生对立情绪和逆反心理，要尽量先找出他们身上的积极因素和"闪光点"，及时给予肯定。先拉近他们与教师的距离，再动之以情，晓之以理，帮助他们找出犯错误的原因和改正错误的方法，启发他们明辨是非，促使他们自觉地改正错误。

（4）教育工作者要有高度的责任感，真正热爱后进生。现在，都提倡热爱差生，可双后进生时常给教师带来意想不到的麻烦，致使一些教师无论如何对他们也爱不起来。所以，要真正地爱后进生，教师必须具备高度的责任心和事业心，放下架子，充分了解他们，真正和他们交朋友，真正地爱他们，取得他们的信任，然后再进行教育，效果就好了。

青少年的思想远没定型，他们的可塑性还很强，落后只是暂时的。只要我们掌握他们的心理特点和形成原因，采取科学的教育方法，他们是会变好的，他们中的绝大多数是会成为祖国建设的有用之材的。对此，我们应充满信心！

第七章

班主任须了解的国外教育经验

国外班主任工作管窥

新加坡：细节育人无微不至

我是一名新加坡的中学教师,能走上这条路,当年的班主任张老师是重要的"引路人"。

张老师每天与我们相处的时间颇长。在校内,她就是我们的母亲,努力为我们营造适于成长的环境——她在教室角落里摆了一柜子好书,鼓励我们阅读;她把各种水果切好给我们吃,提醒我们摄取足够的纤维素;她让我们在花圃中酝酿心情、学写俳句;她会抽查我们的书包,确保我们使用书签而不乱折书页,带足够的水上学,平日把书包收拾整齐。她对我们相当严厉,但我们毫不介意,因为她最公平,会向全班解释她的要求背后的想法;她常用犀利的眼光关注着我们,但无论谁只要有一丁点优秀的表现,她都立即在全班表扬,让大家学习好榜样。(刘燕燕)

美国：协调沟通化解僵局

唐娜是我们学校的学生事务主任,面对来自世界各地、不同文化和民族的学生,唐娜扮演着协调者兼沟通者的角色。

有一次,学校号召各国学生组织一台表演,来展示自己祖国的文化和习俗。此事由唐娜负责,这可把她兴奋坏了,忙里忙外。但是没想到,当动员到巴基斯坦和印度同学的时候,矛盾产生了。两个"邻国"要合在一起演出,却为了谁的国旗挂在上方,谁的表演排在第一位争吵了起来。眼看一件好事要不欢而散,这时,唐娜召集双方开了一个会。

我的巴基斯坦室友事后说:"从没有看到唐娜这样严肃。"唐娜说:"我了解你们两国间的争议,也理解你们各有主张,但这次活动提供了一个向同学们展示你们国家优美文化和风俗习惯的舞台,难道你们真想为了细节上的分歧放弃这样的好机会吗?"唐娜的话显然起了作用,我的室友又恢复了彩排,两国同学经过了这次风波也变得更谦让了。(徐云程)

泰国：教室布置像家一样

在泰国的中学,通常一个班级设两名班主任,一男一女。因为泰国人认为,解决学生成长中的问题,学校也需要建立像家庭一样的机制,就是有父亲有母亲,两者缺一不可。每天早上班里会有一堂"家庭环境"课。老师会刻意将教室布置得像家里一样,为的就是让学生放松,行为举止变得像在家里那么无拘束。之后,老师会把观察到的学生流露出的种种信息转达给学校里专设的心理分析师,由分析师从专业角度帮助探究成因,

寻求解决方案。（佩茜）

俄罗斯:争当"最佳班主任"

在俄罗斯许多城市,每年都举行别开生面的"最佳班主任"大赛。评委要现场测试他们的应变力、创造力等。比如,*15* 分钟内写一篇关于教育的短文,制作一件手工艺品,即兴表演舞蹈或讲段笑话。

切列波韦茨市的"最佳班主任"帕金娜,在自己班里开设了园艺、话剧等多个兴趣小组,并采取组长轮流制。如果哪个孩子不能胜任组长,帕金娜便鼓励他把机会让给其他同学。作为兼职的地理教师,她还经常组织学生参加义务大扫除,并增强他们的环保意识。而伏尔加格勒市的"最佳班主任"沃罗彼约娃则把注意力放在融洽家长和学生的关系上。她把召开家长会变成"亲子日",设计了大量家长与孩子共同参与的游戏,宗旨是让家长尊重、理解孩子,发现他们身上的潜质,不把自己的意愿强加在孩子身上。（张春宁）

新西兰:也拿成绩论"英雄"

在我就读的新西兰学校,每个班级有一个辅导员。每周辅导员有固定的时间在办公室接待学生,相互增进了解。记得有一次,正好是期中考试之后,我们又来到他的办公室。很多同学成绩不理想,气氛有点沉闷。老师觉察到了,说道:"我认识一位奥克兰大学的工程系教授,他曾经这样对拿到成绩的学生说:'先恭喜那些拿到 A 的同学,相信你们以后必定会成为非常优秀的工程师。拿到 B 的同学们,你们以后很可能像我一样,站在讲台上教育下一届的工程界精英。拿 C 的同学们,不难设计出一些举世瞩目的建筑。而那些没通过考试的同学们,或许你们将是下一个比尔·盖茨。'"

他的话让大家笑了起来,我也打起了精神。老师要传达的意义就是成绩并不代表一切。在现实生活中,远远有着比书本更重要的领域有待我们去探究。成绩是死的,人是活的,关键是要对自己有信心。（王怡青）

国外教学改革一览

美国

计划在中学生物学科教学中增加基因组方面的内容,并已制作出一套多媒体基因组教材。这套教材主要为中学普通生物学课程或生物入门课而编写。主要内容包括:基因、变异和人类历史,如何对基因组测序,基因组研究和医学的未来,伦理道德和立法及社会问题案例研究等。制作这套教材的目的是加强全美中学的生命科学教育,确保美国各地科学教师能拥有较好的获取人类基因组最新信息的渠道。

俄罗斯

从实际出发改革中学教学制度。教育部长菲利波夫在 2001 年的一次对记者发表谈话时指出,俄罗斯现有一半中学生不能掌握教学大纲的内容,因此有必要改革教学体系。这位部长透露,全俄孩子感到最困难的课程是数、理、化和生物。有 25% 的学生不能领会这些课程的困难章节,另有 25% 的学生选择了文科。据统计,全俄约有 1000 万学生不能掌握上述课程的内容。

菲利波夫说,教学制度改革的主要方向之一是对中学高年级学生进行专业训练,理科班已开始实行新的教学制度:第一阶段为 3 年的普及教育,然后再用一年的时间让学生争取获得学士学位;第二阶段是通过一年训练使学生获取在工厂担任工程师所需之技能;第三阶段为毕业生提供从事科学工作的可能。

巴西

2001 年,巴西总统卡多佐签署了中学普及电脑及网络教育计划。根据这项计划,巴西教育部门将在 2002 年底之前为全国所有的公立中学和中等职业教育学校配置上网电脑。实施这一计划,巴西政府要投资 5 亿美元。

韩国

(一)实施《英才教育振兴法》。2001 年 3 月 1 日韩国颁布实施《英才教育振兴法》,此法旨在为早期发掘卓越人才,开发其潜力,通过实施条例加强能力及素质的教育,实现自我价值,为国家及社会发展做出贡献。此法规定:国家为振兴英才教育要加强如下几方面的政策:

(1)制定有关英才教育的各种综合计划;

(2)英才教育内容及方法的改善和补充;

(3)英才教育及教育班级的设立及营运等。

(二)培养英语交际能力,改革中小学英语教学。2001 年,韩国教育部公布了关于中小学英语教改计划。计划规定:(1)从 2001 年 3 月新学期开始,韩国小学三、四年级和初一的英语课必须用英语讲授,目的是培养和提高学生的英语交际能力。(2)初中一年级学生每周必须有 3 小时的全英语课,小学三、四年级学生每周必须有一小时的全英语课。

国外中小学的创造教育

什么是创造教育

这门学科诞生迄今已有 *61* 年历史。创造教育是创造学的一个分枝，它是根据创造学的原理，结合哲学、教育学、心理学、人才学、生理学、未来学、行为科学等有关学科，通过探索与实践而发展起来的，创造教育必须通过课堂教学、家庭教学、社会教学活动的途径，帮助学生和人们树立创造意识、培养创造精神，坚定创造志向，发展创造性思维，掌握创造性发现、发明、创造技法和创造性方法，从而开发人的潜在的创造能力，因此，创造教育也是一种先进的教育方法。

1. 创造教育的目标

创造教育的出发点和落脚点是培养创造型人才。李政道讲："培养人才最重要的是创造能力"。尤其是全面发展的创造型人才，各国提法不同，但基本目标是相同的。如美国的"和谐发展的人"，日本的"协调发展的人"，其核心是培养创造能力。

2. 创造教育的内容

（1）创造哲学教育

它是创造性研究关于整个世界包括自然、社会和人类思维领域的一般规律，也是一种世界观。它是自然科学和社会科学的结晶，反映在人和自然、人和社会、认识与实践、精神与物质等关系上的创造性认识与解决问题。直接关系到创造者的品格、精神、思维方法，以及对创造性活动的指导。

（2）创造性意识和思维教育

意识，是外界信息转化为主体活动过程中的中介性主导心理功能，并具有驾驭各种心理活动的能动作用。在当今创造学活动中，把创造性意识简称创意，如"借"意识、"桥"意识、"流"意识，被广泛地运用着，还从反向研究扼杀创意的种种表现和因素。

思维，一般指在表象、概念的基础上分析、综合、判断、推理等认识活动的过程。创造性思维是对旧概念、旧事物认识的突破，也是思维方式本身的创新。

创造性思维有：理论思维、直观思维、倾向思维、联想思维、联结与反联结思维、形象思维、扩散思维和集中思维。创造性思维的重要之点是想象力，丰富的创造性想象力才是首创的保证。

（3）发现法、发明法、创造技法的教育和训练

发现法指在科学研究中，对前所未知的事物、现象及规律性揭示的一

189

种普遍的创造性方法(适用于高中);发明法指在自然科学范围内,获得前所未有的新事物的创造性方法(适用于初中);创造技法指的是改变旧事物,创造新事物、新形态、新组合、新改变、新作品,含有创新之义意,一般在小学、初中开展。

(4)学科教育

学科教育是极为广泛的,它包括哲学、心理学、逻辑学、社会学、思维科学、行为科学、未来科学和信息学等,结合到创造性行为、品格素质、文明道德。综合这些学科教育的原因,就是把它作为创造能力必须具备的德、智、体、能、美基础。

(5)情境教育

这是一种具有广泛性、创造性的教育方法。如周围发生了某一特殊事件,我们怎样才能创造性地认识它、理解它、解决它。立足于创造性上,日本本田小学设社会研究室、理科学研究室、家庭科学研究室,学生在小学毕业前,要学会茶道礼节、单独接待客人、缝纫、制衣、绣花,还有做饭、烧菜、洗衣、自己料理生活。有其常规性实践,还有其创造性探索。

(6)创造性活动中的指导、操练

如组织兴趣性发明、创造活动,星期日俱乐部、创造室(包括制图、模型、玩具、教具、艺术工作、工厂观摩)、参加奥林匹克竞赛(包括头脑奥林匹克)、发明创造实验活动,在职业训练中培养主动性、积极性、创造性。开设创造课,分年级设立创造课内容,如会用一般工具,制作一般木质零件,泥塑人物创作或创造性模仿制作。在小学毕业时,一般能掌握20~25种技能,并有一定的独创能力。中学就要求更高一些。

为什么要推行创造教育

教育面临着一个人才与科技、经济相关的战略和战术问题,当前创造型的科技、经济、行政管理、金融、司法、教师、医务、外贸、外交、人文、综合性咨询人才及智能型的技术工人大量缺乏。这与人力资源的创造性开发密切相关。

1. 人力资源中的人才问题

世界处于激烈竞争之中,主要是经济力量的竞争,科技水平的竞争,归根到底是人才的竞争。国际上人才竞争将会越来越激烈、深化,因为人才首先在发达国家中缺乏。

美国在1995~2010年期间,每年缺少9600名博士水平的科学家,到2006年将缺少67.5万名科学家和工程师;

德国在今后的 20 年内,单计算机人才就缺少 6 万名;

在加拿大,到 1995 年将缺少教授一万名,要占目前加拿大总数的 1/3;

我国台湾省要缺 70% ~80% 的科技人才;

我国由于文革中少培养 200 万人的原因,预测只能满足 10% 的人才需要;

在社会科学方面,"教授荒"将席卷整个社会科学的研究开发领域。

有识之士认为:在 21 世纪,世界将为社会科学、人文科学的滞后付出沉重的代价。

2. 人力资源开发必须从娃娃抓起

美国著名心理学家布卢姆曾对千名婴儿跟踪观察,最终得出结论是:如以 17 岁的人所达到的智力水平 100%,则 4 岁前为 50%,4 至 8 岁为 30%,8 至 17 岁为 20%。

(1)我国经历了十年的创造教育理论研究和实践,已取得了一定成果,我们学会和研究所初步完成了八个课题,市、地区托儿所,协会所属的托儿所的教师们开发了大量智力型玩具。

(2)美国目前约有 77000 个具有正式执照的儿童服务中心,每年接收 400 万儿童;美国的许多大学里设幼儿教师教育系、智力衰退教育系、儿童发育学系、幼儿教育学系、小学教育学系、中学教育学系。

(3)德国在幼儿创造性教育方面,居于领先地位,他们在胎教、培养创造性品格、必要的心理健康素质、训练创造性技能等方面具有较丰富的经验。在德国,对孩子有一套特殊训练方法,好似热处理和冷处理的结合;抛、丢与爬结合;常规与冒险性活动相结合;家庭与园内、校内与校外相结合,了解社会以劳动进行熏陶。家庭很少给钱,小学生中学生要靠自己创造性劳动或艺术到街上去挣钱。

(4)日本和德国一样在教养幼儿方面采用与我们传统体系不相同的方法,日本在 20 年前就开办挨冻幼儿园,幼儿在四季只穿一套 T 恤衫和裤子,还将幼儿在空中丢抛,这对培养幼儿身体健壮、脑平衡、吃苦耐劳精神、坚强意志是很有帮助的。

(5)法国根据人力资源开发的需要,不断增加教育经费,规划到 2005 年,将比 1988 年增加 450A,即从 3980 亿法郎,增加到 5760 亿法郎,在 16 年间,法国教育经费净增 1800 亿法郎。目前他们的教育方法主要是:①树立正确的儿童观,认识学生是学习活动的主体、主人,应该是自己管理自己,实行"自治",使其充分得到自由发展。②启发学生学习求知,顺应学生学习兴趣,相信学生学习的成功,尊重学生的人格。③培养创造力,

一般是通过创作构思、造型艺术、素描、绘画、音乐、舞蹈和各种实验活动。④在教学时间上,分成创造时间、吸收时间、对话时间、探索时间、自学时间。玩中有学,学中有玩,并且还给学生自己支配的时间。

(6)在亚洲,主要谈香港、台湾地区和新加坡、韩国的教育,有以下几个共同特点和探讨的问题:一是立足于人力资源开发,并使创造能力与经济增长同步进行。我国台湾提出创造力的 12 种力,即策划力、指导力、创意力、解决力、执行力、发表力、交谈力、交往力、启发力、说服力、预测力、控制力。新加坡提出,人才跟生产资料走,合理配置岗位。这些作为中小学教育的目标和任务,将来能达到人力资源的创造性开发。二是推行的教育制度是 6～9 年不等的义务教育,入学率分别为 70%～90%,相当于发达国家平均水平;大学为 15%～40% 之间,教育经费由三个部分组成,即公共教育经费、私人捐助、学生交纳。约占财政开支的 15%～20%,韩国为最高,仅次于国防支出,1990 年达 19.6%。三是注意德、智、体的全面发展,使之适应社会、市场经济。

创造教育的方法

创造教育既有一定内容,又有一定的方法,而且具有规律性、规范性、发展性。国内外运用了许多具有广泛性、普及性、多样性的创造教育方法,如:

(1)第一种是国际上包括我们国家普遍推行的 STS 教育,即"科学——技术——社会"。美国、加拿大、英、日、荷兰开展十分广泛。我国华东师大二附中、东北师大、北师大附中、江苏苏州、常州、辽宁鞍山、山东莱州,以及上海向明、格致、控江中学和田路小学,结合创造性教育训练,取得了较好的成果。

还有 KAS 教育,即知识、能力、技能(技法)教育,这是一种把知识、基础能力、创造技法相结合的教育方法,在美国极其普遍,从学校到工厂企业,从中小学学生到成人,而且成果显著。

(2)第二种是美国使用最广泛,我国正在推行的 CPS 教育即创造性解决问题教育和训练,它是运用创造学原理培训学生,开发创造性思维和能力。可归纳为:三阶段模式,五阶段模式,八阶段模式,十阶段模式,即:①找出问题对象;②分解对象的每一要素;③逐一寻找问题所在;④设想要求达到的目标;⑤收集有关信息资料;⑥寻找解决问题和达到目标的方法;⑦解决方法评价确定;⑧制定实施计划;⑨跟踪实施状况;⑩反馈分析研究和完善。

（3）第三种是超前教育。超前学习使儿童能超越知识积累,超越学习时间上的某种限定,有所突破,这种教学方法使学生能探索性地提前进入新知识学习阶段。一般有两种形式:一种是压缩式超前,即学习内容不减,只压缩学习时间,比常规教学提前进入新知识领域;另一种是跳跃式,即跳过某些学习内容,并可分同质超前和异质超前两种,同质超前就是可以在同一知识结构进行;异质超前是可以在原有知识基础上跨入另一尚未涉及的知识领域中进行。

（4）第四种是右脑开发训练。美国的加利福尼亚工学院的罗杰、斯佩里、托乐斯坦、维塞尔、戴维、休伯乐,*1981* 年诺贝尔奖金获得者,在研究以往成果的基础上,进一步提出左右脑分工。通过①玩(结构玩具);②体育、游戏、舞蹈(险情克服);③语言训练;④大自然中参观游览;⑤动手(书法、美术、劳动、劳技)左右并举开发右脑。左右脑是由胼胝体联结,并由胼胝体里的两亿条神经纤维沟通左右脑。只有在左右脑共同发挥作用时,才能对客观事物有创造的成功。

创造教育探索和实践的关键

开展创造教育的关键,主要是教师,教师必须是创造型的,他既能发现和发挥自身的创造性,又能发现和开发学生的创造性,培养学生的创造性思维和能力。

因为,只有自己具有创造性,掌握创造性理论和方法,才能培养学生的创造能力。

国外中小学的诚信教育

美国从幼儿园和小学起就重视对孩子的诚信教育。美国波士顿大学教育学院设计的基础教材中就突出了"诚信"方面的内容。其中一篇课文讲述了一则古代中国的故事:一位国王要选择继承人,于是发给国中每个孩子一粒花种,约好谁能种出最美丽的花就将被选为未来的国王。当评选时间到来时,绝大多数孩子都端着美丽的鲜花前来参选,只有一个叫杨平的端着空无一物的花盆前来,最后他却被选中了。因为孩子们得到的花种都已经被蒸过,根本不会发芽。这次测试不是为了发现最好的花匠,而是选出最诚实的孩子。教材建议老师在班上组织讨论,向学生介绍"最大程度的诚实是最好的处世之道"这句谚语,并且要求学生制作"诚信"的标语,在教室里张贴。

几年前,美国一所学校的多名学生在完成生物作业时抄录了某网站提供的一些材料,任课老师就毫不客气地判这些学生的生物课为零分。

这位老师说,第一天上课她就和学生订下协议并由家长签字认可,协议说,所有布置的作业都必须完全由学生自己独立完成,欺骗或剽窃将导致课程失败。支持她的老师们说,教育学生成为一名诚实的公民比通过两门课程更加重要。

日本的诚信教育几乎贯穿人的一生,在家庭中父母经常教育孩子"不许撒谎",到学校里耳濡目染的是"诚实"二字,到公司里"诚信"几乎是普遍的经营理念。

在日本,很多学校的校训都有"诚信"二字,如东京文京女子中学的校训是"诚实、勤勉、仁爱";横滨翠陵中学的教育方针是"自立、诚实、实行";泰星中学的校训是"诚实、品位和刚毅",校长解释说,诚实就是对所有人都要以诚相待,有品位最重要的表现就是诚实,因为诚实,所以要一诺千金,以坚强的意志实现诺言。

在日本,诚信教育不是一句空话,而是贯穿学生学校生活的始终。日本学校有一种伦理课,诚实、善良、向上、奉献、谦让、名誉、正义是其主要内容。日本中小学生每人都有一本道德手册,名为"心的笔记",用通俗易懂的语言,记载着各种道德规范,诚实是重要内容之一。2001 年 7 月日本正式实施了学校改革教育法,规定学生必须参加服务社会的志愿活动。

在描述德国人的性格特点时,"严谨、诚实、守信"是经常被提到的字眼。德国的教育心理学家普遍认为,孩子在四五岁时是培养价值观和辨别是非能力的最重要时期,97% 的孩子的品性是在这个时期养成的。因此在德国的青少年教育体系里,家庭是道德教育的主要场所,父母则是孩子的启蒙教育者。德国的教育法中明确规定,家长有义务担当起教育孩子的职责。德国家庭里家长也都非常注重为孩子营造一个真诚的氛围,家长们普遍遵守这样一个原则:教育孩子诚实守信,家长必须做出榜样。在德国城镇的十字路口随处可见到这样一块牌子,上面写着"为了孩子请不要闯红灯"。据了解,自从立了这块牌子,闯红灯的行人和车辆明显减少。

在德国,你如果随地乱扔垃圾或者在没有停车标志的地方停车,马上就会有人过来阻止你,并给你灌输一套遵守社会公德、为下一代做好榜样的理论。氛围教育不仅培养了孩子良好的道德品质,同时也规范了成人自觉遵守社会秩序,诚信待人。

日本中小学的均衡教育

日本实施九年制义务教育,公立中小学实行免费教育,教育质量优良,适龄儿童少年都能就近入学,义务教育阶段学生书费也由国库负担。

在完成义务教育阶段学习后,97%的初中毕业生升入高中阶段学习,给国民提供了平等的受教育机会,所以在日本义务教育阶段一般不存在择校的社会热点问题。

日本教育较为均衡发展,首先是政府保证了充足的义务教育经费。日本的公共教育经费支出占国民总收入的比率居于世界前列,近年来受经济不景气的影响有所下降,但也保持在4%左右,人均教育经费达1203美元,仍是世界上最高的。校舍的建设费用由国家、都道府县和町村三三开,即使在边远地区、落后的乡村,各校教育条件、教育设施都达到了规范化。特殊教育方面,除设立了盲人学校、聋哑学校、保险学校外,在一般学校还设置了特殊班级。

日本教学管理实行高度中央集权,各学校教育的内容都根据文部省制定的学习指导要领决定。为了保证各师资力量和管理水平的相对均衡,日本的教育法规规定:一个教师在同一所学校连续工作不得超过5年。另外,日本重视校长的经历,一般到50岁左右才出任校长。校长任期2年,连任者,需在校际之间轮换。通过政府机构对教师和校长轮换调整,既保证了各中小学师资力量、教育管理和教学水平的相对均衡性,又有利于各校办学经验的交流。

日本的中小学教师都由高等教育机构培养,并拥有教师资格,公立学校教师属于国家公务员,学校教职人员的费用由中央与地方政府各出一部分,教师的工资逐年增加。名古屋市立今池中学山田哲郎校长告诉我们,新到教师的工资一般月薪18万日元,30岁左右的教师月薪一般在30万日元,老教师一般是50万日元,其余补贴不在内。如果教师自动离开学校后又回来当教师,第一年的工资仍从18万元月薪开始,然后再跳上去。这种工资政策,鼓励了教师长期从事教育工作,所以根据教师年龄一般能推算出他的工资收入。山田校长说,他和教务长的工资都没有老教师工资高。

在"培养学生获得基本学力"的理念下,以培养更多的"能够引领二十一世纪的科技英才"为目标,日本的中小学十分重视学生综合素质的均衡发展,强调"生存教育"和协调性教育。今池中学教学楼上书写着他们的办学方针:"学习、实践、创新"。该校三轨制,共有9个班组,学生257人,教职员工28人。每个班约30名学生,每个年级设有一个特殊教育班,特殊教育的学生能参加学校组织的所有活动。学校推行德、智、体、美、劳素质教育的措施是:除开设必需的基础知识课程外,还开设了社会学、道德学、劳动技术、家庭保健等课程,并从初二年级起,在学习必修课

程基础上,学生可以自由选读规定学时的选修课。学校还根据各年级学生的特点开展特别创意活动,如:初一学生进行环境保护专题方面的二氧化氮的测定、河流污染的调查、灭绝(濒危)生物的调查研究;初三学生进行兽医师、牙医师、歌唱家、杂志编辑、药师等职业的调查;初二学生进行特别汉字的读法,市、町、村社会调查等。学校还举办文化周活动,请调理师、园艺师、企业公司经营师、钢琴调律师、警察、公务员等专家进行职业讲座。此外还举行戏曲鉴赏会或到东京、横滨等地修学旅行,了解各地方特点,下农田插秧,学习日本传统染织工艺,到中华美食街品尝美食等活动。在参观校学生书法绘图、手工工艺制作、蜡染、服装制作的作品展时,山田校长指着一些作品告诉笔者那是特殊班的弱智学生的作品,尽管这些作品比正常学生的逊色,但作品布置待遇和正常学生的一样,让这些特殊学生在学校逐步学到一些技能,走上社会时能有谋生的技能。针对一些学生欺负小同学的现象,他们通过发放教科书,组织看录像,读道德文章,写感想进行教育,并注意使学生在参加的各种活动中贯彻道德教化。如果弱智学生表现出与别人不一样的情况,其他同学能给予包容。

校外的活动也很丰富。山田校长曾于 1999 年应邀访问江苏,那次他回国后,极力推行每周 5 天学习制,周六、周日放假。为将双休日活动组织安排好,他发挥学校、家庭、社区三个方面的作用,在双休日组织进行棒球、乒乓球、篮球比赛,还有音乐会、乐器演奏会、野外写生等。各种俱乐部吸收学生自愿参加,特殊班的学生也享受同样的权利。山田校长所学的专业是美术,但也担任篮球俱乐部教练。所有教练都是自愿的,没有任何酬劳。通过这些活动,使学生在智力发展的同时,体力、团队精神等也得到均衡发展。

在非义务教育阶段,日本国家和地方政府对教育的拨款比例有很大不同,学校采取了按家长收入情况收取费用的方式,即高收入家庭需缴纳较高的学费,低收入家庭缴纳较低的学费,经济困难的家庭可申请减免费。这也体现出一种教育平等的精神。

日本学校里没有各种奥林匹克班,2002 年却有 2 人分别获得诺贝尔化学和物理奖,由此可见教育和教育均衡化的深远影响。

美国中小学的高质量教育

美国强调中小学高质量教育,其主要内容和特点如下:

1. 教育观念方面

十分强调个性化和协作精神的结合,强调理论和实践的结合。

2. 教学内容方面

教材形式多样化,固定课本与教师补充材料结合使用;教学安排多元化,学科性系统性内容与专题性综合性内容并存;教学内容广泛化,大幅度精简传统、陈旧的知识内容的同时,大量广泛增加新兴的、现代的知识内容。

3. 教学要求方面

美国中小学教育的又一个明显特点是教学要求的多层次。即使是必修的数学课的代数,也有高、中、低几种不同要求的教材供学生选择,然后分班教学。同时,不管是哪种要求的教材,在相同知识的总体要求上大都不高于我国的通用教材,特别在理论深度、逻辑的严密性和习惯的技巧性上,更是大大地放低了要求,降低了难度。因此,即使是学习高要求教材的学生,也有充分的时间和精力,去发挥自己在体育、艺术、科学等方面的爱好。

4. 教学方法方面

教学形式从教师全班性的教和学生个体性的学,变为小组化的集体性教学。一般中小学的教学形式,不像我国这样是实行全班性教学的。他们的座位基本上是四人一组,集群教学。教师既可全班讲,又可按小组进行教学指导。

教学手段从粉笔、黑板、笔记本,变为投影、电脑、计算器及各类教具、学具、实物的综合使用。所有教室,都配有投影仪;学校配有电脑房;中学都配有 50～100 台能显示函数图像的计算器,让学生在数学课上轮流使用。

教学方式从单纯的书本知识的传授,变为同时强调实际应用和在实地进行教学,在应用实践中加深对知识的理解。"问题解决"已成为美国教学的基本要求。

小学和初中的教学十分活泼,教师着眼于激发学生学习的兴趣,设计了不少活动和游戏,让学生在轻松愉快的气氛中学习。学生的课外作业量不大,教师主要在课内当面进行矫正。而初中以上学生的作业,往往已不仅是一般的习题,而是学习报告,如调查报告、心得报告、课题报告等。

由于上述几方面的特点,美国学生的知识结构发生了变化。学习知识面宽,兴趣广泛,熟悉电脑,注意协作,重视联系实际,不愿意学习不大有用的东西。因而,美国学生有较强的研究能力、适应能力和务实能力。

法国小学老师的历史课教育

"上星期我们学了法国的哪一段历史? 当时法国碰到了什么问题?"学生们七嘴八舌地争着回答:"是新教徒和天主教徒发生战争!""为什么有人是'新教徒'?""因为教堂的人生活太好,和人民的生活不一样"。老

师又问："什么是'教堂的人'?"学生们答道："教皇!""还有主教!""还有神父!"

"那么谁能告诉我,新教徒两个最著名的人物是谁?"一个小家伙又要大声接老师的话茬,老师语调温和而又坚定地告诉他："别忘了先举手,听到我叫你的名字再回答!"

很显然,今天的课程要继续讲法国 16 世纪的历史。老师从回忆上堂课的内容开始,然后给每人发了一张复印的、图文并茂的教学卷子,让大家轮流读上面的文字,讲解图画。

"1589 年,亨利四世成为国王。因为他是新教徒,天主教徒不接受他。于是他改教成了天主教徒,并在 1598 年签署了《南特赦令》,宽容新教,结束了宗教战争。"

老师问："什么是'宽容'?"

学生答："就是尊重"、"尊重不同的想法"。

"后来,亨利四世的一个大臣肃利,提出'只有耕地和放牧才能使国家富强'的口号。他指挥修路、挖运河,减轻农民税负,禁止贵族到稻田和葡萄园中狩猎。"

老师又问一个小姑娘："为什么肃利要发展农业?""让国家更繁荣。""什么叫'繁荣'?"小姑娘答不上来,另一个机灵的男孩抢着说："就是更富有。"

"而亨利四世本人则负责推广织毯、丝绸、玻璃器皿制作等手工业,同时,为了保护新兴的法国手工业,还提高了此类高级制品的进口关税。"

老师又问："以前,这些高级制品都是哪里生产的?"学生们齐声回答："远东"、"中国"。

半个多小时后,老师又发给每人一张练习卷子,上面有十来道选择题,都是有关刚才课程内容的。学生们自己做完了,又在老师的带领下核对了一遍。这堂历史课就算结束了。

接下来的数学课,讲的是"角"的基本知识,有几种角,如何画,如何量,等等。法国课堂的气氛十分活跃,老师充分调动学生的积极性,学生学起来很轻松。

法国 4 年级学生课本内容不深,但课程很多,除法语和数学外,还有历史(也涉及一些世界史和当代史)、地理、科学常识、动植物知识、生理卫生知识。教材都是一页一页的复印纸。教师不给小学生留家庭作业,虽然有的教师也会留一些类似阅读等少量不太费时费力的作业,但时间绝不会超过 1 小时。